ARISTOPHANE

IL A ÉTÉ TIRÉ DE CET OUVRAGE :

25 exemplaires sur papier de Hollande.
5 — — de Chine.

Tous ces exemplaires sont numérotés et paraphés par l'Éditeur.

Tous droits réservés.

EUGÈNE TALBOT

ARISTOPHANE

TRADUCTION NOUVELLE

PRÉFACE DE SULLY PRUDHOMME

TOME PREMIER

PARIS
ALPHONSE LEMERRE, ÉDITEUR
23-31, PASSAGE CHOISEUL, 23-31

M DCCC XCVII

AVANT-PROPOS

L'ANCIEN *professeur de rhétorique bien connu et si estimé, auteur de la belle traduction qu'on va lire,* M. Talbot, *n'est plus. Il est mort plein d'années, entouré de respect et d'affection. Outre la tendresse des siens il goûtait l'attachement de cette grande famille spirituelle, si douce aux vieux maîtres qui ont su se la former dans les lycées par un enseignement solide et paternel prodigué à de nombreuses générations d'élèves. Combien d'entre eux pourraient m'envier l'honneur et le plaisir de présenter son livre au public! Aucun n'y aurait un meilleur titre que moi, si le seul requis était la longue fidélité du commerce amical avec lui, avec ses proches, avec ceux que rallie ou pleure sa noble veuve. Mais, je le confesse, le plus indispensable de tous les titres, l'entière compétence me manque. Une traduction d'Aristophane ne saurait être recom-*

mandée à ses lecteurs naturels avec une autorité suffisante que par un helléniste, et je ne le suis pas. Je suis loin de posséder toutes les clefs des auteurs grecs ; j'en suis le visiteur, non le familier. Heureusement n'ai-je à remplir ici qu'un rôle de simple exécuteur testamentaire chargé d'expliquer au lecteur les conditions d'un legs littéraire, conditions qui suffisent à en déterminer toute la valeur. Cette valeur n'offre pas seulement la garantie, déjà sûre et incontestée, du savoir et de l'expérience du traducteur, elle a, de plus, rencontré un répondant considérable dans un poète de premier ordre, en relations étroites et constantes avec la poésie grecque, dans Leconte de Lisle. Oui, j'ai la bonne fortune de pouvoir me retrancher derrière ce maître, m'en référer à sa haute appréciation, à son jugement difficile, exempt de toute complaisance. Il connaissait cette traduction, l'admirait, et, certes, on ne doutera pas de sa sincérité quand on saura qu'il l'avait adoptée et que, désireux d'acquérir, à titre de collaborateur, le droit de la joindre à la collection des poètes grecs déjà traduits par lui, il avait offert à M. Talbot de mettre en vers les chœurs interprétés en prose. C'était un accord accepté et conclu, mais les forces épuisées du poète ne lui permirent pas de mettre à exécution son dessein. J'ai sous les yeux la lettre découragée, datée de mars *1891*, par laquelle il apprend à M. Talbot que « malade, très fatigué et plein de mille ennuis », il se sent incapable d'accomplir sa promesse. Il ajoute, avec cet accent d'amère défaillance que nous lui connaissions trop : « L'œuvre n'en vaudra que mieux, incontestablement, de toute *façon.* » Hélas ! il se raillait ; l'œuvre y a perdu l'inestimable estampille par laquelle le maître l'eût, en partie, faite sienne. On saura, du moins, et c'est l'important, qu'il avait été dans sa pensée, dans son intention formelle d'y imprimer sa marque. Un pareil témoignage est à l'honneur des deux écrivains. Cette consécration de l'œuvre du prosateur par le concours promis du poète ne demeure pas, en effet, sans retour profitable à celui-ci. Elle suppose une mutuelle adhésion, et, sans doute, en convenant d'associer à son labeur celui de Leconte de Lisle, le digne représentant de l'Université, c'est-à-dire de la gardienne officielle et vigilante de tous les classiques, donnait, au bénéfice de l'interprète marron, un précieux exemple de conciliante humeur. Les traductions de Leconte de Lisle, bien que d'une saveur antique si délectable, avaient à conquérir l'approbation des hellénistes patentés aux scrupules méticuleux, plus préoccupés du lexique et de la grammaire que de la vertu poétique du langage. Leur souci fondamental n'est, certes, pas moins important, mais il est autre que celui d'un interprète qui se trouve être de même essence morale et littéraire que l'auteur original, comme lui poète, comme lui sombre ou railleur par tempérament. Ces deux soucis à la fois se sont rencontrés et conjugués d'une façon remarquable chez M. Talbot pour le succès de son entreprise ardue. Il semble que son intime intelligence du texte unie à la verve naturelle de son alerte esprit l'ait improvisé poète *ad hoc* au frottement d'Aristophane, et c'est cette rare qualité, sacrée aux yeux de Leconte de Lisle, qui dut inspirer à leurs deux plumes de traducteurs la confraternelle alliance demeurée à l'état de fiançailles intellectuelles.

La part délicate, indéfinissable, réservée au sens de l'artiste dans toute traduction d'ouvrage littéraire, éclate en celle de M. Talbot. Excellent humaniste, pour atteindre à l'exactitude esthétique, il lui a fallu plus que la connaissance approfondie de la langue grecque. La lutte partielle et trop inégale que j'ai tentée dans ma jeunesse avec un antique et formidable athlète suffit pour me permettre d'apprécier, en connaissance de cause, le mérite d'art qui recommande son œuvre. J'avais, il est vrai, affaire à un poète latin, mais, au point de vue où je me place, j'ai eu à combattre des difficultés de même ordre que celles dont il a si heureusement triomphé.

Tout traducteur débute spontanément par une préparation mentale qui est le mot à mot. Il s'agit pour lui d'abord de déterminer le sens relatif de chacun des mots, c'est-à-dire l'acception dans laquelle son rapport aux autres et la nature du sujet traité induisent à le prendre, et, du même coup, de dégager de l'arrangement syntaxique le sens littéral de la phrase. Le travail, jusque-là, ne relève que de la grammaire au service de l'intelligence; il ne vise que la signification purement conventionnelle (unique ou multiple) de chacun des mots et celle qui ressort de leur relation logique, sans rechercher encore la signification non conventionnelle, naturelle du texte, à savoir tout ce qu'ajoutent à la première le mouvement de la phrase, son geste en quelque sorte, et les qualités acoustiques des mots qui la composent, bref sa musique, c'est-à-dire ce qui en constitue, dans la poésie surtout, la plus intime expression. Au premier stade la traduction est donc seulement une ébauche, la matière dégrossie où devra s'accomplir la forme achevée, le sens complet du discours. Il va sans dire que M. Talbot, par le long exercice de sa profession même, excelle dans cette préparation initiale, œuvre de grammairien et de lexicographe; mais il faut lui reconnaître, en outre, un talent bien supérieur à celui-là.

Le mot à mot, ai-je dit, n'est qu'une sorte de canevas, et il ne donne même pas intégralement ce qu'il semble promettre. Il risque toujours d'être, en partie, inexact, si fort que soit le traducteur, car tout vocable et toute locution d'une langue ne trouvent pas nécessairement leurs représentants adéquats dans une autre. Cette rencontre est d'autant plus rare que le génie et l'âge des deux langues les différencient davantage, comme se distinguent par l'esprit et l'ancienneté les deux nations qui les ont élaborées. Ainsi la traduction littérale est le plus souvent défectueuse dans son propre domaine insuffisant déjà, et, en outre, elle laisse hors de ses limites restreintes une lacune considérable à remplir pour la complète interprétation du texte original. C'est ici que l'art entre en jeu et que M. Talbot a fait preuve d'une souplesse de plume et d'une ingéniosité remarquables. Combien ces qualités sont requises pour une pareille tâche! Alors, en effet, se pose un problème tout nouveau. Il s'agit d'abord d'écrire en français, et, par suite, de substituer aux idiotismes, où s'accuse l'irréductible originalité du langage grec, des équivalents français aussi approximatifs que possible. Ce sont des tours de force à accomplir. M. Talbot s'en est tiré si habilement qu'il a su rendre ces formules par des idiotismes français, ou du moins par des trouvailles qu'il a faites dans des formules consacrées du parler populaire. Mais ces spirituelles réussites ne sont pas encore ce qui importe le plus, ce qui exige le plus de sens littéraire; le tact et le goût y ont moins de part que l'adresse. Il y a des idiotismes d'un autre ordre qui affectent, non pas seulement tel passage du texte, mais le texte entier, parce qu'ils expriment et définissent le caractère propre de l'écrivain, sa démarche, en un mot son style, son génie même, qui suppose pour fondement celui de sa race. On ne comprend Aristophane qu'à la condition de se faire Hellène, Athénien, enfin Aristophane lui-même. Pour reproduire, au degré supérieur atteint par M. Talbot, sa verve satirique, le tour et l'accent comiques de son vers, il faut être capable de se les approprier, et la science n'y suffit pas. Une aptitude spéciale est nécessaire qui est le caractère même, le tempérament moral du traducteur. Il doit se sentir dans le monde grec comme dans le sien, dans l'œuvre d'Aristophane comme chez soi. Une traduction, pour être bonne, ne se commande pas; c'est un témoignage de sympathie autant qu'un hommage à l'original. On ne peut communiquer que ce qu'on possède ou qu'on a pu faire sien; comment communiquera-t-on sans trace d'effort à la phrase française la vivacité, l'animation qui est le style même de *la phrase grecque, si l'on a l'esprit plus solide que leste, plus grave que joyeux? Qu'un savant helléniste puisse trouver à reprendre dans la traduction d'Eschyle par Leconte de Lisle, je ne suis pas en état de le nier, non plus que de l'affirmer, mais, s'il le pouvait, sa critique, j'ose en répondre, ne porterait pas sur l'essentiel selon les poètes. Il aura beau être plus intimement initié au lexique propre du tragique ancien, je le mets au défi, sans la moindre hésitation, de s'en faire lui-même un écho plus fidèle que notre poète français. Celui-ci avait scruté la condition humaine, reconnu la souveraineté du malheur, l'impuissance affreuse à le vaincre, l'horreur de la vie terrestre; il en couvait une idée atroce, spontanément éclose de ses propres tourments. Aussi les clameurs tragiques retentissaient-elles comme d'elles-mêmes dans les profondeurs douloureuses de son âme jalousement fermée. D'autre part il avait le rire sarcastique, la plaisanterie hautaine et mordante, s'attaquant moins, toutefois, à l'homme misérable qu'à son odieuse destinée. Il associait toujours la force comique au blâme; c'était là son affinité avec Aristophane. Mais, pour en être le parfait interprète, peut-être lui aurait-il manqué la gaieté véritable, saine et vraiment virile, la gaieté grecque où l'on sent toujours plus ou moins, même à travers la caricature, sinon sous la crudité cynique, respirer la grâce, ne demeurât-elle sensible que dans le mouvement aisé du vers.*

Cette jovialité d'humeur, cette prestesse d'esprit ont précisément trouvé dans le naturel de M. Talbot des similitudes qui l'ont très bien servi. Pour traduire, il n'avait pas à s'oublier soi-même, à se métamorphoser. Il lui suffisait de s'adapter, de grossir et d'acérer tour à tour les traits de sa verve enjouée pour donner à ses lecteurs l'impression que leur donnerait Aristophane en personne ressuscité, mais parlant français. On ne saurait, certes, demander davantage à l'interprétation des anciens : elle ne peut, elle ne doit pas agir sur les contemporains de l'interprète comme le faisait l'auteur original sur les siens, sur les hommes à qui jadis il s'adressait. Aussi faut-il nous résigner à ne pas toujours comprendre et goûter ce qu'ils y prisaient. D'une autre race et d'un autre temps qu'eux, nous ne pouvons épouser toutes leurs manières d'être et de sentir. Il n'est donc pas sûr que notre admiration ait le même principe que la leur, et, à cet égard, une bonne traduction, par son exactitude même, doit nous faire apprécier la divergence irréductible entre le point de vue ancien et le moderne. Tout essai de les concilier par des compromis, par des adoucissements et des atténuations est une trahison; là est l'infériorité des traductions d'autrefois. Celles d'aujourd'hui permettent de constater la diversité et les vicissitudes des mœurs et du goût, et par là leur propre valeur et l'estime qu'elles s'acquièrent échappent à ces fluctuations mêmes.

Tel est, à mon avis, le mérite et telle sera, je n'en doute pas, la récompense du présent ouvrage.

SULLY PRUDHOMME.

LES AKHARNIENS

(L'AN 426 AVANT J.-C.)

Cette pièce, composée en vue de ramener la paix, a pour principal personnage un charbonnier du bourg d'Acharnes, nommé Dikæopolis (le bon citoyen), qui, en vertu d'un traité particulier passé avec les Lacédémoniens, est à l'abri, ainsi que sa famille, de tous les maux de la guerre, tandis que les autres Acharniens, égarés par Cléon et Lamachos, sont en proie aux vexations et au pillage.

PERSONNAGES DU DRAME

Dikæopolis.
Un Héraut.
Amphithéos.
Un Prytane.
Envoyés des Athéniens, revenant d'auprès du roi de Perse.
Pseudartabas.
Théoros.
Chœur de Vieillards Akharniens.
Femme de Dikæopolis.
Fille de Dikæopolis.
Képhisophôn.
Euripidès.
Lamakhos.
Un Mégarien.
Deux Filles du Mégarien.
Un Sykophante.
Un Bœotien.
Nikarkhos.
Un Serviteur de Lamakhos.
Un Laboureur.
Un Paranymphe.
Messagers.

La scène se passe sur l'Agora, puis devant la maison de Dikæopolis.

LES AKHARNIENS

DIKÆOPOLIS.

Que de fois j'ai été mordu au cœur! Et de plaisirs bien peu, tout à fait peu! Quatre! Mais de douleurs, un amoncellement de sables à la hauteur des Gargares! Voyons donc : qui m'a été un juste sujet de joie? Oui, je vois pourquoi j'ai eu l'âme réjouie : c'est quand Kléôn a revomi les cinq talents. Quel bonheur j'en ai ressenti! Et j'aime les Chevaliers pour ce service : il fait honneur à la Hellas, mais bientôt j'ai éprouvé une douleur tragique : la bouche béante, j'attendais de l'Æskhylos, quand un homme crie : « Théognis, fais entrer le Chœur! » Comment croyez-vous que ce coup m'ait frappé l'âme? Mais voici pour moi une autre joie, lorsque, concourant pour un veau, Dexithéos s'avança et joua un air bœotien. Cette année-ci, au contraire, je vis que j'étais mort, mis en lambeaux, lorsque Khæris préluda sur le mode orthien. Mais jamais, depuis que je vais aux bains, la paupière ne m'a piqué les sourcils comme aujourd'hui : c'est jour d'assemblée régulière : voici le matin, et la Pnyx est encore déserte. On bavarde sur l'Agora : en haut, en bas, on évite la corde rouge. Les Prytanes mêmes n'arrivent pas : ils arrivent à une heure indue; puis ils se bousculent, vous savez comme, les uns les autres, pour gagner le premier banc, et ils s'y jettent serrés. De la paix à conclure, ils n'ont aucun souci. O la ville, la ville! Pour moi qui viens toujours le premier à l'assemblée, je m'assois, et là, tout seul, je soupire, je bâille, je m'étire, je pète, je ne sais que faire, je trace des dessins, je m'épile, je réfléchis, l'œil sur la campagne, épris de la paix, détestant la ville, regrettant mon dême, qui ne m'a jamais dit : « Achète du charbon, du vinaigre, de l'huile! » Il ne connaissait pas le mot : « Achète », mais il fournissait tout, et il n'y avait pas ce terme, « achète », qui est une scie. Aujourd'hui, je ne viens pas pour rien; je suis tout prêt à crier, à clabauder, à injurier les orateurs, s'il en est qui parlent d'autre chose que de la paix. Mais voici les Prytanes! Il est midi! Ne l'ai-je pas annoncé? C'est bien ce que je disais. Tous ces gens-là se ruent sur le premier siège.

LE HÉRAUT.

Avancez sur le devant; avancez, pour être dans l'enceinte purifiée.

AMPHITHÉOS.

A-t-on déjà parlé?

LE HÉRAUT.

Qui veut prendre la parole?

AMPHITHÉOS.

Moi.

LE HÉRAUT.

Qui, toi?

AMPHITHÉOS.

Amphithéos.

LE HÉRAUT.

Pas un homme?

AMPHITHÉOS.

Non; mais un immortel. Amphithéos était fils de Dèmètèr et de Triptolémos : de celui-ci naît Kéléos. Kéléos épouse Phænarètè, mon aïeule, de laquelle naît Lykinos. Né de lui, je suis un immortel. A moi seul les dieux ont confié le soin de faire une trêve avec les Lakédæmoniens. Mais tout immortel que je suis, citoyens, je n'ai pas de quoi manger; car les Prytanes ne me donnent rien.

LE HÉRAUT.

Archers!

AMPHITHÉOS.

O Triptolémos, ô Kéléos, m'abandonnez-vous?

DIKÆOPOLIS.

Citoyens Prytanes, vous faites injure à l'assemblée, en

expulsant cet homme, qui a voulu nous obtenir une trêve et pendre au clou les boucliers.

LE HÉRAUT.

Assis! Silence!

DIKÆOPOLIS.

Non, par Apollôn! je ne me tais pas, à moins que les Prytanes ne délibèrent sur la paix.

LE HÉRAUT.

Les Envoyés revenant d'auprès du Roi!

DIKÆOPOLIS.

De quel roi? J'en ai assez des Envoyés, des paons et des fanfaronnades.

LE HÉRAUT.

Silence!

DIKÆOPOLIS.

Ah! ah! par Ekbatana, quel équipage!

UN DES ENVOYÉS.

Vous nous avez députés vers le Grand Roi, avec une solde de deux drakhmes par jour, sous l'arkhontat d'Euthyménès.

DIKÆOPOLIS.

Hélas! nos drakhmes!

L'ENVOYÉ.

Certes, nous avons peiné le long des plaines du Kaystros, errants, couchant sous la tente, mollement étendus sur des chariots couverts, mourant de fatigue.

DIKÆOPOLIS.

Et moi, j'étais donc bien à l'aise, couché sur la paille, le long du rempart?

L'ENVOYÉ.

Bien reçus, on nous forçait à boire, dans des coupes de cristal et d'or, un vin pur et délicieux.

DIKÆOPOLIS.

O cité de Kranaos, sens-tu bien la moquerie de tes Envoyés?

L'ENVOYÉ.

Les Barbares ne regardent comme des homme que ceux qui peuvent le plus manger et boire.

DIKÆOPOLIS.

Et nous, les prostitués et les débauchés aux complaisances infectes.

L'ENVOYÉ.

Au bout de quatre ans, nous arrivons au palais du Roi; mais il était allé à la selle, suivi de son armée, et il chia huit mois dans les monts d'or.

DIKÆOPOLIS.

Et combien de temps mit-il à fermer son derrière?

L'ENVOYÉ.

Toute la pleine lune; puis il revint chez lui. Il nous reçut alors, et il nous servit des bœufs entiers, sortant du four.

DIKÆOPOLIS.

Et qui a jamais vu des bœufs cuits au four? Quelles bourdes!

L'ENVOYÉ.

Mais, de par Zeus! il nous fit servir un oiseau trois fois plus gros que Kléonymos, et dont le nom était « le hâbleur ».

DIKÆOPOLIS.

Est-ce donc pour tes hâbleries que tu touchais deux drakhmes?

L'ENVOYÉ.

Et maintenant nous vous annonçons Pseudartabas, l'œil du Roi.

DIKÆOPOLIS.

Puisse un corbeau te crever le tien d'un coup de bec, toi, l'Envoyé!

LE HÉRAUT.

L'œil du Roi!

DIKÆOPOLIS.

Par Hèraklès! Au nom des dieux, dis donc, l'homme,

ton œil est fait comme un trou de navire! Est-ce que, doublant le cap, tu regardes par où entrer en rade? Tu as une courroie qui retient ton œil par en bas.

L'ENVOYÉ.

Allons, toi, dis ce que le Roi t'a chargé d'annoncer aux Athéniens, Pseudartabas.

PSEUDARTABAS.

Iartaman exarxas apissona satra.

L'ENVOYÉ.

Avez-vous compris ce qu'il dit?

DIKÆOPOLIS.

Par Apollôn! je ne comprends pas.

L'ENVOYÉ.

Il dit que le Roi vous enverra de l'or. Allons, toi, prononce plus haut et plus clairement le mot or.

PSEUDARTABAS.

Tu n'auras pas d'or, Ionien au derrière élargi; non.

DIKÆOPOLIS.

Oh! le maudit homme! C'est on ne peut plus clair.

L'ENVOYÉ.

Que dit-il?

DIKÆOPOLIS.

Il dit que les Ioniens ont le derrière élargi, s'ils comptent sur l'or des Barbares.

L'ENVOYÉ.

Mais non, il parle de larges médimnes d'or.

DIKÆOPOLIS.

Quels médimnes? Tu es un grand hâbleur. Mais va-t'en : à moi tout seul, je vais les mettre à l'épreuve. *(A Pseudartabas.)* Voyons, toi, réponds clairement à l'homme qui te parle; autrement je te baigne dans un bain de teinture de Sardes. Le Grand Roi nous enverra-t-il de l'or? *(Pseudartabas fait signe que non.)* Alors nous sommes dupés par les Envoyés. *(Pseudartabas fait signe que oui.)* Mais ces gens-là font des signes à la façon hellénique; il n'y a pas de raison pour qu'ils ne soient pas d'ici. Des deux eunuques, j'en reconnais un : c'est Klisthénès, le fils de Sibyrtios. Oh! son chaud derrière est épilé. Comment, singe que tu es, avec la barbe dont tu t'es affublé, viens-tu nous jouer un rôle d'eunuque? Et l'autre, n'est-ce pas Stratôn?

LE HÉRAUT.

Silence! Assis! Le Conseil invite l'œil du Roi à se rendre au Prytanéion.

DIKÆOPOLIS.

N'y a-t-il pas là de quoi se pendre? Après cela dois-je donc me morfondre ici? Jamais la porte ne se ferme au nez des étrangers. Mais je vais faire quelque chose de hardi et de grand. Où donc est Amphithéos?

AMPHITHÉOS.

Me voici !

DIKÆOPOLIS.

Prends-moi ces huit drakhmes, et fais une trêve avec les Lakédæmoniens pour moi seul, mes enfants et ma femme. Vous autres, envoyez des députations, et ouvrez la bouche aux espérances.

LE HÉRAUT.

Place à Théoros qui revient de chez Sitalkès.

THÉOROS.

Me voici !

DIKÆOPOLIS.

Encore un hâbleur appelé par la voix du Héraut.

THÉOROS.

Nous ne serions pas restés longtemps en Thrakè...

DIKÆOPOLIS.

Non, de par Zeus ! si tu n'avais touché un gros salaire.

THÉOROS.

S'il n'avait neigé sur toute la Thrakè, et si les fleuves n'eussent gelé vers le temps même où Théognis faisait ici jouer ses drames. Dans ce même temps je buvais avec Sitalkès. En vérité, il est passionné pour Athènes; c'est pour nous un amant véritable, au point qu'il a écrit sur les murs :

« Charmants Athéniens ! » Son fils, que nous avons fait Athénien, brûlait de manger des andouilles aux Apatouries, et conjurait son père de venir au secours de sa nouvelle patrie. Celui-ci jura sur une coupe de venir à notre secours avec une armée si nombreuse, que les Athéniens s'écrieraient : « Quelle nuée de sauterelles ! »

DIKÆOPOLIS.

Que je meure de male mort, si je crois un mot de ce que tu dis, hormis tes sauterelles !

THÉOROS.

Et maintenant il vous envoie la peuplade la plus belliqueuse de la Thrakè.

DIKÆOPOLIS.

Voilà, au moins, qui est clair.

LE HÉRAUT.

Paraissez, Thrakiens que Théoros amène.

DIKÆOPOLIS.

Quel est ce fléau ?

THÉOROS.

L'armée des Odomantes.

DIKÆOPOLIS.

Quels Odomantes ? Dis-moi, qu'est-ce que cela signifie ? Qui donc a émasculé ces Odomantes ?

THÉOROS.

Si on leur donne deux drakhmes de solde, ils fondront sur la Bœotia tout entière.

DIKÆOPOLIS.

Deux drakhmes à ces châtrés! Gémis, peuple de marins, sauveurs de la ville! Ah! malheureux, c'est fait de moi! Les Odomantes m'ont volé mon ail. N'allez-vous pas me rendre mon ail?

THÉOROS.

Malheureux, ne te mesure pas avec des hommes bourrés d'ail.

DIKÆOPOLIS.

Vous souffrez, Prytanes, que je sois traité de la sorte dans ma patrie, et cela par des Barbares! Mais je m'oppose à ce que l'assemblée délibère sur la solde à donner aux Thrakiens. Je vous déclare qu'il se produit un signe céleste : une goutte d'eau m'a mouillé.

LE HÉRAUT.

Que les Thrakiens se retirent! Ils se présenteront dans trois jours. Les Prytanes lèvent la séance.

DIKÆOPOLIS.

Oh! malheur! Que j'ai perdu de hachis. Mais voici Amphithéos, qui revient de Lakédæmôn. Salut, Amphithéos!

AMPHITHÉOS.

Non, pas de salut; laisse-moi courir : il faut qu'en fuyant, je fuie les Akharniens.

DIKÆOPOLIS.

Qu'est-ce donc?

AMPHITHÉOS.

Je me hâtais de t'apporter ici la trêve; mais quelques Akharniens de vieille roche ont flairé la chose, vieillards solides, d'yeuse, durs à cuire, combattants de Marathôn, de bois d'érable. Ils se mettent à crier tous ensemble : « Ah! scélérat! tu apportes une trêve, et on vient de couper nos vignes! » En même temps ils mettent des tas de pierres dans leurs manteaux; moi je m'enfuis; eux me poursuivent en criant.

DIKÆOPOLIS.

Eh bien, qu'ils crient! Mais apportes-tu la trêve?

AMPHITHÉOS.

Oui, assurément, et j'en ai de trois goûts. En voici une de cinq ans; prends et goûte.

DIKÆOPOLIS.

Pouah!

AMPHITHÉOS.

Qu'y a-t-il?

DIKÆOPOLIS.

Elle ne me plait pas : cela sent le goudron et l'équipement naval.

AMPHITHÉOS.

Eh bien, goûte cette autre, qui a dix ans.

DIKÆOPOLIS.

Elle sent, à son tour, le goût aigre des envoyés, qui vont par les villes stimuler la lenteur des alliés.

AMPHITHÉOS.

Voici enfin une trêve de trente ans sur terre et sur mer.

DIKÆOPOLIS.

O Dionysia! En voilà une qui sent l'ambroisie et le nectar. Elle ne dit pas : « Fais provision de vivres pour trois jours. » Mais elle a à la bouche : « Va où tu veux ! » Je l'accepte, je la ratifie, je bois à son honneur, et je souhaite mille joies aux Akharniens. Pour moi, délivré de la guerre et de ses maux, je vais à la campagne fêter les Dionysia.

AMPHITHÉOS.

Et moi, j'échappe aux Akharniens.

———

LE CHOEUR.

Par ici ! Que chacun suive ! Poursuis ! Informe-toi de cet homme auprès de tous les passants ! Il est de l'intérêt de la ville de se saisir de lui. Ainsi faites-moi savoir si quelqu'un de vous connaît l'endroit par où a passé le porteur de trêve.

Il a fui; il a disparu. Hélas ! quel malheur pour mes armées ! Il n'en était pas de même dans ma jeunesse, lorsque, chargé de sacs de charbon, je suivais Phayllos à la course : ce porteur de trêve n'aurait pas alors si aisément échappé à ma poursuite; il ne se serait pas dérobé comme un cerf. Mais maintenant que mon jarret est devenu roide, et que la jambe du vieux Lakrasidès s'est alourdie, il a filé.

Il faut courir après. Que jamais il ne nous nargue en disant qu'il a échappé aux vieux Akharniens, celui qui, de par Zeus souverain et de par les dieux, a traité avec les ennemis auxquels je voue pour toujours une haine implacable en raison du mal fait à mes champs. Je ne cesserai pas avant que je m'attache à eux comme une flèche acérée, douloureuse, ou la rame à la main, afin qu'ils ne foulent pas aux pieds mes vignes.

Mais il faut chercher notre homme, avoir l'œil du côté de Pallènè, et le poursuivre de lieu en lieu, jusqu'à ce qu'on le trouve; car je ne saurais m'assouvir de le lapider.

DIKÆOPOLIS.

Observez, observez un silence religieux.

LE CHOEUR.

Que tout le monde se taise! N'avez-vous pas entendu, vous autres, réclamer le silence religieux? Voilà l'homme même que nous cherchons. Retirez-vous tous par ici; car notre homme semble s'avancer pour offrir un sacrifice.

DIKÆOPOLIS.

Observez, observez un silence religieux. Que la kanéphore vienne un peu en avant : Xanthias, mets le phallos droit.

LA FEMME DE DIKÆOPOLIS.

Dépose ta corbeille, ma fille, afin que nous commencions.

LA FILLE DE DIKÆOPOLIS.

Ma mère, passe-moi la cuillère, pour que je répande de la purée sur le gâteau.

DIKÆOPOLIS.

Voilà qui est bien. Souverain Dionysos, c'est avec reconnaissance que je célèbre cette fête en ton honneur, et que je t'offre un sacrifice avec toute ma maison : rends-moi favorables les Dionysia champêtres, à l'abri de la guerre, et fais que je passe au mieux les trente ans de la trêve.

LA FEMME DE DIKÆOPOLIS.

Voyons, ma fille, gentille enfant, porte gentiment la corbeille; aie le regard d'une mangeuse de sarriette. Heureux qui t'aura pour femme et qui te fera puer comme une belette, au point du jour! Avance, mais prends bien garde que dans la foule on ne fasse main-basse sur tes bijoux d'or.

DIKÆOPOLIS.

Xanthias, à vous deux le soin de tenir le phallos droit derrière la kanéphore. Moi, je suivrai en chantant l'hymne phallique. Toi, femme, regarde la fête de dessus notre toit. Va.

Phalès, ami de Bakkhos, bon compagnon de table, coureur de nuit, adultère, pédéraste, après six ans je te salue, ramené de bon cœur dans mon dême par une trêve, délivré des soucis, des combats et des Lamakhos. Combien est-il plus doux, ô Phalès, Phalès, de surprendre une bûcheronne, dans toute sa fraîcheur, volant du bois dans la forêt du Phelleus, comme qui dirait Thratta, l'esclave de Strymodoros, de la saisir à bras-le-corps, de la jeter par terre et d'en cueillir la fleur. Phalès, Phalès, si tu bois avec nous, demain matin, après l'orgie, tu avaleras un plat

2

en l'honneur de la paix, et mon bouclier sera pendu dans la fumée.

LE CHOEUR.

C'est lui, lui-même, lui : jette, jette, jette, jette ; frappez tous l'infâme. Allons, lancez, lancez !

DIKÆOPOLIS.

Par Hèraklès, qu'est-ce cela ? Vous allez casser ma marmite.

LE CHOEUR.

C'est donc toi que nous lapiderons, tête infâme !

DIKÆOPOLIS.

Et pour quelles fautes, vieillards Akharniens ?

LE CHOEUR.

Tu le demandes, toi qui n'es qu'un impudent scélérat, traître à la patrie ; seul de nous tu as conclu une trêve, et tu oses ensuite me regarder en face !

DIKÆOPOLIS.

Mais écoutez donc pourquoi j'ai conclu cette trêve, écoutez !

LE CHOEUR.

T'écouter ? Tu périras ! Nous allons t'écraser sous les pierres.

DIKÆOPOLIS.

Non, non ; commencez par m'écouter : arrêtez, mes amis.

LE CHOEUR.

Je ne m'arrêterai pas. Ne me dis point ce que tu dis. Je te hais encore plus que Kléôn, que je couperai pour en faire des semelles aux Chevaliers. Mais je ne veux rien entendre de tes longs discours, toi qui as traité avec les Lakoniens, mais je te châtierai.

DIKÆOPOLIS.

Mes amis, laissez là les Lakoniens; et, quant à mon traité, écoutez si je n'ai pas bien traité.

LE CHOEUR.

Comment pourrais-tu dire que tu as bien fait, du moment que tu traites avec des gens qui n'ont ni autel, ni foi, ni serment?

DIKÆOPOLIS.

Et je sais, moi, que les Lakoniens, à qui nous en voulons trop, ne sont pas les auteurs de toutes nos misères.

LE CHOEUR.

Pas de toutes, scélérat! Tu as le front de nous tenir en face un pareil langage! Et je t'épargnerais!

DIKÆOPOLIS.

Non, pas de toutes, pas de toutes! Et moi qui vous parle, je pourrais vous montrer que, maintes fois, c'est à eux qu'on a fait tort.

LE CHOEUR.

Voilà un mot imprudent, et fait pour échauffer la bile, que tu oses nous parler ainsi des ennemis!

DIKÆOPOLIS.

Et si je ne dis vrai, si le peuple ne m'approuve pas, je veux parler la tête même sur le billot.

LE CHOEUR.

Dites-moi, gens du peuple, ne ménageons pas les pierres, et cardons cet homme pour le teindre en pourpre !

DIKÆOPOLIS.

Quel noir tison se rallume en vous ? Ne m'écouterez-vous pas, ne m'écouterez-vous pas, Akharniens ?

LE CHOEUR.

Nous ne t'écouterons pas, certainement.

DIKÆOPOLIS.

Je vais passer par un cruel moment.

LE CHOEUR.

Que je meure, si je t'écoute !

DIKÆOPOLIS.

Non, de grâce, Akharniens !

LE CHOEUR.

Tu vas mourir à l'instant !

DIKÆOPOLIS.

Eh bien, je vais vous mordre : je vais tuer vos plus chers amis : je tiens de vous des otages, je les prends et je les égorge.

LE CHOEUR.

Dites-moi, gens du peuple, que signifie cette parole

menaçante contre nous les Akharniens ? A-t-il en son pouvoir quelque enfant de l'un de nous, qu'il tient enfermé ? D'où lui vient cette hardiesse ?

DIKÆOPOLIS.

Frappez, si vous voulez, je me vengerai sur ceci. *(Il montre un panier.)* Je saurai sans doute qui de vous a souci des charbons.

LE CHOEUR.

Nous sommes perdus. Ce panier est mon concitoyen. Mais tu ne feras pas ce que tu dis : pas du tout, pas du tout.

DIKÆOPOLIS.

Je l'égorgerai. Criez! Je ne vous entendrai pas.

LE CHOEUR.

Tu vas tuer ce camarade, un ami des charbonniers!

DIKÆOPOLIS.

Tout à l'heure, quand je parlais, vous ne m'avez pas écouté.

LE CHOEUR.

Eh bien, parle à présent, si bon te semble, de Lakédæmôn et de ce que tu aimes le mieux. Jamais je n'abandonnerai ce petit panier.

DIKÆOPOLIS.

Maintenant, commencez par jeter vos pierres à terre.

LE CHOEUR.

Les voilà à terre; et toi, à ton tour, dépose ton épée.

DIKÆOPOLIS.

Mais faites que dans vos manteaux il n'y ait pas quelque part des pierres.

LE CHOEUR.

Elles ont été secouées par terre. Ne vois-tu pas nos manteaux secoués? Allons, plus de prétexte; dépose ton arme. Le secouement s'est opéré pendant notre évolution chorale.

DIKÆOPOLIS.

Vous alliez tous pousser de beaux cris, et peu s'en est fallu que ces charbons du Parnès ne périssent, et cela par la folie de leurs compatriotes. La peur a fait chier sur moi à ce panier une poussière noire comme de la sépia. C'est terrible pour des hommes d'avoir dans l'âme une humeur de verjus, qui porte à battre et à crier, sans vouloir écouter raisonnablement les raisons que j'allègue, quand je veux, sur le billot même, dire tout ce que j'ai à dire au sujet des Lakédæmoniens, et cependant j'aime ma vie, moi.

LE CHOEUR.

Pourquoi donc alors ne fais-tu pas placer un billot devant la porte, pour nous dire, misérable, la chose à laquelle tu attaches tant d'importance? Car j'ai grande envie de connaître tes pensées. Mais selon le mode de justice que tu as fixé, fais placer ici le billot, et prends la parole.

DIKÆOPOLIS.

Eh bien, voyez : voilà le billot, et voici l'orateur, moi pauvre homme. Assurément, par Zeus! je ne me couvrirai pas d'un bouclier, mais je dirai sur les Lakédæmoniens ce qui me paraît bon. Cependant j'ai bien des craintes. Je connais l'humeur de nos campagnards, qui se gaudissent quand quelque hâbleur fait l'éloge, juste ou non, d'eux et de la ville. Et ils ne s'aperçoivent pas qu'on les a vendus. Je connais aussi l'âme des vieillards, qui ne voient pas autre chose que de mordre le monde avec leur vote. Je sais ce que j'ai eu à souffrir de Kléôn pour ma comédie de l'année dernière. Il m'a traîné devant le Conseil, me criblant de calomnies, m'étourdissant de ses mensonges, de ses cris, se déchaînant comme un torrent, fondant en déluge, à ce point que j'ai failli périr noyé dans un tas d'infamies. Et maintenant, avant que je prenne la parole, laissez-moi endosser le costume du plus misérable des êtres.

LE CHOEUR.

Pourquoi ce tissu de détours, d'artifices et de retards ? Emprunte-moi à Hiéronymos un casque de Hadès, aux poils sombres et hérissés; puis déploie les ruses de Sisyphos; car ce débat ne comportera pas de délai.

DIKÆOPOLIS.

Voici le moment où il faut que je prenne une âme résolue. Allons tout de suite trouver Euripidès. Esclave! Esclave!

KÉPHISOPHÔN.

Qui est là ?

DIKÆOPOLIS.

Euripidès est-il chez lui ?

KÉPHISOPHÔN.

Il n'y est pas et il y est, si tu n'es pas dépourvu de sens.

DIKÆOPOLIS.

Comment y est-il et n'y est-il pas?

KÉPHISOPHÔN.

Tout simplement, vieillard : son esprit, courant dehors après des vers, n'y est pas, mais lui-même est chez lui, juché en l'air, composant une tragédie.

DIKÆOPOLIS.

O trois fois heureux Euripidès, d'avoir un esclave qui répond si sagement! Mais toi, appelle ton maître.

KÉPHISOPHÔN.

C'est impossible.

DIKÆOPOLIS.

Mais cependant je ne puis m'en aller. Je vais frapper à la porte. Euripidès! mon petit Euripidès! Écoute-moi, si jamais tu l'as fait pour quelqu'un. C'est Dikæopolis qui t'appelle, du dême de Khollide, moi.

EURIPIDÈS.

Je n'ai pas le temps.

DIKÆOPOLIS.

Hé bien, fais-toi rouler.

EURIPIDÈS.

Impossible.

DIKÆOPOLIS.

Mais pourtant.

EURIPIDÈS.

Allons! qu'on me roule! Je n'ai pas le temps de descendre.

DIKÆOPOLIS.

Euripidès!

EURIPIDÈS.

Qu'est-ce que tu chantes?

DIKÆOPOLIS.

Tu composes juché en l'air, quand tu peux être en bas. Il n'est pas étonnant que tu crées des boiteux. Et pourquoi as-tu ces haillons tragiques, ces vêtements pitoyables? Il n'est pas étonnant que tu crées des mendiants. Mais, je t'en prie à genoux, Euripidès, donne-moi les haillons de quelque vieux drame. J'ai à débiter au Chœur un long discours, qui me vaudra la mort, si je parle mal.

EURIPIDÈS.

Quelles guenilles veux-tu? Celles que portait, dans son rôle, OEneus, cet infortuné vieillard?

DIKÆOPOLIS.

Non; pas celles d'OEneus, mais d'un plus malheureux encore.

EURIPIDÈS.

De Phœnix l'aveugle?

DIKÆOPOLIS.

Non, pas de Phœnix, non, mais il y en avait un autre plus malheureux que Phœnix.

EURIPIDÈS.

Mais quelles sont les loques d'habits dont parle cet homme? Parles-tu de celles du mendiant Philoktétès?

DIKÆOPOLIS.

Non, d'un autre, beaucoup, beaucoup plus mendiant.

EURIPIDÈS.

Sont-ce les vêtements crasseux que portait le boiteux Bellérophôn?

DIKÆOPOLIS.

Pas Bellérophôn. Mon homme était boiteux, mendiant, bavard, disert.

EURIPIDÈS.

Je sais, le Mysien Téléphos.

DIKÆOPOLIS.

Oui, Téléphos : donne-moi, je t'en prie, ses haillons.

EURIPIDÈS.

Esclave, donne-moi les guenilles de Téléphos. Elles traînent au-dessus des loques de Thyestès, mêlées à celles d'Ino.

KÉPHISOPHÔN.

Les voici, prends.

DIKÆOPOLIS.

O Zeus, dont l'œil voit et pénètre partout, laisse-moi me vêtir comme le plus misérable des êtres. Euripidès, puisque tu m'as accordé ceci, donne-moi, comme complément de ces guenilles, le petit bonnet qui coiffait le Mysien. Il me faut aujourd'hui avoir l'air d'un mendiant, être ce que je suis, mais ne pas le paraître. Les spectateurs sauront que je suis moi, mais les khoreutes seront assez bêtes pour être dupes de mon verbiage.

EURIPIDÈS.

Je te le donnerai, car ta subtilité machine des finesses.

DIKÆOPOLIS.

« Sois heureux, et qu'il arrive à Téléphos ce que je souhaite. » Très bien ! Comme je suis bourré de sentences ! Mais il me faut un bâton de mendiant.

EURIPIDÈS.

Prends, et éloigne-toi de ces portiques.

DIKÆOPOLIS.

O mon âme, tu vois comme on me chasse de ces demeures, quand j'ai encore besoin d'un tas d'accessoires. Sois donc pressante, quémandeuse, suppliante. Euripidès, donne-moi une corbeille avec une lampe allumée.

EURIPIDÈS.

Mais, malheureux, qu'as-tu besoin de ce tissu d'osier ?

DIKÆOPOLIS.

Je n'en ai pas besoin, mais je veux tout de même l'avoir.

EURIPIDÈS.

Tu deviens importun : va-t'en de ma maison.

DIKÆOPOLIS.

Hélas ! Sois heureux comme autrefois ta mère !

EURIPIDÈS.

Va-t'en, maintenant.

DIKÆOPOLIS.

Ah! donne-moi seulement une petite écuelle à la lèvre ébréchée.

EURIPIDÈS.

Prends, et qu'il t'arrive malheur! Sache que tu es un fléau pour ma demeure.

DIKÆOPOLIS.

Oh! par Zeus! tu ne sais pas tout le mal que tu me fais. Mais, mon très doux Euripidès, plus rien qu'une marmite doublée d'une éponge.

EURIPIDÈS.

Hé, l'homme! tu m'enlèves une tragédie. Prends et va-t'en.

DIKÆOPOLIS.

Je m'en vais. Cependant que faire? Il me faut une chose, et, si je ne l'ai pas, c'est fait de moi. O très doux Euripidès, donne-moi cela, car je m'en vais pour ne plus revenir. Donne-moi dans mon panier quelques légères feuilles de légumes.

EURIPIDÈS.

Tu me ruines. Tiens, voici; mais c'en est fait de mes drames.

DIKÆOPOLIS.

C'est fini; je me retire. Je suis trop importun, je ne songe pas que « je me ferais haïr des rois ». Ah! malheureux! Je suis perdu! J'ai oublié une chose dans laquelle se résument toutes mes affaires. Mon petit, mon très doux, mon très cher Euripidès, que je meure de male mort, de te demander encore une seule chose, seule, rien qu'une seule! Donne-moi du skandix, que tu as reçu de ta mère.

EURIPIDÈS.

Cet homme fait l'insolent : fermez la porte au verrou.

DIKÆOPOLIS.

O mon âme, il faut partir sans skandix. Ne sais-tu pas quel grand combat tu vas combattre sans doute, en prenant la parole au sujet des Lakédæmoniens? Avance, mon âme : voici la carrière. Tu hésites? N'as-tu pas avalé Euripidès? Je t'en loue. Voyons, maintenant, pauvre cœur, en avant, offre ensuite ta tête, et dis tout ce qu'il te plaira. Hardi! Allons! Marche. Je suis ravi de mon courage.

LE CHOEUR.

Que vas-tu faire? Que vas-tu dire? Songe que tu es un résolu, un homme de fer qui livre sa tête à la ville, et qui va, seul, contredire tous les autres.

DEMI-CHOEUR.

Notre homme ne recule pas devant l'entreprise. Allons, maintenant, puisque tu le veux, parle.

DIKÆOPOLIS.

Ne m'en veuillez point, citoyens spectateurs, si, tout pauvre que je suis, je m'adresse aux Athéniens au sujet de la ville, et en acteur de trygédie. Or, la trygédie sait aussi ce qui est juste. Mes paroles seront donc amères, mais justes. Certes, Kléôn ne m'accusera point aujourd'hui de dire du mal de la ville en présence des étrangers. Nous sommes seuls : c'est la fête des Lénæa ; les étrangers n'y sont pas encore ; les tributs n'arrivent pas, ni les alliés venant de leurs villes. Nous sommes donc seuls et triés au volet ; car les métèques, selon moi, sont aux citoyens ce que la paille est au blé.

Je déteste de tout mon cœur les Lakédæmoniens : et puisse Poséidôn, le dieu du Tænaron, leur envoyer un tremblement qui renverse toutes leurs maisons ! Et de fait, mes vignes ont été coupées. Mais, voyons, car il n'y a que des amis présents à mon discours, pourquoi accuser de tout cela les Lakoniens ? Chez nous, quelques hommes, je ne dis pas la ville, souvenez-vous bien que je ne dis pas la ville, quelques misérables pervers, décriés, pas même citoyens, ont accusé les Mégariens de contrebande de lainage. Voyaient-ils un concombre, un levraut, un cochon de lait, une gousse d'ail, un grain de sel : « Cela vient de Mégara ! » et on le vendait sur l'heure. Seulement, c'est peu de chose, et cela ne sort pas de chez nous. Mais la courtisane Simætha ayant été enlevée par des jeunes gens ivres, venus à Mégara, les Mégariens, outrés de douleur, enlèvent, à leur tour, deux courtisanes d'Aspasia ; et voilà la guerre allumée chez tous les Hellènes pour trois filles. Sur ce point, du haut de sa colère, l'Olympien Périklès éclaire, tonne, bouleverse la Hellas et fait une loi qui, comme dit le skolie, interdit aux Mégariens de « séjourner sur la terre, sur l'Agora, sur la mer et sur le continent ». Alors les Mégariens, finissant par mourir de faim, prient les Lakédæmoniens de faire rapporter le décret rendu à cause des filles de joie. Nous ne voulons pas écouter leurs demandes réitérées, et dès lors commence un fracas de boucliers. Quelqu'un va dire : « Il ne fallait pas »; mais que fallait-il? dites-le. Qu'un Lakédæmonien se fût embarqué pour Séripho, afin d'y enlever, sous quelque prétexte, un petit chien et de le vendre, seriez-vous restés tranquilles dans vos maisons? Il s'en faut de beaucoup. Vous auriez aussitôt mis trois cents vaisseaux à la mer : voilà la ville pleine du bruit des soldats, de clameurs au sujet du triérarkhe, des distributions de la solde, du redorage des Palladia, de bousculades sous les portiques, de mesures de vivres, d'outres, de courroies à rames, d'achats de tonneaux, de gousses d'ail, d'olives, d'oignons dans des filets, de couronnes, de sardines, de joueuses de flûte, d'yeux pochés : l'arsenal est rempli de bois à fabriquer des avirons, de chevilles bruyantes, de garnitures de trous pour la rame, de flûtes à signal, de fifres, de sifflets. Je sais que c'est cela que vous auriez fait. Et ne croyons-nous pas que Téléphos cût fait de même? Donc nous n'avons pas de sens commun.

PREMIER DEMI-CHOEUR.

C'est donc comme cela, misérable, infâme? Vil mendiant, tu oses nous parler ainsi! Et s'il y a ici quelque sykophante, tu l'outrages !

DEUXIÈME DEMI-CHOEUR.

Par Poséidôn! tout ce qu'il dit est justement dit, et il ne ment pas d'un mot.

PREMIER DEMI-CHOEUR.

Si c'est juste, fallait-il le dire? Mais tu n'auras pas à te réjouir de l'audace de tes paroles.

DEUXIÈME DEMI-CHOEUR.

Où cours-tu donc? Ne bouge pas. Si tu frappes cet homme, je te ferai danser.

PREMIER DEMI-CHOEUR.

O Lamakhos, ô toi dont les regards lancent des éclairs, viens-nous en aide; toi dont l'aigrette est une Gorgôn, parais, ô Lamakhos, mon ami, citoyen de ma tribu. S'il y a là un taxiarkhe, un stratège, des défenseurs des remparts, venez vite à notre aide; on porte la main sur moi.

LAMAKHOS.

Quel cri de bataille me frappe l'oreille? Où faut-il courir à l'aide? Où dois-je lancer l'épouvante? Qui tire ma Gorgôn de son étui?

PREMIER DEMI-CHOEUR.

O Lamakhos, héros redoutable par tes aigrettes et par tes bataillons!

DEUXIÈME DEMI-CHOEUR.

O Lamakhos, cet homme n'en finit pas d'outrager notre ville tout entière.

LAMAKHOS.

C'est toi, mendiant, qui as l'audace de tenir ce langage?

DIKÆOPOLIS.

O Lamakhos, grand héros, pardonne à un mendiant qui, en prenant la parole, a dit quelque sottise.

LAMAKHOS.

Qu'as-tu dit de nous ? Parleras-tu ?

DIKÆOPOLIS.

Je n'en sais plus rien. La peur des armes me donne le vertige. Mais, je t'en prie, éloigne de moi cette Mormo.

LAMAKHOS.

C'est fait.

DIKÆOPOLIS.

Maintenant mets-lui la face contre terre.

LAMAKHOS.

Elle y est.

DIKÆOPOLIS.

Donne-moi à présent une plume de ton casque.

LAMAKHOS.

Voilà la plume.

DIKÆOPOLIS.

Maintenant prends-moi la tête, pour que je vomisse : les aigrettes me donnent la nausée.

LAMAKHOS.

Hé ! l'homme ! que veux-tu faire ? Tu veux te faire vomir à l'aide de cette plume ?

DIKÆOPOLIS.

C'est une plume, en effet. Dis-moi, de quel oiseau est-elle ? Est-ce du fanfaron ? Est-ce du « kompolâky-thos » (fanfaron) ?

LAMAKHOS.

Ah! tu vas y passer!

DIKÆOPOLIS.

Non, Lamakhos : il ne s'agit pas de force. Puisque tu es fort, pourquoi ne pas me circoncire? Tu es bien armé?

LAMAKHOS.

Un mendiant parler ainsi à un stratège!

DIKÆOPOLIS.

Moi, un mendiant?

LAMAKHOS.

Qu'es-tu donc?

DIKÆOPOLIS.

Ce que je suis? Un bon citoyen, exempt d'ambition, et, depuis le commencement de la guerre, un bon soldat, tandis que toi tu es, depuis le commencement de la guerre, un général gagé.

LAMAKHOS.

On m'a élu.

DIKÆOPOLIS.

Oui, trois coucous. Et moi, indigné de ce fait, j'ai conclu une trêve, voyant des hommes à cheveux blancs dans les rangs des soldats, et des jeunes comme toi se dérobant au service, les uns en Thrakè, pour une solde de trois drakhmes, des Tisaménos, des Phænippos, et ce coquin d'Hipparkhidas; les autres auprès de Kharès; ceux-ci en Khaonie, Gérès, Théodoros, et ce vantard de Diomée; ceux-là à Kamarina, à Géla, à Katagéla.

LAMAKHOS.

On les a élus.

DIKÆOPOLIS.

Et pourquoi les salaires vont-ils toujours à vous, et à eux rien? Dis-moi, Mariladès, toi dont les cheveux blanchissent, as-tu jamais eu une pareille mission? Il fait signe que non. Il est cependant prudent et actif. Et vous, Drakyllos, Euphoridès, Prinidès, quelqu'un de vous connaît-il Ekbatana ou les Khaoniens? Ils disent que non. C'est affaire au fils de Kœsyra et à Lamakhos, qui ne pouvaient hier encore payer leur écot ou leurs dettes, et à qui tous leurs amis, comme font le soir les gens qui jettent dehors leurs bains de pieds, criaient : Gare!

LAMAKHOS.

O démocratie! est-ce tolérable?

DIKÆOPOLIS.

Non certes, si Lamakhos n'était pas bien payé.

LAMAKHOS.

Mais moi, je veux faire une guerre éternelle à tous les Péloponésiens, jeter partout le désordre, sur mer et sur terre, et de la bonne sorte.

DIKÆOPOLIS.

Et moi, je déclare à tous les Péloponésiens, aux Mégariens, aux Bœotiens, qu'ils peuvent vendre et acheter chez moi; mais Lamakhos, non.

LE CHOEUR.

Cet homme a la parole triomphante, et il va convaincre

le peuple au sujet de la trêve. Mais changeons notre habit contre des anapestes.

Depuis que notre directeur préside à des chœurs trygiques, il ne s'est point encore avancé sur le théâtre pour parler de son talent. Mais diffamé par ses ennemis auprès des Athéniens au jugement hâtif, comme ridiculisant la ville et outrageant le peuple, il faut qu'il se disculpe maintenant auprès des Athéniens au jugement réfléchi. Notre poète dit donc qu'il est digne de tous biens, en vous empêchant d'être trop dupés par les discours des étrangers ou séduits par la flatterie, vrais citoyens de la ville des sots. Jadis les envoyés des villes commençaient, afin de vous tromper, par vous appeler les gens aux couronnes de violettes. Et aussitôt que le mot de couronnes était prononcé, vous n'étiez plus assis que du bout des fesses. Si un autre, d'un ton flatteur, parlait de la « grasse Athènes », il obtenait tout pour ce mot « grasse », dont il vous honorait comme des anchois. En agissant de la sorte, le poète a été pour vous la cause de grands biens, ainsi qu'en faisant voir au peuple des autres villes ce qu'est une démocratie. Voilà pourquoi, lorsque les envoyés de ces villes viendront vous apporter leur tribut, ils désireront voir le poète éminent qui ne craint pas de dire aux Athéniens ce qui est juste. Aussi le bruit de son audace s'est-il déjà répandu si loin, que le Roi, questionnant un jour les envoyés de Lakédæmôn, après leur avoir demandé quel était le peuple le plus puissant par ses vaisseaux, les interrogea ensuite sur ce poète et sur ceux dont il disait tant de mal; et il ajouta que ces hommes étaient devenus de beaucoup meilleurs, et qu'à la guerre, ils seraient tout à fait victorieux, en ayant un tel conseiller. C'est pour cela que les Lakédæmoniens vous proposent la paix et redemandent Ægina, non que de cette île ils aient grand souci, mais pour dépouiller ce poète. Pour vous, ne l'abandonnez jamais : sa comédie frappera juste. Il dit qu'il vous enseignera mille bonnes choses pour que vous soyez heureux, et cela sans vous cajoler, sans vous leurrer de récompenses, sans vous duper, sans user de fourberie, sans vous mettre l'eau à la bouche, mais ne vous donnant que les meilleurs conseils. Qu'après cela, Kléôn dresse ses machines, qu'il ourdisse contre moi toutes ses trames, j'aurai pour alliées la probité et la justice, et jamais on ne me prendra à être, comme lui, pour la ville, un fléau et un derrière maudit.

Viens ici, Muse brûlante, qui as la force du feu, fille véhémente d'Akharnæ. Semblable à l'étincelle qui jaillit des charbons d'yeuse, excitée par un vent favorable, quand on étend dessus une grillade de poissons, les uns tournant une grasse marinade de Thasos, les autres maniant la pâte, viens de même, mélodie fière, intense, aux accents rustiques, et traite-moi en citoyen.

Vieillards chargés d'ans, nous accusons cette ville. Loin de recevoir de vous la nourriture due à nos victoires navales, nous en souffrons de cruelles ; tout vieux que nous sommes, vous nous impliquez dans des procès et vous nous faites servir de risée à de jeunes orateurs; réduits à rien, nous restons muets, usés comme de vieilles flûtes : votre Poséidôn tutélaire est un bâton. La vieillesse nous fait balbutier devant la pierre du tribunal où nous ne voyons rien que l'ombre de la Justice. Mais le jeune homme, soucieux de faire valoir son éloquence, se hâte de frapper par l'agencement de ses périodes arrondies. Puis, traînant l'accusé, il le questionne, le prend au piège de ses paroles, tourmentant, troublant, bouleversant ce pauvre Tithôn. Le vieux mâchonne, se retire frappé d'une amende, sanglote, pleure, et dit à ses amis : « Ce qui devait payer ma bière, c'est l'amende dont je suis frappé. »

Est-il décent de ruiner ainsi un vieillard blanc devant la klepsydre, un compagnon qui a beaucoup peiné, qui s'est mouillé tant de fois d'une sueur chaude et glorieuse, un brave qui s'est battu à Marathôn pour la République ? Oui, nous qui étions à Marathôn, à la poursuite de l'ennemi ; aujourd'hui nous sommes poursuivis à outrance par des hommes méchants, et puis après condamnés. A cela que répondrait un Marpsias ?

Et de fait, est-il juste qu'un homme, courbé par l'âge comme Thoukydidès, périsse enfermé dans les déserts de la Skythia parce qu'il a maille à partir avec Képhisodèmos, cet avocat bavard ? Je me suis senti pris de pitié, et j'ai versé des larmes, en voyant maltraité par un archer ce vieil homme qui, j'en atteste Dèmètèr, lorsqu'il était le Thoukydidès qui eût aisément tenu tête à la Déesse Gémissante (Dèmètèr pleurant Kora), aurait d'abord terrassé dix Evathlos, effrayé de ses cris trois mille archers, et percé de flèches le père et toute la lignée. Ah ! puisque vous ne permettez pas que les vieillards jouissent du sommeil, décrétez que les causes soient divisées, de manière qu'un vieux édenté plaide contre un vieux, et les jeunes contre un homme à l'anus élargi, un bavard, le fils de Klinias. Il faut désormais exercer des poursuites, et, s'il y a un coupable, que le vieillard soit frappé d'amende par le vieillard, et le jeune homme par le jeune homme.

DIKÆOPOLIS.

Voici les limites de mon marché. Tous les Péloponésiens, Mégariens et Bœotiens ont le droit de trafiquer ici, à la condition de vendre à moi, et à Lamakhos rien. J'institue pour agoranomes de mon marché ces trois fouets en cuir de Lépros désignés par le sort. Entrée interdite à tout sykophante et à tout habitant du Phasis. Pour moi, je fais apporter la colonne sur laquelle est mon traité, afin qu'il soit bien en vue sur l'Agora.

UN MÉGARIEN. *(Il parle en dialecte dorien.)*

Agora d'Athènes, salut, toi qui es chère aux Mégariens. Par le dieu de l'amitié! je te regrettais comme une mère. Allons, pauvres fillettes d'un père malheureux, montez les marches pour trouver des galettes, s'il y en a. Écoutez-moi, et que votre ventre soit tout attention. Qu'aimez-vous mieux, être vendues ou souffrir de la faim?

LES FILLETTES.

Être vendues! être vendues!

LE MÉGARIEN.

C'est aussi ce que je dis. Mais qui serait assez sot pour vous acheter, sûr d'y perdre? Toutefois il me vient à l'esprit une invention mégarienne. Je vais vous déguiser en petits cochons et dire que j'en ai à vendre. Ajustez-vous ces pattes de cochon, et faites qu'on vous croie issues d'une bonne truie. Par Hermès! si vous reveniez à la maison, vous souffririez tout de suite les horreurs de la faim. Ensuite mettez ces groins, et puis entrez dans ce sac. Là, grognez, et faites coï, comme les cochons dans les Mystères. Moi, je vais appeler Dikæopolis du côté par où il est... Dikæopolis, veux-tu acheter des petits cochons?

DIKÆOPOLIS.

Qu'est-ce? Un Mégarien?

LE MÉGARIEN.

Nous venons à ton marché.

DIKÆOPOLIS.

Comment allez-vous?

LE MÉGARIEN.

Nous mourons de faim, assis auprès du feu.

DIKÆOPOLIS.

Eh! de par Zeus! c'est bien agréable, si on a là un joueur de flûte. Mais que faites-vous encore à Mégara à l'heure qu'il est?

LE MÉGARIEN.

Tu le demandes! Quand je suis parti de là-bas pour le marché, les gens du Conseil faisaient tout ce qu'ils pouvaient pour que notre ville pérît le plus vite et le plus mal.

DIKÆOPOLIS.

Vous allez donc bientôt être tirés d'embarras.

LE MÉGARIEN.

C'est vrai.

DIKÆOPOLIS.

Et qu'y a-t-il encore à Mégara? Combien le blé s'y vend-il?

LE MÉGARIEN.

Chez nous il est à très haut prix, comme les dieux.

DIKÆOPOLIS.

Apportes-tu du sel?

LE MÉGARIEN.

Ne tenez-vous pas nos salines ?

DIKÆOPOLIS.

Est-ce de l'ail ?

LE MÉGARIEN.

Comment de l'ail ? Mais dans toutes vos incursions, vrais mulots, vous déterrez les têtes avec vos piquets !

DIKÆOPOLIS.

Eh bien, qu'apportes-tu ?

LE MÉGARIEN.

Des truies mystiques.

DIKÆOPOLIS.

A merveille ! Montre-les-moi.

LE MÉGARIEN.

Hé ! Elles sont belles. Soupèse-les si cela te plaît. Comme c'est gras et beau !

DIKÆOPOLIS.

Mais qu'est-ce donc ?

LE MÉGARIEN.

Une truie, par Zeus !

DIKÆOPOLIS.

Que dis-tu ? D'où vient-elle ?

LE MÉGARIEN.

De Mégara. Ce n'est pas là une truie ?

DIKÆOPOLIS.

Cela ne m'en a pas l'air.

LE MÉGARIEN.

N'est-ce pas absurde ? Voilà un incrédule ! Il dit que ce n'est pas une truie. Moi, si tu veux bien, gageons une mesure de sel parfumé de thym, si ce n'est pas là une truie, en bon grec !

DIKÆOPOLIS.

Pas du tout, elle tient de l'homme.

LE MÉGARIEN.

Sans doute, par Dioklès, elle tient de moi. Et toi, de qui crois-tu qu'elle soit ? Veux-tu l'entendre grogner ?

DIKÆOPOLIS.

Oui, de par les dieux ! je veux bien.

LE MÉGARIEN.

Grogne vite, petite truie ! Tu ne dis rien ? Est-ce que tu te tais ? Oh ! tu vas mourir de male mort. Par Hermès ! je te remporte à la maison.

LA FILLETTE.

Coï ! Coï !

LE MÉGARIEN.

N'est-ce pas une truie ?

DIKÆOPOLIS.

Oui, cela m'en a l'air. Bien nourrie, dans cinq ans, elle aura son bijou parfait.

LE MÉGARIEN.

Sache-le bien, elle sera pareille à sa mère.

DIKÆOPOLIS.

Mais on ne peut pas l'immoler en sacrifice.

LE MÉGARIEN.

Pourquoi donc? Qui empêche qu'elle ne soit immolée?

DIKÆOPOLIS.

Elle n'a pas de queue.

LE MÉGARIEN.

C'est qu'elle est jeune, mais devenue une vraie bête porcine, elle en aura une grande, grasse et rouge. Si tu veux la nourrir, ce sera une truie superbe.

DIKÆOPOLIS.

Comme le bijou de la sœur est semblable à celui de l'autre!

LE MÉGARIEN.

Elles sont de la même mère et du même père. Qu'elle engraisse, qu'il lui fleurisse des poils, et ce sera la plus belle truie qu'on puisse immoler à Aphroditè.

DIKÆOPOLIS.

Mais on n'immole pas de truies à Aphroditè.

LE MÉGARIEN.

Pas de truies à Aphroditè! Mais c'est la seule déesse à qui la chair des truies soit très agréable, quand elle est bien embrochée.

DIKÆOPOLIS.

Mangent-elles seules maintenant sans leur mère ?

LE MÉGARIEN.

Oui, par Poséidôn ! et aussi sans leur père.

DIKÆOPOLIS.

Que mangent-elles de préférence ?

LE MÉGARIEN.

Tout ce que tu voudras leur donner. Mais demande-le-leur.

DIKÆOPOLIS.

Petite truie, petite truie !

LA FILLETTE.

Coï, coï !

DIKÆOPOLIS.

Mangerais-tu bien des pois chiches montants ?

LA FILLETTE.

Coï, coï, coï !

DIKÆOPOLIS.

Et puis encore ! Des figues de Phibalis ?

LA FILLETTE.

Coï, coï !

DIKÆOPOLIS.

Quels cris aigus vous poussez à propos de figues ! Que quelqu'un de l'intérieur apporte des figues à ces petites truies. En mangeront-elles ? Ah ! ah ! comme elles les croquent, ô vénérable Hèraklès! De quel pays sont ces truies? On les croirait de Tragasa-la-Goulue.

LE MÉGARIEN.

Mais elles n'ont pas mangé toutes les figues : car en voici une que je leur ai enlevée.

DIKÆOPOLIS.

Par Zeus! ce sont deux gentilles bêtes. Combien veux-tu me vendre tes truies? Dis.

LE MÉGARIEN.

L'une pour une botte d'ail; l'autre, si tu veux, pour un khœnix de sel.

DIKÆOPOLIS.

Je te les achète. Attends ici.

LE MÉGARIEN.

Voilà qui va bien. Hermès, dieu du gain, puissé-je vendre ainsi ma femme et ma mère!

UN SYKOPHANTE.

Hé! l'homme. De quel pays es-tu?

LE MÉGARIEN.

Marchand de cochons de Mégara.

LE SYKOPHANTE.

Je dénonce comme ennemis tes cochons et toi.

LE MÉGARIEN.

Allons, bon! Voilà la cause de toutes nos misères revenue!

LE SYKOPHANTE.

Chanson mégarienne ! Ne lâcheras-tu pas ce sac ?

LE MÉGARIEN.

Dikæopolis ! Dikæopolis ! On me dénonce.

DIKÆOPOLIS.

Qui cela ? Quel est ton dénonciateur ? Agoranomes, vous ne mettrez pas à la porte les sykophantes ? A quoi penses-tu de nous éclairer sans lanterne ?

LE SYKOPHANTE.

Ne puis-je pas dénoncer les ennemis ?

DIKÆOPOLIS.

Tu vas crier, si tu ne cours pas dénoncer ailleurs.

LE MÉGARIEN.

Quel fléau pour Athènes !

DIKÆOPOLIS.

Courage, Mégarien ! Tiens, voilà le prix de tes truies ; prends l'ail et le sel, et bien de la joie !

LE MÉGARIEN.

Ah ! il n'y en a pas beaucoup chez nous.

DIKÆOPOLIS.

Quelle inadvertance ! Qu'elle retombe sur ma tête !

LE MÉGARIEN.

Petits cochons, tâchez, sans votre père, de manger de la galette avec du sel, si quelqu'un vous en donne !

CHOEUR DES AKHARNIENS.

Heureux homme! N'as-tu pas entendu quel gain il tire de sa résolution? Il fera ses affaires assis sur l'Agora. Et si Ktésias se présente, ou quelque autre sykophante, il ira gémir assis. Pas un homme ne te fraudera sur le prix des denrées; Prépis n'essuiera pas devant toi son infâme derrière, et Kléonymos ne te bousculera pas. Tu te promèneras drapé dans une brillante læna. Tu ne rencontreras pas Hyperbolos, inassouvi de chicanes; tu ne seras pas abordé, en parcourant l'Agora, par Kratinos, toujours rasé à la fine lame, comme les galants; ni par le pervers Artémôn, trop alerte à la musique, exhalant de ses aisselles la mauvaise odeur d'un bouc de sa patrie Tragasa. Jamais plus ne te raillera le roi des méchants, Pauson, ni, sur l'Agora, Lysistratos, l'opprobre des Kholargiens, homme imprégné de tous les vices, grelottant et mourant de faim plus de trente jours par chaque mois.

UN BOEOTIEN.

Par Hèraklès! mon épaule n'en peut mais. Ismènias, pose doucement à terre le pouliot. Vous tous, flûteurs thébains, soufflez avec vos flûtes d'or dans un derrière de chien.

DIKÆOPOLIS.

Aux corbeaux! Ces frelons ne quitteront donc pas nos portes? D'où s'est abattue sur ma porte cette volée, élevée par Khæris, ces flûtistes bourdonnants?

LE BOEOTIEN.

Par Iolaos! ton souhait m'est agréable, étranger! Depuis Thèbæ, en soufflant derrière moi, ils ont fait tomber par terre mes fleurs de pouliot. Mais, si tu veux bien, achète-moi de ce que je porte, des poulets ou des sauterelles.

DIKÆOPOLIS.

Ah! salut! mon cher Bœotien, mangeur de kollix. Qu'apportes-tu?

LE BOEOTIEN.

Tout ce que nous avons de bon en Bœotia : origan, pouliot, nattes de jonc, feuilles à mèches, canards, geais, francolins, poules d'eau, roitelets, plongeons.

DIKÆOPOLIS.

Tu es un orage qui sème les oiseaux sur l'Agora.

LE BOEOTIEN.

J'apporte également oies, lièvres, renards, taupes, hérissons, chats, pictides, belettes, loutres, anguilles du Kopaïs.

DIKÆOPOLIS.

O toi, qui offres le morceau le plus agréable aux hommes, permets-moi de saluer les anguilles que tu apportes.

LE BOEOTIEN.

Toi, l'aînée de mes cinquante vierges du Kopaïs, viens faire la joie de notre hôte.

DIKÆOPOLIS.

O bien-aimée, objet de mes longs désirs, te voilà donc, toi pour qui soupirent les chœurs tragiques, et chère à Morykhos. Esclaves, apportez-moi ici le réchaud et le soufflet. Regardez, enfants, cette maîtresse anguille, qui vient enfin, désirée depuis six ans! Saluez-la, mes enfants. Moi, je fournirai le charbon pour faire honneur à l'étrangère. Mais emportez-la. La mort même ne pourra me séparer de toi, si on te cuit avec des bettes.

LE BOEOTIEN.

Et à moi, que me donneras-tu en retour?

DIKÆOPOLIS.

Tu me la donnes en paiement de ton droit au marché. Mais si tu veux vendre quelques autres choses, parle.

LE BOEOTIEN.

Hé! tout cela.

DIKÆOPOLIS.

Voyons, combien dis-tu? ou veux-tu troquer contre des denrées emportées d'ici?

LE BOEOTIEN.

Bien! Je prends des produits d'Athènes, qu'on n'a pas en Bœotia.

DIKÆOPOLIS.

Tu peux acheter et emporter des anchois de Phalèron ou de la poterie.

LE BOEOTIEN.

Des anchois et de la poterie? Mais nous en avons, là-

4

bas. Je veux un produit qui ne soit pas chez nous et qui abonde ici.

DIKÆOPOLIS.

Je sais alors. Emporte un sykophante, emballé comme de la poterie.

LE BOEOTIEN.

Par les Jumeaux! j'aurais grand profit à en emmener un. Ce serait un singe plein de malice.

DIKÆOPOLIS.

Voici justement Nikarkhos qui vient dénoncer quelqu'un.

LE BOEOTIEN.

C'est un bien petit homme!

DIKÆOPOLIS.

Mais il est tout venin.

NIKARKHOS.

A qui sont ces marchandises?

LE BOEOTIEN.

A moi. De Thèbæ, Zeus m'en est témoin.

NIKARKHOS.

Et moi, je les dénonce comme ennemies.

LE BOEOTIEN.

Quel mauvais instinct te pousse à guerroyer et à batailler contre des oiseaux?

NIKARKHOS.

— Je vais te dénoncer toi-même en sus.

LE BŒOTIEN.

Quel mal ai-je fait ?

NIKARKHOS.

Je vais te le dire dans l'intérêt des assistants. Tu introduis des mèches de chez les ennemis.

DIKÆOPOLIS.

Ainsi donc tu dénonces des mèches ?

NIKARKHOS.

Une seule suffit pour embraser l'arsenal.

DIKÆOPOLIS.

L'arsenal ? une mèche ?

NIKARKHOS.

Je le crois.

DIKÆOPOLIS.

Et comment ?

NIKARKHOS.

Un Bœotion peut l'attacher à l'aile d'une tipule, la lancer sur l'arsenal au moyen d'un tube, par un grand vent de Boréas ; et, le feu prenant une fois aux vaisseaux, ils flambent tout de suite.

DIKÆOPOLIS.

Méchant, digne de mille morts ! ils flamberaient embrasés par une tipule et par une mèche ?

NIKARKHOS, *battu par Dikæopolis.*

Des témoins !

DIKÆOPOLIS.

Fermez-lui la bouche! Donne-moi du foin : je vais l'emballer comme de la poterie, pour qu'il ne se casse pas en route.

LE CHOEUR.

Emballe bien, mon cher, cette marchandise destinée à l'étranger, afin qu'il n'aille pas la briser.

DIKÆOPOLIS.

J'y veillerai, car elle rend le son grêle d'un objet fêlé par le feu, et désagréable aux dieux.

LE CHOEUR.

Que va-t-il en faire ?

DIKÆOPOLIS.

Un vase utile à tout, une coupe de maux, un mortier à procès, une lanterne pour espionner les comptables, un récipient à brouiller les affaires.

LE CHOEUR.

Mais qui oserait se servir d'un vase qui craque de la sorte dans la maison ?

DIKÆOPOLIS.

Il est solide, mon bon, et il ne cassera jamais, s'il est suspendu par les pieds, la tête en bas.

LE CHOEUR.

Le voilà empaqueté comme tu le veux.

LE BOEOTIEN.

Je vais enlever ma gerbe.

LE CHOEUR, *à Dikæopolis.*

O le meilleur des hôtes, aide-le dans le transport, et jette où tu voudras ce sykophante bon à tout.

DIKÆOPOLIS.

J'ai eu bien de la peine à empaqueter ce maudit scélérat. Allons, Bœotien, emporte ta poterie.

LE BOEOTIEN.

Viens ici, et baisse ton épaule, Ismènikhos.

DIKÆOPOLIS.

Veille à la porter avec précaution. En réalité, tu ne porteras là rien de bon; fais-le toutefois. Tu gagneras à te charger de ce fardeau. Les sykophantes te porteront bonheur.

UN SERVITEUR DE LAMAKHOS.

Dikæopolis!

DIKÆOPOLIS.

Qu'y a-t-il? Pourquoi m'appelles-tu?

LE SERVITEUR.

Pourquoi? Lamakhos te prie de lui céder, moyennant cette drakhme, quelques grives pour la fête des Coupes, et, au prix de trois drakhmes, une anguille du Kopaïs.

DIKÆOPOLIS.

Qui est ce Lamakhos avec son anguille?

LE SERVITEUR.

Le terrible, l'infatigable, qui agite sa Gorgôn et qui remue les trois aigrettes dont il est ombragé.

DIKÆOPOLIS.

Par Zeus! je refuse, me donnât-il son bouclier. Qu'il remue ses aigrettes en mangeant du poisson salé! S'il vient faire du bruit, j'appelle les agoranomes. Pour moi, j'emporte ces provisions, destinées à ma personne. J'entre sur les ailes des grives et des merles.

LE CHOEUR.

Tu as vu, oui, tu as vu, ville tout entière, la prudence et l'éminente sagesse de cet homme. Depuis qu'il a conclu une trêve, il peut acheter ce dont il a besoin pour sa maison et ce qui convient à des repas chaudement servis. D'eux-mêmes tous les biens lui arrivent.

Non, jamais je ne recevrai chez moi la Guerre; jamais elle ne me chantera l'air de Harmodios, assise à ma table, parce que c'est un être qui, pris de vin, et faisant ripaille chez ceux qui ont tous les biens, y cause tous les maux, renverse, ruine, détruit, et cela quand on lui a fait nombre d'avances : « Bois, assieds-toi, prends cette coupe de l'amitié, » tandis que lui porte partout le feu sur nos échalas, et répand brutalement le vin de nos vignes.

Chez l'homme que je dis le repas est grandement, libéralement ordonné, et les preuves de sa bonne chère se voient dans les plumes étalées devant sa porte.

DIKÆOPOLIS.

O compagne de la belle Kypris et des Grâces aimables, Réconciliation, comme tu as un beau visage! Ai-je pu l'ignorer? Puisse un Amour nous unir, moi et toi, semblable à celui qui est présent, et couronné de fleurs! Crois-tu donc, par hasard, que je suis trop vieux? Mais si je te prends, je crois pouvoir t'offrir trois avantages. Et d'abord je puis aligner un long plant de vignes, puis élever auprès de tendres rejetons de figuier, en troisième lieu, tout vieux que je suis, y marier de jeunes ceps de vigne, et enfin garnir d'oliviers tout le tour de mon champ pour nous oindre d'huile, toi et moi, aux Noumènia.

UN HÉRAUT.

Écoutez, peuple. A la façon de vos pères, buvez dans les coupes au son de la trompette. Celui qui l'aura vidée le premier recevra une outre faite comme Ktésiphon.

DIKÆOPOLIS.

Enfants, femmes, n'avez-vous pas entendu? Que faites-vous? N'entendez-vous pas le Héraut? Faites bouillir, rôtissez, retournez et enlevez ces lièvres prestement; tressez les couronnes... Apporte les broches, pour enfiler les grives.

LE CHOEUR.

J'envie ta prudence, mon cher homme, et encore plus ta bonne chère actuelle.

DIKÆOPOLIS.

Que sera-ce, quand vous verrez rôtir ces grives?

LE CHOEUR.

Je crois que tu dis juste encore sur ce point.

DIKÆOPOLIS.

Attise le feu.

LE CHOEUR.

Entends-tu avec quelle habileté culinaire, avec quelle science et avec quelle entente de gourmet il se fait servir?

UN LABOUREUR.

Malheureux que je suis!

DIKÆOPOLIS.

Par Hèraklès! quel est cet homme?

LE LABOUREUR.

Un homme infortuné.

DIKÆOPOLIS.

Suis ton chemin devant toi.

LE LABOUREUR.

O cher ami, puisque la trêve est pour toi seul, cède-moi un peu de pain, ne fût-ce que de cinq ans.

DIKÆOPOLIS.

Que t'est-il arrivé?

LE LABOUREUR.

Je suis ruiné, j'ai perdu deux bœufs.

DIKÆOPOLIS.

Comment?

LE LABOUREUR.

Les Bœotiens les ont pris à Phyla.

DIKÆOPOLIS.

O trois fois malheureux! Et tu es encore vêtu de blanc?

LE LABOUREUR.

Ces deux bœufs, par Zeus! me nourrissaient de leur fumier.

DIKÆOPOLIS.

Que te faut-il donc, maintenant?

LE LABOUREUR.

J'ai perdu la vue à pleurer mes bœufs. Mais si tu prends intérêt à Derkélès de Phyla, frotte-moi vite les deux yeux avec de la poix.

DIKÆOPOLIS.

Mais, malheureux, je ne suis pas en situation de rendre service à tout le monde.

LE LABOUREUR.

Allons, je t'en conjure, peut-être retrouverais-je mes bœufs.

DIKÆOPOLIS.

Impossible. Va-t'en pleurer auprès des disciples de Pittalos.

LE LABOUREUR.

Rien pour moi qu'une seule goutte de poix, verse-la dans ce chalumeau.

DIKÆOPOLIS.

Pas un fétu! Va-t'en gémir ailleurs!

LE LABOUREUR.

Infortuné que je suis; plus de bœufs de labour!

LE CHOEUR.

Cet homme, avec son traité, s'est fait une vie douce, et il ne semble vouloir partager avec personne.

DIKÆOPOLIS.

Toi, arrose les tripes avec du miel; fais griller les sépias.

LE CHOEUR.

Entends-tu ses éclats de voix?

DIKÆOPOLIS.

Grillez les anguilles!

LE CHOEUR.

Tu vas nous faire mourir, moi de faim, et les voisins de fumée et de ta voix, en criant de la sorte.

DIKÆOPOLIS.

Rôtissez cela, et que la couleur en soit dorée!

UN PARANYMPHE.

Dikæopolis! Dikæopolis!

DIKÆOPOLIS.

Quel est cet homme?

LE PARANYMPHE.

Un jeune marié t'envoie ces viandes de son repas de noces.

DIKÆOPOLIS.

Il fait bien, quel qu'il soit.

LE PARANYMPHE.

Il te prie, en échange de ces viandes, pour ne pas aller à la guerre et pour rester à caresser sa femme, de lui verser dans cette fiole un verre de poix.

DIKÆOPOLIS.

Remporte, remporte les viandes et ne me les donne pas, je ne verserais pas de la poix pour mille drakhmes. Mais quelle est cette femme?

LE PARANYMPHE.

C'est la meneuse de la noce : elle demande à te parler de la part de la mariée, à toi seul.

DIKÆOPOLIS.

Voyons, que dis-tu? Par les dieux! elle est plaisante la demande de la mariée! Elle désire que la partie essentielle du marié reste à la maison. Allons! qu'on apporte la trêve; je lui en donnerai à elle seule; elle est femme; elle ne doit pas souffrir de la guerre. Femme, approche; tends-moi la fiole. Sais-tu la manière de s'en servir? Dis à la mariée, quand on fera une levée de soldats, d'en frotter la nuit la partie essentielle de son mari. Qu'on remporte la trêve. Vite, la cruche au vin, pour que j'en verse dans les coupes!

———

LE CHOEUR.

Mais voici un homme aux sourcils froncés : il se presse comme pour annoncer un malheur.

UN PREMIER MESSAGER.

O fatigues, lames en bataille, Lamakhos!

LAMAKHOS.

Quel bruit résonne autour de mes demeures étincelantes d'airain ?

LE MESSAGER.

Les stratèges t'ordonnent de prendre sur-le-champ tes cohortes et tes aigrettes, et d'aller garder la frontière, malgré la neige. Car on leur annonce qu'au moment de la fête des Coupes et des Marmites, des bandits bœotiens vont faire une invasion.

LAMAKHOS.

O stratèges, plus nombreux qu'utiles ! n'est-il pas dur pour moi de ne pouvoir être de la fête ?

DIKÆOPOLIS.

O armée polémolamaïque !

LAMAKHOS.

Malheur à moi ! Tu ris de mon infortune !

DIKÆOPOLIS.

Veux-tu combattre contre un Géryôn à quatre ailes ?

LAMAKHOS.

Hélas ! hélas ! quelle nouvelle m'apporte ce second messager ?

UN SECOND MESSAGER.

Dikæopolis !

DIKÆOPOLIS.

Qu'est-ce ?

LE SECOND MESSAGER.

Viens vite au banquet, et apporte ta corbeille et ta coupe. Le prêtre de Dionysos t'y invite. Mais hâte-toi, tu retardes le repas. Tout est prêt : lits, tables, coussins, tapis, couronnes, parfums, friandises, courtisanes, galettes, gâteaux, pains de sésame, tartes, belles danseuses, l'air bien-aimé de Harmodios. Ainsi, accours au plus vite.

LAMAKHOS.

Infortuné que je suis!

DIKÆOPOLIS.

C'est que tu as pris pour emblème cette grande Gorgôn. Fermez la porte, et qu'on apprête le repas.

LAMAKHOS.

Esclave, esclave, apporte-moi ici mon sac.

DIKÆOPOLIS.

Esclave, esclave, apporte-moi ici ma corbeille.

LAMAKHOS.

Du sel mêlé de thym et des oignons.

DIKÆOPOLIS.

Et à moi du poisson; les oignons me répugnent.

LAMAKHOS.

Apporte-moi ici, esclave, une feuille de figuier, pleine de hachis rance.

DIKÆOPOLIS.

Et à moi une feuille de figuier bien graissée, je la ferai cuire ici.

LAMAKHOS.

Mets là les plumes de mon casque.

DIKÆOPOLIS.

Mets là ces ramiers et ces grives.

LAMAKHOS.

Belle et blanche est cette plume d'autruche.

DIKÆOPOLIS.

Belle et dorée est cette chair de ramier.

LAMAKHOS.

Hé! l'homme! cesse de rire de mes armes.

DIKÆOPOLIS.

Hé! l'homme! veux-tu bien ne pas guigner mes grives!

LAMAKHOS.

Apporte l'étui de mes trois aigrettes.

DIKÆOPOLIS.

Et à moi le civet de lièvre.

LAMAKHOS.

Mais les mites n'ont-elles pas mangé les aigrettes?

DIKÆOPOLIS.

Mais ne vais-je pas manger du civet avant le dîner?

LAMAKHOS.

Hé! l'homme! veux-tu bien ne pas me parler?

DIKÆOPOLIS.

Je ne te parle pas; moi et mon esclave, nous sommes

en discussion. Veux-tu gager et nous en rapporter à Lamakhos ? Les sauterelles sont-elles plus délicates que les grives ?

LAMAKHOS.

Je crois que tu fais l'insolent.

DIKÆOPOLIS.

Il donne la préférence aux sauterelles.

LAMAKHOS.

Esclave, esclave, décroche ma lance, et apporte-la-moi ici.

DIKÆOPOLIS.

Esclave, esclave, retire cette andouille du feu et apporte-la-moi ici.

LAMAKHOS.

Voyons, je vais retirer ma lance du fourreau. Tiens ferme, esclave.

DIKÆOPOLIS.

Et toi aussi, esclave, ne lâche pas.

LAMAKHOS.

Approche, esclave, les supports de mon bouclier.

DIKÆOPOLIS.

Apporte les pains, supports de mon estomac.

LAMAKHOS.

Apporte ici l'orbe de mon bouclier à la Gorgôn.

DIKÆOPOLIS.

Apporte ici l'orbe de ma tarte au fromage.

LAMAKHOS.

N'y a-t-il pas là pour les hommes de quoi rire largement ?

DIKÆOPOLIS.

N'y a-t-il pas là pour les hommes de quoi savourer délicieusement ?

LAMAKHOS.

Verse de l'huile, esclave, sur le bouclier. J'y vois un vieillard qui va être accusé de lâcheté.

DIKÆOPOLIS.

Verse du miel, esclave, sur la tarte. J'y vois un vieillard qui fait pleurer de rage Lamakhos le Gorgonien.

LAMAKHOS.

Apporte ici, esclave, ma cuirasse de combat.

DIKÆOPOLIS.

Apporte ici, esclave, ma cuirasse de table, ma coupe.

LAMAKHOS.

Avec cela, je tiendrai tête aux ennemis.

DIKÆOPOLIS.

Avec cela, je tiendrai tête aux buveurs.

LAMAKHOS.

Esclave, maintiens les couvertures du bouclier.

DIKÆOPOLIS.

Esclave, maintiens les plats de la corbeille.

LAMAKHOS.

Moi, je vais prendre et porter moi-même mon sac de campagne.

DIKÆOPOLIS.

Moi, je vais prendre mon manteau pour sortir.

LAMAKHOS.

Prends ce bouclier, esclave, emporte-le, et en route! Il neige. Babæax! C'est une campagne d'hiver.

DIKÆOPOLIS.

Prends le dîner : c'est une campagne de buveurs.

LE CHOEUR.

Mettez-vous de bon cœur en campagne. Mais quelles routes différentes ils suivent tous les deux! L'un boira, couronné de fleurs, et toi, transi de froid, tu monteras la garde. Celui-là va coucher avec une jolie fille et se faire frictionner je ne sais quoi.

PREMIER DEMI-CHOEUR.

Puisse Antimakhos, fils de Psakas, historien et poète, être tout simplement confondu par Zeus, lui qui, khorège aux Lénæa, m'a renvoyé tristement sans souper! Puissé-je le voir guetter une sépia qui, cuite, croustillante, salée, est servie sur table; et qu'au moment de la prendre, elle lui soit enlevée par un chien, qui s'enfuit!

SECOND DEMI-CHOEUR.

Que ce soit là pour lui un premier malheur; puis, qu'il lui arrive une autre aventure nocturne! Que revenant fiévreux chez lui des manœuvres de cavalerie, il rencontre Orestès ivre, qui lui casse la tête, pris d'un accès de fureur, et que, voulant ramasser une pierre, durant la nuit, il saisisse à pleine main un étron encore tout chaud; qu'il lance ce genre de pierre, manque son coup, et frappe Kratinos!

UN SERVITEUR DE LAMAKHOS.

Serviteurs de la maison de Lamakhos, vite de l'eau! Faites chauffer de l'eau dans une petite marmite, préparez des linges, du cérat, de la laine grasse et des tampons de charpie pour la cheville. Notre maître s'est blessé à un pieu, en sautant un fossé; il s'est déboîté et luxé la cheville, s'est brisé la tête contre une pierre et a fait jaillir la Gorgôn hors du bouclier. La grande plume du hâbleur gisant au milieu des pierres, il a fait retentir ce chant terrible : « O astre radieux, je te vois aujourd'hui pour la dernière fois; la lumière m'abandonne; c'est fait de moi! » A ces mots, il tombe dans un bourbier, se relève, rencontre des fuyards, poursuit les brigands et les presse de sa lance. Mais le voici lui-même. Ouvre la porte.

LAMAKHOS.

Oh! là, là! Oh! là, là! Horribles souffrances, je suis glacé. Malheureux, je suis perdu; une lance ennemie m'a frappé! Mais ce qu'il y aurait pour moi de plus cruel, c'est que Dikæopolis me vît blessé, et me rît au nez de mes infortunes.

DIKÆOPOLIS, *entrant avec deux courtisanes.*

Oh! là, là! Oh! là, là! quelles gorges! C'est ferme comme des coings! Baisez-moi tendrement, mes trésors; vos bras autour de mon cou; vos lèvres sur les miennes! Car j'ai le premier vidé ma coupe.

LAMAKHOS.

Cruel concours de malheurs! Hélas! hélas! quelles blessures cuisantes!

DIKÆOPOLIS.

Hé! hé! salut, cavalier Lamakhos!

LAMAKHOS.

Malheureux que je suis!

DIKÆOPOLIS.

Infortuné que je suis!

LAMAKHOS.

Pourquoi m'embrasses-tu?

DIKÆOPOLIS.

Pourquoi me mords-tu?

LAMAKHOS.

Quel malheur pour moi d'avoir payé ce rude écot!

DIKÆOPOLIS.

Est-ce qu'il y avait un écot à payer à la fête des Coupes?

LAMAKHOS.

Ah! ah! Pæan! Pæan!

DIKÆOPOLIS.

Mais il n'y a pas aujourd'hui de Pæania.

LAMAKHOS.

Soulevez, soulevez ma jambe. Oh! oh! tenez-la, mes amis.

DIKÆOPOLIS.

Et vous deux, prenez-moi juste la moitié du corps, mes amies.

LAMAKHOS.

J'ai le vertige de ce coup de pierre à la tête. Je suis pris d'étourdissements.

DIKÆOPOLIS.

Et moi je veux aller me coucher; je suis pris de redressements et d'éblouissements.

LAMAKHOS.

Portez-moi au logis de Pittalos, entre ses mains médicales.

DIKÆOPOLIS.

Portez-moi auprès des juges. Où est le roi du festin ? Donnez-moi l'outre!

LAMAKHOS.

Une lance m'a percé les os. Quelle douleur!

DIKÆOPOLIS, *montrant l'outre.*

Voyez, elle est vide! Tènella! Tènella! Chantons victoire!

LE CHOEUR.

Tènella! comme tu dis, bon vieillard, victoire!

DIKÆOPOLIS.

J'ai rempli ma coupe d'un vin pur et je l'ai bue d'un trait.

LE CHOEUR.

Tènella! donc, brave homme! Emporte l'outre!

DIKÆOPOLIS.

Suivez, maintenant, en chantant : « Tènella! Victoire! »

LE CHOEUR.

Oui, nous te ferons un cortège de fête, chantant : « Tènella! Victoire! » pour toi et pour l'outre!

FIN DES AKHARNIENS

LES CHEVALIERS

(L'AN 425 AVANT J.-C.)

Les Chevaliers sont dirigés contre le démagogue Cléon qui s'était mis à la tête des affaires après la mort de Périclès, et qui, à la suite de son succès de Sphactérie, était devenu l'idole du peuple, personnifié dans la pièce par le bonhomme Dèmos. Le vieillard, circonvenu à la fois par Cléon, transformé en corroyeur, et par le marchand d'andouilles Agoracritos, finit par voir clair dans leur jeu. Cléon est chassé. Agoracritos, faisant amende honorable, sert consciencieusement son maître qui recouvre la jeunesse et la raison.

PERSONNAGES DU DRAME

Dèmosthénès.

Nikias.

Un Marchand d'andouilles, nommé Agorakritos.

Kléôn.

Chœur de Chevaliers.

Dèmos.

La scène se passe devant la maison de Dèmos.

LES CHEVALIERS

DÈMOSTHÉNÈS.

Iattatæax ! Que de malheurs ! Iattatæ ! Que ce Paphlagonien, cette nouvelle peste, avec ses projets, soit confondu par les dieux ! Depuis qu'il s'est glissé dans la maison, il ne cesse de rouer de coups les serviteurs.

NIKIAS.

Malheur, en effet, à ce prince de Paphlagoniens, avec ses calomnies !

DÈMOSTHÉNÈS.

Pauvre malheureux, comment vas-tu ?

NIKIAS.

Mal, comme toi.

DÈMOSTHÉNÈS.

Viens, approche, gémissons de concert sur le mode d'Olympos.

DÈMOSTHÉNÈS et NIKIAS.

Mu, Mu, Mu, Mu, Mu, Mu, Mu, Mu, Mu, Mu, Mu, Mu.

DÈMOSTHÉNÈS.

Pourquoi ces plaintes inutiles ? Ne vaudrait-il pas mieux chercher quelque moyen de salut pour nous et ne pas pleurer davantage ?

NIKIAS.

Mais quel moyen ? Dis-le-moi.

DÈMOSTHÉNÈS.

Dis-le plutôt, afin qu'il n'y ait pas de dispute.

NIKIAS.

Non, par Apollôn ! pas moi. Allons, parle hardiment, puis je te dirai mon avis.

DÈMOSTHÉNÈS.

Que ne me dis-tu plutôt ce qu'il faut que je dise ?

NIKIAS.

Ce courage barbare me manque. Comment m'exprimerais-je en grand style, en style euripidien ?

DÈMOSTHÉNÈS.

Non, non, pas à moi, pas à moi : ne me sers pas un

bouquet de cerfeuil, mais trouve un chant de départ de chez notre maître.

NIKIAS.

Eh bien, dis : « Échappons ! » comme cela, tout d'un trait.

DÈMOSTHÉNÈS.

Je le dis : « Échappons ! »

NIKIAS.

Ajoute ensuite le mot : « Nous », au mot : « Échappons ».

DÈMOSTHÉNÈS.

« Nous ! »

NIKIAS.

A merveille ! A présent, comme procédant par légères secousses de la main, dis d'abord : « Échappons, » ensuite : « Nous, » puis : « A la hâte ! »

DÈMOSTHÉNÈS.

« Échappons, échappons-nous, échappons-nous à la hâte ! »

NIKIAS.

Hein ! N'est-ce pas délicieux ?

DÈMOSTHÉNÈS.

Oui, par Zeus ! Si ce n'est que j'ai peur que ce ne soit pour ma peau un mauvais présage.

NIKIAS.

Pourquoi cela ?

DÉMOSTHÈNES.

Parce que les plus légères secousses de la main emportent la peau.

NIKIAS.

Ce qu'il y aurait de souverain dans les circonstances présentes, ce serait d'aller tous les deux nous prosterner devant les statues de quelque dieu.

DÉMOSTHÈNES.

Quelles statues? Est-ce que tu crois vraiment qu'il y a des dieux?

NIKIAS.

Je le crois.

DÉMOSTHÈNES.

D'après quel témoignage?

NIKIAS.

Parce que je suis en haine aux dieux. N'est-ce pas juste?

DÉMOSTHÈNES.

Tu me ranges de ton avis. Mais considérons autre chose. Veux-tu que j'expose l'affaire aux spectateurs?

NIKIAS.

Ce ne serait pas mal. Seulement, prions-les de nous faire voir clairement, par leur air, s'ils se plaisent à nos paroles et à nos actions.

DÉMOSTHÈNES.

Je commence donc. Nous avons un maître, d'humeur brutale, mangeur de fèves, atrabilaire, Dèmos le Pnykien, vieillard morose, un peu sourd. Au commencement de la noumènia, il a acheté un esclave, un corroyeur paphlagonien, coquin fieffé et grand calomniateur. Ce corroyeur paphlagonien, connaissant à fond le caractère du vieux, fait le chien couchant, flatte son maître, le caresse, le choie, le dupe avec des rognures de cuir et des mots comme ceux-ci : « Dèmos, il suffit d'avoir jugé une affaire : va au bain, mange, avale, dévore, reçois trois oboles : veux-tu que je te serve un souper ? » Alors le Paphlagonien fait main-basse sur ce que l'un de nous a préparé et l'offre gracieusement à son maître. L'autre jour, je venais de pétrir à Pylos une galette lakonienne ; par ses rouries et par ses détours il me la subtilise, et il sert comme de lui le mets de ma façon. Il nous éloigne et ne permet pas à un autre de soigner le maître ; mais, armé d'une courroie, debout près de la table, il en écarte les orateurs. Il lui chante des oracles, et le bonhomme sibyllise. Puis, quand il le voit à l'état de brute, il met en œuvre son astuce ; il lance effrontément mensonges et calomnies contre les gens de la maison ; alors nous sommes fouettés, nous ; et le Paphlagonien, courant après les esclaves, demande, menace, escroque en disant : « Voyez Hylas, comme je le fais fouetter ; si vous ne m'obéissez pas, vous êtes morts aujourd'hui. » Nous donnons. Autrement, le vieux nous piétinerait et nous ferait chier huit fois davantage. Hâtons-nous donc, mon bon, de voir maintenant quelle voie à suivre et vers qui.

NIKIAS.

Le mieux, mon bon, c'est notre : « Échappons-nous ! »

DÉMOSTHÉNÈS.

Mais il n'est pas facile de rien cacher au Paphlagonien ;

il a l'œil à tout. Une de ses jambes est à Pylos, et l'autre à l'assemblée; si bien que, ses jambes ainsi écartées, son derrière est en Khaonia, ses mains en Ætolia et son esprit en Klopidia.

NIKIAS.

Le mieux pour nous est donc de mourir. Mais voyons à mourir de la mort la plus héroïque.

DÉMOSTHÉNÈS.

Mais quelle sera cette mort très héroïque?

NIKIAS.

La plus belle pour nous est de boire du sang de taureau. Une mort comme celle de Thémistoklès n'est pas à dédaigner.

DÉMOSTHÉNÈS.

Oui, par Zeus! buvons du vin pur à notre Bon Génie, et peut-être trouverons-nous quelque utile dessein.

NIKIAS.

Comment? Du vin pur? Tu songes à boire? Jamais homme ivre a-t-il trouvé quelque utile dessein?

DÉMOSTHÉNÈS.

Vraiment, mon bon? Tu es un robinet de sottes paroles. Tu oses accuser le vin de pousser à la démence? Trouve-moi donc quelque chose de plus pratique que le vin. Vois-tu? Quand on a bu, on est riche, on fait ses affaires, on gagne ses procès, on est en plein bonheur, on rend service aux amis. Allons, apporte-moi vite une cruche de vin! Que j'arrose mon esprit pour trouver une idée ingénieuse!

NIKIAS.

Hélas! Que nous fera ta boisson?

DÈMOSTHÉNÈS.

Beaucoup de bien. Apporte-la; moi je vais m'étendre. Une fois ivre, je te débiterai sur tout ce qui nous intéresse un tas de petits conseils, de petites sentences et de petites raisons.

NIKIAS. *Il rentre dans la maison et revient avec une cruche.*

Quelle chance de n'avoir pas été pris volant ce vin!

DÈMOSTHÉNÈS.

Dis-moi, le Paphlagonien, que fait-il?

NIKIAS.

Bourré de gâteaux confisqués, le drôle ronfle, cuvant son vin et couché sur des cuirs.

DÈMOSTHÉNÈS.

Eh bien, maintenant, verse-moi un plein verre de vin pur, en manière de libation.

NIKIAS.

Prends et fais une libation au Bon Génie : déguste, déguste la liqueur du Génie de Pramnè.

DÈMOSTHÉNÈS.

O Bon Génie, c'est ta volonté et non pas la mienne.

NIKIAS.

Dis, je t'en prie, qu'y a-t-il?

DÉMOSTHÉNÈS.

Va vite voler les oracles du Paphlagonien endormi, et rapporte-les de la maison.

NIKIAS.

Soit; mais je crains que ce Bon Génie ne se trouve en être un Mauvais.

DÉMOSTHÉNÈS.

Et maintenant approche-moi la cruche, pour arroser mon esprit et dire quelque parole ingénieuse.

NIKIAS. *Il sort un instant et il rentre aussitôt.*

Comme il pète, comme il ronfle, le Paphlagonien! Aussi ne m'a-t-il pas surpris dérobant l'oracle, qu'il garde avec le plus de soin.

DÉMOSTHÉNÈS.

O le plus fin des hommes! Donne, que je lise. Toi, verse-moi à boire sans retard. Voyons ce qu'il y a là dedans. Oh! les oracles! Donne, donne-moi vite à boire!

NIKIAS.

Voyons, que dit l'oracle?

DÉMOSTHÉNÈS.

Verse encore!

NIKIAS.

Est-ce qu'il y a dans l'oracle : « Verse encore! »

DÉMOSTHÉNÈS.

O Bakis!

NIKIAS.

Qu'y a-t-il ?

DÈMOSTHÉNÈS.

A boire ! Vite !

NIKIAS.

Il paraît que Bakis aimait à boire.

DÈMOSTHÉNÈS.

Ah ! maudit Paphlagonien, voilà donc pourquoi tu gardais depuis si longtemps l'oracle qui te concerne, tu avais peur !

NIKIAS.

De quoi ?

DÈMOSTHÉNÈS.

Il est dit là comment il doit finir.

NIKIAS.

Et comment ?

DÈMOSTHÉNÈS.

Comment ? L'oracle annonce clairement que d'abord un marchand d'étoupes doit avoir en main les affaires de la cité.

NIKIAS.

Voilà déjà un marchand ! Et ensuite, dis ?

DÈMOSTHÉNÈS.

Après lui, en second lieu, un marchand de moutons.

NIKIAS.

Cela fait deux marchands. Et que lui advient-il à celui-là ?

DÈMOSTHÉNÈS.

D'être le maître, jusqu'à ce qu'il en arrive un plus scélérat. Alors il périt, et à sa place arrive le marchand de cuirs, le Paphlagonien rapace, braillard, à voix de charlatan.

NIKIAS.

Il faut donc que le marchand de moutons soit exterminé par le marchand de cuirs ?

DÈMOSTHÉNÈS.

Oui, par Zeus!

NIKIAS.

Malheureux que je suis! Où trouver un autre marchand, un seul ?

DÈMOSTHÉNÈS.

Il en est encore un, qui exerce un métier hors ligne.

NIKIAS.

Dis-moi, je t'en prie, qui est-ce ?

DÈMOSTHÉNÈS.

Tu le veux ?

NIKIAS.

Oui, par Zeus!

DÈMOSTHÉNÈS.

C'est un marchand d'andouilles qui le renversera.

NIKIAS.

Un marchand d'andouilles! Par Poséidôn! le beau métier! Mais, dis-moi, où trouverons-nous cet homme?

DÈMOSTHÉNÈS.

Cherchons-le.

NIKIAS.

Tiens! le voici qui, grâce aux dieux, s'avance vers l'Agora.

DÈMOSTHÉNÈS.

O bienheureux marchand d'andouilles, viens, viens, mon très cher; avance, sauveur de la ville et le nôtre.

LE MARCHAND D'ANDOUILLES.

Qu'est-ce? Pourquoi m'appelez-vous?

DÈMOSTHÉNÈS.

Viens ici, afin de savoir quelle chance tu as, quel comble de prospérité.

NIKIAS.

Voyons; débarrasse-le de son étal, et apprends-lui l'oracle du dieu, quel il est. Moi, je vais avoir l'œil sur le Paphlagonien.

DÈMOSTHÉNÈS.

Allons, toi, dépose d'abord cet attirail, mets-le à terre; puis adore la terre et les dieux.

LE MARCHAND D'ANDOUILLES.

Soit : qu'est-ce que c'est ?

DÉMOSTHÉNÈS.

Homme heureux, homme riche; aujourd'hui rien, demain plus que grand, chef de la bienheureuse Athènes.

LE MARCHAND D'ANDOUILLES.

Hé! mon bon, que ne me laisses-tu laver mes tripes et vendre mes andouilles, au lieu de te moquer de moi?

DÉMOSTHÉNÈS.

Imbécile! Tes tripes! Regarde par ici. Vois-tu ces files de peuple?

LE MARCHAND D'ANDOUILLES.

Je les vois.

DÉMOSTHÉNÈS.

Tu seras le maître de tous ces gens-là; et celui de l'Agora, des ports, de la Pnyx; tu piétineras sur le Conseil, tu casseras les stratèges, tu les enchaîneras, tu les mettras en prison; tu feras la débauche dans le Prytanéion.

LE MARCHAND D'ANDOUILLES.

Moi?

DÉMOSTHÉNÈS.

Oui, toi. Et tu ne vois pas encore tout. Monte sur cet étal, et jette les yeux sur toutes les îles d'alentour.

LE MARCHAND D'ANDOUILLES.

Je les vois.

DÉMOSTHÈNES.

Eh bien! Et les entrepôts? Et les navires marchands?

LE MARCHAND D'ANDOUILLES.

J'y suis.

DÉMOSTHÈNES.

Comment donc! N'es-tu pas au comble du bonheur? Maintenant jette l'œil droit du côté de la Karia, et l'œil gauche du côté de la Khalkèdonia.

LE MARCHAND D'ANDOUILLES.

Effectivement; me voilà fort heureux de loucher!

DÉMOSTHÈNES.

Mais non : c'est pour toi que se fait tout ce trafic; car tu vas devenir, comme le dit cet oracle, un très grand personnage.

LE MARCHAND D'ANDOUILLES.

Dis-moi, comment moi, un marchand d'andouilles, deviendrai-je un grand personnage?

DÉMOSTHÈNES.

C'est pour cela même que tu deviendras grand, parce que tu es un mauvais drôle, un homme de l'Agora, un impudent.

LE MARCHAND D'ANDOUILLES.

Je ne me crois pas digne d'un si grand pouvoir.

DÉMOSTHÈNES.

Hé! hé! pourquoi dis-tu que tu n'en es pas digne? Tu

me parais avoir conscience que tu n'es pas sans mérite. Es-tu fils de gens beaux et bons?

LE MARCHAND D'ANDOUILLES.

J'en atteste les dieux, je suis de la canaille.

DÈMOSTHÉNÈS.

Quelle heureuse chance! Comme cela tourne bien pour tes affaires!

LE MARCHAND D'ANDOUILLES.

Mais, mon bon, je n'ai pas reçu la moindre éducation; je connais mes lettres, et, chose mauvaise, même assez mal.

DÈMOSTHÉNÈS.

C'est la seule chose qui te fasse du tort, même sue assez mal. La démagogie ne veut pas d'un homme instruit, ni de mœurs honnêtes; il lui faut un ignorant et un infâme. Mais ne laisse pas échapper ce que les dieux te donnent, d'après leurs oracles.

LE MARCHAND D'ANDOUILLES.

Que dit donc cet oracle?

DÈMOSTHÉNÈS.

De par les dieux, il y a de la finesse et de la sagesse dans son tour énigmatique : « Oui, quand l'aigle corroyeur, aux serres crochues, aura saisi dans son bec le dragon stupide, insatiable de sang, ce sera fait de la saumure à l'ail des Paphlagoniens, et la divinité comblera de gloire les tripiers, à moins qu'ils ne préfèrent vendre des andouilles. »

LE MARCHAND D'ANDOUILLES.

En quoi cela me regarde-t-il ? Apprends-le-moi.

DÈMOSTHÉNÈS.

L'aigle corroyeur, c'est ce Paphlagonien.

LE MARCHAND D'ANDOUILLES.

Que signifie : « Aux serres crochues » ?

DÈMOSTHÉNÈS.

Cela veut dire qu'avec ses mains crochues il enlève et emporte tout.

LE MARCHAND D'ANDOUILLES.

Et le dragon ?

DÈMOSTHÉNÈS.

C'est ce qu'il y a de plus clair : le dragon est long, le boudin aussi, et boudin et dragon se remplissent de sang. Or, l'oracle dit que l'aigle corroyeur sera dompté par le dragon, si celui-ci ne se laisse pas enjôler par des mots.

LE MARCHAND D'ANDOUILLES.

Oui, l'oracle me désigne; mais j'admire comment je serai capable de gouverner Dèmos.

DÈMOSTHÉNÈS.

Tout ce qu'il y a de plus simple. Fais ce que tu fais : brouille toutes les affaires comme tes tripes; amadoue Dèmos en l'édulcorant par des propos de cuisine : tu as tout ce qui fait un démagogue, voix canaille, nature perverse, langage des halles : tu réunis tout ce qu'il faut pour gouverner. Les oracles sont pour toi, y compris celui de la Pythie. Couronne-toi, fais des libations à la Sottise, et lutte contre notre homme.

LE MARCHAND D'ANDOUILLES.

Qui sera mon allié? Car les riches le craignent, et les pauvres en ont peur.

DÉMOSTHÉNÈS.

Mais il y a les Chevaliers, braves gens au nombre de mille, qui l'ont en haine : ils te viendront en aide, et avec eux les citoyens beaux et bons, les spectateurs sensés, moi et le dieu. Ne crains rien : tu ne verras pas ses traits. Pris de peur, aucun artiste n'a voulu faire son masque; on le reconnaîtra tout de même : le public n'est pas bête.

NIKIAS.

Malheur à moi! Le Paphlagonien sort.

KLÉÔN.

Non, par les douze dieux, vous n'aurez pas à vous réjouir vous deux qui, depuis longtemps, conspirez contre Dèmos. Que fait là cette coupe de Khalkis? Pas de doute que vous n'excitiez les Khalkidiens à la révolte. Vous mourrez, vous périrez, couple infâme!

DÉMOSTHÉNÈS.

Hé! l'homme! Tu fuis, tu ne restes pas là? Brave marchand d'andouilles, ne gâte pas nos affaires. Citoyens Chevaliers, accourez : c'est le moment. Hé! Simôn, Panætios, n'appuyez-vous pas l'aile droite? Voici nos hommes. Toi, tiens bon, et fais volte-face. La poussière qu'ils soulèvent annonce leur approche. Oui, tiens ferme, repousse l'ennemi et mets-le en fuite.

———

LE CHOEUR.

Frappe, frappe ce vaurien, ce trouble-rang des Chevaliers, ce concussionnaire, ce gouffre, cette Kharybdis de rapines, ce vaurien, cet archivaurien! Je me plais à le dire plusieurs fois; car il est vaurien plusieurs fois par jour. Oui, frappe, poursuis, mets-le aux abois, extermine. Hais-le comme nous le haïssons; crie à ses trousses! Prends garde qu'il ne t'échappe, vu qu'il connaît les passes par lesquelles Eukratès s'est sauvé droit dans du son.

KLÉON.

Vieillards hèliastes, confrères du triobole, vous que je nourris de mes criailleries, en mêlant le juste et l'injuste, venez à mon aide, je suis battu par des conspirateurs.

LE CHOEUR.

Et c'est justice, puisque tu dévores les fonds publics, avant le partage, que tu tâtes les accusés comme on tâte un figuier, pour voir ceux qui sont encore verts, ou plus ou moins mûrs, et que, si tu en sais un insouciant et bonasse, tu le fais venir de la Khersonèsos, tu le saisis par le milieu du corps, tu lui prends le cou sous ton bras, puis, lui renversant l'épaule en arrière, tu le fais tomber et tu l'avales. Tu guettes aussi, parmi les citoyens, quiconque est d'humeur moutonnière, riche, pas méchant et tremblant devant les affaires.

KLÉÔN.

Vous vous coalisez ? Et moi, citoyens, c'est à cause de vous que je suis battu, parce que j'allais proposer, comme un acte de justice, d'élever dans la ville un monument à votre bravoure.

LE CHOEUR.

Qu'il est donc hâbleur, et souple comme un cuir! Voyez, il rampe auprès de nous autres vieillards, pour nous friponner; mais, s'il réussit d'un côté, il échouera de l'autre; et, s'il se tourne par ici, il s'y cassera la jambe.

KLÉÔN, *battu*.

O ville, ô peuple, voyez par quelles bêtes féroces je suis éventré!

LE CHOEUR.

Tu cries à ton tour, toi qui ne cesses de bouleverser la ville?

LE MARCHAND D'ANDOUILLES, *reparaissant*.

Oh! Moi, par mes cris, je l'aurai bientôt mis en fuite.

LE CHOEUR.

Ah! si tu cries plus fort que lui, tu es digne de l'hymne triomphal; mais, si tu le surpasses en impudence, à nous le gâteau au miel.

KLÉÔN.

Je te dénonce cet homme, et je dis qu'il exporte ses sauces pour les trières des Péloponésiens.

LE MARCHAND D'ANDOUILLES.

Et moi, par Zeus! je te dénonce cet homme, qui court au Prytanéion le ventre vide, et qui en revient le ventre plein.

DÈMOSTHÉNÈS.

Et, par Zeus! il en rapporte des mets interdits, pain, viande, poisson; ce à quoi Périklès n'a jamais été autorisé.

KLÉÔN.

A mort, tout de suite!

LE MARCHAND D'ANDOUILLES.

Je crierai trois fois plus fort que toi.

KLÉÔN.

Mes cris domineront tes cris.

LE MARCHAND D'ANDOUILLES.

Mes beuglements tes beuglements.

KLÉÔN.

Je te dénoncerai, si tu deviens stratège.

LE MARCHAND D'ANDOUILLES.

Je te résisterai comme un chien.

KLÉÔN.

Je rabattrai tes vanteries.

LE MARCHAND D'ANDOUILLES.

Je déjouerai tes ruses.

KLÉÔN.

Ose donc me regarder en face.

LE MARCHAND D'ANDOUILLES.

Et moi aussi j'ai été élevé sur l'Agora.

KLÉÔN.

Je te mettrai en pièces, si tu grognes.

LE MARCHAND D'ANDOUILLES.

Je te couvrirai de merde, si tu parles.

KLÉÔN.

Je conviens que je suis un voleur. Et toi?

LE MARCHAND D'ANDOUILLES.

Par Hermès Agoréen! je me parjure, même devant ceux qui m'ont vu.

KLÉÔN.

C'est donc que tu t'attribues à faux le mérite des autres. Je te dénonce aux Prytanes comme possédant des tripes sacrées, qui n'ont pas payé la dîme.

LE CHOEUR.

Infâme, scélérat, braillard, tout le pays est plein de ton impudence, l'assemblée entière, les finances, les greffes, les tribunaux. Agitateur brouillon, tu as rempli toute la cité de désordre, et tu as assourdi notre Athènes de tes cris; d'une roche élevée tu as l'œil sur les revenus, comme un pêcheur sur des thons.

KLÉÔN.

Je connais cette affaire et où depuis longtemps elle a été ressemelée.

LE MARCHAND D'ANDOUILLES.

Si tu ne te connaissais pas en ressemelage, moi je n'entendrais rien aux andouilles. C'est toi qui coupais obligeamment le cuir d'un mauvais bœuf, pour le vendre aux paysans, après une préparation frauduleuse, qui le faisait paraître épais. Ils ne l'avaient pas porté un jour, qu'il s'allongeait de deux palmes.

DÉMOSTHÈNES.

Par Zeus! il m'a joué le même tour, si bien que je devins la risée complète de mes voisins et de mes amis: car, avant d'arriver à Pergasè, je nageais dans mes souliers.

LE CHOEUR.

N'as-tu pas, dès le début, étalé ton impudence, qui est l'unique force des orateurs? Tu la pousses jusqu'à traire les étrangers opulents, toi le chef de l'État. Aussi, à ta vue, le fils de Hippodamos fond-il en larmes. Mais voici un autre homme, bien pire que toi, qui me ravit l'âme; il t'élimine, il te surpasse, c'est facile à voir, en perversité, en effronterie, en tours de passe-passe. Allons, toi, qui as été élevé à l'école d'où sortent tous les grands hommes, montre donc qu'une éducation sensée ne signifie rien.

LE MARCHAND D'ANDOUILLES.

Alors, écoutez quel est ce citoyen-là.

KLÉÔN.

Ne me laisseras-tu point parler?

LE MARCHAND D'ANDOUILLES.

Non, de par Zeus! je suis aussi mauvais que toi.

LE CHOEUR.

S'il ne cède pas à cette raison, dis qu'il est de mauvaise lignée.

KLÉÔN.

Tu ne me laisseras point parler?

LE MARCHAND D'ANDOUILLES.

Non, de par Zeus!

KLÉÔN.

Mais si, de par Zeus!

LE MARCHAND D'ANDOUILLES.

Non, par Poséidôn! Mais qui parlera le premier, c'est ce que je commencerai par débattre.

KLÉÔN.

Oh! j'en crèverai.

LE MARCHAND D'ANDOUILLES.

Non, je ne te laisserai pas.

LE CHOEUR.

Laisse-le donc, au nom des dieux, laisse-le crever!

KLÉÔN.

Mais d'où te vient cette hardiesse de me contredire en face?

LE MARCHAND D'ANDOUILLES.

De ce que je me sens capable de parler et de cuisiner.

KLÉÔN.

De parler! Ah! vraiment, s'il te tombait quelque affaire,

tu saurais la découper dans le vif et l'accommoder comme il faut; mais veux-tu savoir ce qu'il me semble que tu as éprouvé ? Ce qui arrive à tout le monde. Si, par hasard, tu as gagné une toute petite cause contre un métèque, durant la nuit, tu t'es mis à marmotter, à te parler à toi-même dans les rues, buvant de l'eau, importunant tes amis; et tu te figures que tu es capable de parler? Pauvre fou!

LE MARCHAND D'ANDOUILLES.

Et que bois-tu donc, toi, pour que, maintenant, la ville, abasourdie par ton unique bavardage, soit réduite au silence?

KLÉÔN.

Mais quel homme m'opposerais-tu, à moi? Aussitôt que j'aurai avalé du thon chaud, et bu par là-dessus une coupe de vin pur, je me moquerai des stratèges de Pylos.

LE MARCHAND D'ANDOUILLES.

Moi, quand j'aurai englouti une caillette de bœuf et un ventre de truie, et, par là-dessus, bu la sauce, à moi seul, je mettrai à mal les orateurs, et j'épouvanterai Nikias.

DÈMOSTHÉNÈS.

Tes paroles ne me déplaisent point; mais il y a une chose qui ne me va pas dans ces affaires, c'est que tu es seul à boire la sauce.

KLÉÔN.

Et toi, ce n'est pas en avalant des loups de mer que tu battras les Milésiens.

LE MARCHAND D'ANDOUILLES.

Mais si je dévore des côtes de bœuf, je rachèterai nos mines.

KLÉÔN.

Et moi, je me ruerai sur le Conseil, et j'y mettrai tout en l'air.

LE MARCHAND D'ANDOUILLES.

Et moi, je te tripoterai le derrière en guise d'andouilles.

KLÉÔN.

Et moi, je t'empoignerai par les fesses et je te jetterai à la porte la tête en avant.

DÉMOSTHÉNÈS.

Par Poséidôn! ce ne sera pourtant que quand tu m'y auras jeté.

KLÉÔN.

Comme je te serrerai dans des entraves de bois!

LE MARCHAND D'ANDOUILLES.

Je t'accuserai de lâcheté.

KLÉÔN.

Je te taillerai en ronds de cuir.

LE MARCHAND D'ANDOUILLES.

Je ferai de ta peau un sac à voleur.

KLÉÔN.

Je te clouerai par terre.

LE MARCHAND D'ANDOUILLES.

Je te couperai en petits morceaux.

KLÉÔN.

Je t'arracherai les paupières.

LE MARCHAND D'ANDOUILLES.

Je te crèverai le jabot.

DÉMOSTHÈNÈS.

De par Zeus! nous lui enfoncerons un morceau de bois dans la bouche, comme font les cuisiniers, puis nous lui arracherons la langue et nous examinerons avec soin et hardiment, par sa gorge béante, s'il a de la ladrerie au derrière.

LE CHOEUR.

Il y a donc ici des choses plus chaudes que le feu et des êtres plus impudents que l'impudence de certains discours. L'affaire n'est pas sans importance. Allons, pousse, bouscule, ne fais rien à demi. Tu le tiens à bras-le-corps : s'il mollit, dès le premier choc, tu trouveras en lui un lâche; je connais, moi, son caractère.

LE MARCHAND D'ANDOUILLES.

Tel, en effet, il a été toute sa vie; il n'a semblé être un homme que quand il a moissonné la récolte d'autrui : maintenant les épis qu'il a amenés tout engerbés de là-bas, il les fait sécher et il veut les vendre.

KLÉÔN.

Je ne vous crains pas, tant qu'il y a un Conseil, et que Dèmos radote.

LE CHOEUR.

Il dépasse toute impudence, et il ne change pas de couleur! Si je ne te hais pas, que je devienne une couverture du lit de Kratinos, et qu'on me donne un rôle dans une tragédie de Morsimos! O toi, qui te poses partout et dans toutes les affaires, pour en tirer profit, comme on voltige sur des fleurs, puisses-tu rendre ton manger aussi vilainement que tu l'as trouvé! Car alors seulement je chanterai : « Bois, bois à la Bonne Fortune! » Je crois que le fils d'Ioulios, ce vieux cupide, se réjouirait et chanterait : « Io Pæan! Bakkhos! Bakkhos! »

KLÉÔN.

Par Poséidôn! vous ne me surpasserez pas en impudence, ou alors que je n'aie jamais place aux sacrifices de Zeus Agoréen!

LE MARCHAND D'ANDOUILLES.

Et moi, je jure par les coups de poing que j'ai tant de fois reçus, dès mon enfance, et par les balafres des couteaux, que j'espère l'emporter dans cette lutte; ou c'est en vain que je suis devenu si gros, nourri de boulettes à la crasse.

KLÉÔN.

De boulettes, comme un chien! O chef-d'œuvre de méchanceté, comment donc un être nourri de la pâture d'un chien ose-t-il combattre contre un Cynocéphale?

LE MARCHAND D'ANDOUILLES.

De par Zeus! j'ai fait bien des tours, étant enfant. Entre autres j'attrapais les cuisiniers en leur disant : « Regardez donc, mes enfants. Ne voyez-vous pas? Voici le renouveau, l'hirondelle! » Eux de regarder, et moi, pendant ce temps-là, de faire main-basse sur les viandes.

LE CHOEUR.

O masse de chair astucieuse, quelle prévoyante sagesse ! Comme le mangeur d'orties, tu faisais ta main, avant le retour des hirondelles.

LE MARCHAND D'ANDOUILLES.

Et en agissant ainsi, j'échappais aux regards : ou, si quelqu'un me voyait, je cachais la viande entre mes fesses, et je niais au nom des dieux. Aussi un orateur important me voyant agir ainsi : « Un jour, dit-il, cet enfant-là gouvernera le peuple. »

LE CHOEUR.

Il a prédit juste, et rien de clair comme sa conjecture : tu te parjurais, tu volais et tu avais de la viande au derrière.

KLÉÔN.

Moi, je mettrai fin à ton audace, ou plutôt, je crois, à la vôtre. Je fondrai sur toi comme un vent clair et prolongé, bouleversant à la fois la terre et la mer.

LE MARCHAND D'ANDOUILLES.

Moi, je ferai un paquet de mes andouilles, et puis je m'abandonnerai à un courant favorable, en te souhaitant des ennuis sans fin.

DÉMOSTHÉNÈS.

Et moi, en cas de voie d'eau, je veillerai à la sentine.

KLÉÔN.

Par Dèmètèr ! ce n'est pas impunément que tu auras volé tant de talents aux Athéniens.

LE CHOEUR.

Attention! Cargue un peu la voile; ce vent de nord-est va souffler la dénonciation.

LE MARCHAND D'ANDOUILLES.

Je sais très bien que tu as dix talents tirés de Potidaïa.

KLÉÔN.

Quoi donc? Veux-tu recevoir un de ces talents pour te taire?

DÉMOSTHÉNÈS.

Notre homme le prendrait volontiers. Lâche les câbles : le vent est moins fort.

KLÉÔN.

Tu auras à tes trousses quatre procès de cent talents.

LE MARCHAND D'ANDOUILLES.

Et toi vingt pour désertion, et plus de mille pour vols.

KLÉÔN.

Je dis que tu descends de profanateurs de la Déesse.

LE MARCHAND D'ANDOUILLES.

Je dis que ton grand-père a été doryphore...

KLÉÔN.

De qui? Dis.

LE MARCHAND D'ANDOUILLES.

De Byrsina, la mère d'Hippias.

KLÉÔN.

Tu es un imposteur.

LE MARCHAND D'ANDOUILLES.

Et toi un coquin.

LE CHOEUR.

Frappe vigoureusement.

KLÉÔN.

Aïe! aïe! les conjurés m'assomment.

LE CHOEUR.

Frappe-le de toute vigueur; tape sur le ventre à coups de tripes et de boyaux : châtie bien notre homme. O robuste masse de chair et âme généreuse entre toutes, tu apparais comme un sauveur à la cité et à nous les citoyens. Avec quel bonheur tu as daubé notre homme dans tes paroles! Comment nos louanges égaleraient-elles notre joie?

KLÉÔN.

Ah! par Dèmètèr! je n'ignorais pas qu'on fabriquait ces intrigues, mais j'avais l'œil sur cette charpente et sur cette colle.

LE CHOEUR, *au marchand d'andouilles.*

Malheur à nous! Est-ce que tu n'as pas à ton service quelques termes de charronnage?

LE MARCHAND D'ANDOUILLES.

Je sais ce qui se passe à Argos. Sous prétexte de faire des Argiens nos amis, il négocie personnellement avec les Lakédæmoniens. Et je connais, moi, les soufflets de la forge : c'est la question des captifs qu'on bat sur l'enclume.

LE CHOEUR.

Bien, très bien, voilà l'enclume opposée à la colle!

LE MARCHAND D'ANDOUILLES.

Il y a là-bas des gens qui battent le fer avec toi; mais tes présents d'argent et d'or ne pourront m'induire, pas plus que l'envoi de tes amis, à ne pas dénoncer ta conduite aux Athéniens.

KLÉÔN.

Moi, je me rends immédiatement au Conseil révéler toute votre conspiration, vos réunions nocturnes dans la ville, tous vos serments aux Mèdes et à leur Roi sans compter ce que vous avez fourragé en Bœotia.

LE MARCHAND D'ANDOUILLES.

Combien donc se vend le fourrage chez les Bœotiens?

KLÉÔN.

Ah! par Hèraklès! je vais te corroyer.

LE CHOEUR.

Voyons, certes, as-tu de l'esprit et de la résolution? C'est le moment de le montrer comme le jour où tu cachais, dis-tu, de la viande dans ton derrière. Hâte-toi de courir à la salle du Conseil; car il va s'y ruer, lui, pour nous calomnier en jetant les hauts cris.

LE MARCHAND D'ANDOUILLES.

J'y cours; mais d'abord je vais déposer ici tout de suite ces tripes et ces couteaux.

DÈMOSTHÉNÈS.

Maintenant, frotte-toi le cou avec cette graisse, afin que tu puisses en faire glisser les calomnies.

LE MARCHAND D'ANDOUILLES.

C'est bien dit : on en use ainsi chez les maîtres de gymnastique.

DÈMOSTHÉNÈS.

Maintenant, prends ceci, et avale! *(Il lui donne de l'ail.)*

LE MARCHAND D'ANDOUILLES.

Pourquoi?

DÈMOSTHÉNÈS.

Afin, mon cher, que tu te battes mieux, après avoir mangé de l'ail. Et hâte-toi! Vite!

LE MARCHAND D'ANDOUILLES.

Ainsi fais-je.

DÈMOSTHÉNÈS.

N'oublie pas maintenant de mordre, de renverser, de ronger la crête, et ne reviens qu'après lui avoir dévoré le jabot.

LE CHOEUR.

Vas-y donc gaiement : réussis selon mes vœux; et que Zeus te garde! Puisses-tu revenir vainqueur vers nous, chargé de couronnes! Et vous *(s'adressant aux spectateurs)*, prêtez l'oreille à nos anapestes, vous qui, sur les différents genres consacrés aux Muses, avez exercé votre esprit.

PARABASE *ou* CHOEUR.

Si quelqu'un des vieux auteurs comiques m'eût contraint à monter sur le théâtre pour réciter des vers, il n'y aurait point aisément réussi. Aujourd'hui notre poète en est digne, parce qu'il a les mêmes haines que nous, l'audace de dire ce qui est juste et le courage d'affronter le typhon et la tempête. Il affirme que plusieurs d'entre vous sont venus lui témoigner leur surprise, et lui demander formellement pourquoi il est resté si longtemps sans réclamer un Chœur pour lui : il nous a chargés de vous en dire la raison. Il dit que ses délais ne sont pas un acte de folie; il croit que l'art de la comédie est le plus difficile de tous : un grand nombre s'y essayent; très peu réussissent. Il connaît depuis longtemps votre humeur changeante et comment vous délaissez les anciens poètes quand la vieillesse les prend. Il sait ce qui est advenu à Magnès, lorsque ses tempes ont blanchi, lui qui dressa de nombreux trophées en signe de victoire sur ses rivaux. Il vous en fit entendre sur tous les tons, Joueurs de luth, Oiseaux, Lydiens, Moucherons, se barbouillant le visage en vert de Grenouilles, cela n'a servi de rien : il a fini, vieillard, car il n'était plus jeune, par être rejeté à cause de son âge, parce que sa verve moqueuse l'avait abandonné. L'auteur se souvient aussi de Kratinos, qui, dans son cours glorieux, roulait rapide à travers les plaines, dévastant ses bords, entraînant chênes, platanes et rivaux déracinés. On ne pouvait chanter, dans un banquet, que : « Doro à la chaussure de figuier », et : « Auteurs d'hymnes élégants », tant ce poète florissait. Aujourd'hui vous le voyez radoter, et vous n'en avez pas pitié; les clous d'ambre sont tombés, le ton est faux, et les harmonies discordantes. Vieillard, il se met à errer, comme Konnas, portant une couronne desséchée, mourant de soif, lui qui méritait, pour ses anciennes victoires, de boire dans le Prytanéion et, au lieu de radoter, de s'asseoir au théâtre, tout parfumé, près de Dionysos. Quelles colères, quels sifflets Kratès a supportés de vous, lui qui vous renvoyait régalés, à peu de frais, pétrissant de sa bouche délicate les pensées les plus ingénieuses! Et cependant il s'est maintenu seul, tantôt essuyant une chute, tantôt n'en éprouvant pas.

Ces craintes retenaient toujours notre poète; et il disait souvent qu'il faut être rameur, avant de prendre en main le gouvernail; avoir gardé la proue et observé les vents, avant de diriger soi-même le navire. Pour tous ces motifs, dignes d'un homme réservé, qui ne se lance pas follement dans les niaiseries, soulevez pour lui des flots d'applaudissements, faites bruire sur onze avirons les acclamations glorieuses des Lénæa, afin que le poète s'en aille joyeux, ayant réussi à son gré, et le front rayonnant de bonheur.

Dieu des chevaux, Poséidôn, à qui plaît le hennissement sonore des coursiers aux sabots d'airain, et l'essor des trières salariées aux éperons noirs, et la lutte des jeunes gens sur leurs chars magnifiques et ruineux, viens ici vers nos chœurs, ô souverain au trident d'or, roi des dauphins, dieu du Sounion et du Géræstos, fils de Kronos, ami de Philémôn, et de tous les autres dieux le plus cher aux Athéniens à l'heure présente.

Nous voulons chanter la gloire de nos pères, parce qu'ils furent des hommes dignes de cette terre et du péplos, toujours vainqueurs dans les combats terrestres et navals, honorant leur cité. Jamais aucun d'eux, en voyant les ennemis, ne les a comptés, mais leur cœur était tout prêt à combattre. Si l'un d'eux tombait sur l'épaule, dans une mêlée, il s'essuyait, riait de sa chute, et revenait à la charge. Jamais un stratège, en ces temps-là, n'aurait demandé à Kléænétos le droit d'être nourri. Aujourd'hui, si l'on n'obtient pas la préséance et le droit à la nourriture, on refuse de combattre. Pour nous, nous sommes résolus à défendre gratuitement et avec courage la patrie et les dieux nationaux, et nous ne demanderons que cela seul : si la paix arrive et le terme de nos fatigues, qu'on ne nous refuse pas de laisser croître notre chevelure et de nous brosser la peau avec la strigile.

O protectrice de la cité, Pallas, toi, la très sainte, déesse d'un pays puissant par la guerre et par le génie de ses poètes, viens et amène avec toi notre compagne dans les expéditions et dans les batailles, la Victoire, amie de nos Chœurs, et qui lutte dans nos rangs contre les ennemis. Parais donc ici en ce jour! Il faut, par tous les moyens, procurer à ces hommes la victoire, et plus que jamais aujourd'hui. Ce que nous devons à nos coursiers, nous voulons en faire l'éloge : ils sont dignes de nos louanges : dans beaucoup d'affaires, ils nous ont secondés, incursions et combats. Mais n'admirons pas trop ce qu'ils ont fait sur terre. Disons comme ils se sont bravement lancés sur les barques de transport, munis de tasses militaires, d'ail et d'oignon ; saisissant ensuite les rames comme nous autres mortels, se courbant et s'écriant : « Hippapai ! qui prendra l'aviron ? Plus d'ardeur ! Que faisons-nous ? Ne rameras-tu pas, Samphoras ? » Ils firent une descente à Korinthos : là, les plus jeunes se creusèrent des lits avec leurs sabots et allèrent chercher des couvertures : ils mangèrent des pagures au lieu de l'herbe de Médie, soit à leur sortie de l'eau, soit en les poursuivant au fond de la mer. Aussi Théoros fait-il dire à un crabe de Korinthos : « Il est cruel, ô Poséidôn, que je ne puisse, ni au fond de l'abîme, ni sur terre, ni sur mer, échapper aux Chevaliers ! »

LE CHOEUR, *au marchand d'andouilles.*

O le plus cher et le plus bouillant des hommes, que ton absence nous a donné d'inquiétude! Mais maintenant puisque tu es revenu sain et sauf, raconte-nous comment la lutte s'est passée.

LE MARCHAND D'ANDOUILLES.

Qu'y a-t-il autre chose sinon que j'ai été vainqueur au Conseil?

LE CHOEUR.

C'est donc maintenant qu'il nous convient à tous de pousser des cris. Oui, tu parles bien; mais tes actes sont encore au-dessus de tes paroles. Voyons, raconte-moi tout en détail. Il me semble que je ferais même une longue route pour t'entendre. Ainsi, excellent homme, parle avec confiance; nous sommes tous ravis de toi.

LE MARCHAND D'ANDOUILLES.

Assurément, il est bon d'entendre l'affaire. En sortant d'ici, j'ai suivi notre homme sur les talons; et lui, à peine entré, fait éclater sa voix comme un tonnerre, se déchaînant contre les Chevaliers, entassant contre eux des montagnes et les traitant de conspirateurs, comme si c'était réel! Le Conseil tout entier, en l'entendant, se laisse gagner par la mauvaise herbe de ses mensonges; les regards s'aigrissent, les sourcils se froncent. Et moi, voyant le Conseil accueillant ses discours et trompé par ses impostures : « Voyons, m'écrié-je, dieux protecteurs de la Bassesse, de l'Imposture, de la Sottise, de la Friponnerie, de la Bouffonnerie, et toi, Agora, où je fus élevé dès l'enfance, donnez-moi maintenant de l'audace, une langue agile et une voix impudente ! » Pendant que je fais cette prière, un débauché pète à ma droite, et moi je me prosterne ; puis, poussant la barre avec mon derrière, je la fais sauter et, ouvrant une bouche énorme, je m'écrie : « O Conseil, j'apporte de bonnes, d'excellentes nouvelles, et c'est à vous d'abord que j'en veux faire part. Car, depuis que la guerre s'est déchaînée sur nous, je n'ai jamais vu les anchois à meilleur marché. » Aussitôt la sérénité se répand sur les visages et l'on me couronne pour ma bonne nouvelle. Alors je continue en leur indiquant le secret d'avoir tout de suite quantité d'anchois pour une obole, qui est d'accaparer les plats chez les fabricants. Ils applaudissent et restent devant moi bouche bée. Soupçonnant la chose, le Paphlagonien, qui sait bien aussi le langage qui plaît le plus au Conseil, émet son avis : « Citoyens, dit-il, je crois bon, pour les heureux événements qui vous sont annoncés, d'immoler cent bœufs à la déesse. » Le Conseil l'écoute de nouveau avec faveur ; et moi, me voyant battu par de la bouse de vache, je porte le nombre à deux cents bœufs ; puis je propose de faire vœu à Agrotera de mille chèvres pour le lendemain, si les anchois ne sont qu'à une obole le cent. Les têtes du Conseil se reportent vers moi. L'autre, entendant ces mots, en est abasourdi et bat la campagne. Alors les prytanes et les archers l'entraînent. Quelques-uns se lèvent et devisent bruyamment au sujet des anchois, tandis que notre homme leur demande en grâce un instant de délai. « Écoutez au moins, dit-il, ce que dit le héraut des Lakédæmoniens : il est venu pour traiter. » Mais tout le monde crie d'une seule voix : « Pour traiter maintenant ? Imbécile ! puisqu'ils savent que les anchois sont chez nous à bon marché, qu'avons-nous besoin de traités? Que la guerre suive son cours ! » Les Prytanes crient de lever la séance, et chacun de sauter par-dessus les barrières de tous les côtés. Moi, je cours acheter la coriandre et tout ce qu'il y a de ciboules sur l'Agora, puis j'en donne à ceux qui en ont besoin pour assaisonner leurs anchois, le tout gratis, et afin de leur être agréable. Tous m'accablent d'éloges, de caresses, si bien que j'ai dans ma main le Conseil entier pour une obole de coriandre, et me voici.

LE CHOEUR.

Tu as agi dans tout cela comme il faut quand on a pour soi la Fortune. Le fourbe a trouvé un rival mieux pourvu que lui de fourberies, de toutes sortes de ruses, de paroles décevantes. Mais fais en sorte de terminer la lutte à ton avantage, sûr d'avoir en nous des alliés dévoués depuis longtemps.

LE MARCHAND D'ANDOUILLES.

Voici le Paphlagonien qui s'avance, poussant la vague devant lui, troublant, bouleversant tout, comme pour m'engloutir. Peste de l'effronterie !

KLÉÔN.

Si je ne t'extermine, pour peu qu'il me reste de mes anciens mensonges, que je m'en aille en morceaux !

LE MARCHAND D'ANDOUILLES.

Je suis ravi de tes menaces, je ris de tes bouffées de jactance, je danse le mothôn, et je chante cocorico !

KLÉÔN.

Ah! par Dèmètèr! si je ne te mange pas, sortant de cette terre, que je meure!

LE MARCHAND D'ANDOUILLES.

Si tu ne me manges pas? Et moi, si je ne t'avale pas, et si, après t'avoir englouti, je ne viens pas à crever!

KLÉÔN.

Je t'étranglerai, j'en jure par la préséance que m'a conférée Pylos!

LE MARCHAND D'ANDOUILLES.

Ta préséance! Quel bonheur pour moi de te voir descendre de ta préséance au dernier rang des spectateurs!

KLÉÔN.

Je te mettrai des entraves de bois, j'en atteste le ciel!

LE MARCHAND D'ANDOUILLES.

Quel emportement! Voyons, que te donnerais-je bien à manger? Que mangerais-tu avec le plus de plaisir? Une bourse?

KLÉÔN.

Je t'arracherai les entrailles avec mes ongles.

LE MARCHAND D'ANDOUILLES.

Je te rognerai les vivres du Prytanéion.

KLÉÔN.

Je te traînerai devant Dèmos, pour avoir justice de toi.

LE MARCHAND D'ANDOUILLES.

Moi aussi, je t'y traînerai, et je te dénoncerai encore plus fort.

KLÉÔN.

Mais, misérable, il ne te croit pas; et moi je m'en ris autant que je le veux.

LE MARCHAND D'ANDOUILLES.

Tu te figures donc que Dèmos est absolument à toi?

KLÉÔN.

C'est que je sais de quoi il faut le régaler.

LE MARCHAND D'ANDOUILLES.

Tu fais comme les nourrices, tu le nourris mal : mâchant les morceaux, tu lui en mets un peu dans la bouche, et tu en dévores les trois quarts.

KLÉÔN.

Par Zeus! je puis, grâce à mon adresse, dilater ou resserrer Dèmos.

LE MARCHAND D'ANDOUILLES.

Mon derrière en fait autant.

KLÉÔN.

Ne crois pas, mon bon, te jouer de moi comme dans le Conseil. Allons devant Dèmos!

LE MARCHAND D'ANDOUILLES.

Rien n'empêche. Voyons, marche : que rien ne nous arrête.

KLÉÔN.

O Dèmos, sors ici.

LE MARCHAND D'ANDOUILLES.

Par Zeus! ô mon père, sors ici.

KLÉÔN.

Sors, ô mon petit Dèmos, mon cher ami, sors, afin de voir comme on m'outrage.

DÈMOS.

Quels sont ces braillards? N'allez-vous pas décamper de ma porte? Vous m'avez arraché ma branche d'olivier. Qui donc, Paphlagonien, te fait injure?

KLÉÔN.

C'est à cause de toi que je suis frappé par cet homme et par ces jeunes gens.

DÈMOS.

Pourquoi?

KLÉÔN.

Parce que je t'aime, Dèmos, et que je suis épris de toi.

DÈMOS, *au marchand d'andouilles.*

Et toi, au fait, qui es-tu?

LE MARCHAND D'ANDOUILLES.

Son rival. Il y a longtemps que je t'aime et que je veux te faire du bien, ainsi qu'un grand nombre de gens qui sont beaux et bons; mais nous ne le pouvons pas à cause de cet homme. Car toi tu ressembles aux garçons aimés : tu ne reçois pas les gens beaux et bons, et tu te donnes à des marchands de lanternes, à des savetiers, à des bourreliers, à des corroyeurs.

KLÉÔN.

Je fais du bien à Dèmos.

LE MARCHAND D'ANDOUILLES.

Et comment, dis-le-moi?

KLÉÔN.

Supplantant les stratèges qui étaient à Pylos, j'y ai fait voile, et j'en ai ramené les Lakoniens captifs.

LE MARCHAND D'ANDOUILLES.

Et moi, en me promenant, j'ai enlevé d'une boutique la marmite qu'un autre faisait bouillir.

KLÉÔN.

Toi, cependant, Dèmos, hâte-toi de convoquer l'assemblée, pour décider qui de nous deux t'est le plus dévoué, et pour lui accorder ton amour.

LE MARCHAND D'ANDOUILLES.

Oui, oui, décide, pourvu que ce ne soit pas sur la Pnyx.

DÈMOS.

Je ne puis siéger dans un autre endroit; il faut donc, selon la coutume, se rendre à la Pnyx.

LE MARCHAND D'ANDOUILLES.

Malheureux que je suis, c'est fait de moi. Chez lui, ce

vieillard est le plus sensé des hommes ; mais, dès qu'il est assis sur ces bancs de pierre, il est bouche béante, comme s'il attachait des figues par la queue. *(La scène change et représente la Pnyx.)*

LE CHOEUR.

Et maintenant il te faut lâcher tous les cordages, avoir à ton service une résolution vigoureuse et des paroles sans réplique, pour l'emporter sur lui. Car c'est un homme retors, passant facilement par les pas difficiles. Aussi faut-il te multiplier pour t'élancer sur lui. Seulement, prends garde ; et, avant qu'il fonde sur toi, lève les dauphins et lance ta barque.

KLÉÔN.

Souveraine Athèna, protectrice de la cité, c'est toi que j'invoque. Si auprès du peuple athénien je suis le mieux en posture après Lysiklès, Kynna et Salabakkho, sans rien faire, comme maintenant, je dîne dans le Prytanéion ; si, au contraire, je te hais, et si je ne combats pas, même seul, pour ta défense, que je meure, que je sois scié vif, et que ma peau soit découpée en lanières !

LE MARCHAND D'ANDOUILLES.

Et moi, Dèmos, si je ne t'aime et ne te chéris, qu'on me dépèce et qu'on me fasse cuire en petits morceaux ; et, si tu ne crois pas à mes paroles, que je sois râpé dans un hachis avec du fromage, accroché par les testicules et traîné au Kéramique !

KLÉÔN.

Et comment, Dèmos, peut-il y avoir un citoyen qui t'aime plus que moi? D'abord, tant que je t'ai conseillé, j'ai accru ta richesse publique, tordant ceux-ci, étranglant ceux-là, sollicitant les autres, n'ayant souci d'aucun des particuliers, si je te faisais plaisir.

LE MARCHAND D'ANDOUILLES.

Il n'y a là, Dèmos, rien de merveilleux; et moi aussi j'en ferai autant. Volant pour toi le pain des autres, je te le servirai. Mais comment il n'a pour toi ni affection ni bienveillance, je te le prouverai tout d'abord : il ne songe qu'à se chauffer avec ta braise. Car toi, qui as tiré l'épée contre les Mèdes pour sauver le pays à Marathôn, et qui, vainqueur, nous as fourni la matière de grands effets de langue, il n'a nul souci de toi, durement assis sur les pierres, tandis que je t'apporte ce tapis fait par moi. Lève-toi, assois-toi sur ce siège moelleux, afin de ne pas user ce qui t'a servi à Salamis.

DÈMOS.

Homme, qui es-tu? Ne serais-tu pas quelque descendant de Harmodios? Ce que tu fais là est vraiment généreux et populaire.

KLÉÔN.

Ce sont là de bien petites attentions pour montrer son dévouement.

LE MARCHAND D'ANDOUILLES.

Et toi, tu l'as pris avec des appâts bien plus minces.

KLÉÔN.

S'il a jamais paru un homme qui fût un meilleur défenseur de Dèmos et un plus grand ami que moi, je veux y engager ma tête.

LE MARCHAND D'ANDOUILLES.

Tu l'aimes, toi qui, le voyant habiter dans des tonneaux, des nids de vautours, des tourelles, n'en as pas eu pitié, depuis huit ans, mais l'as tenu enfermé et comprimé. Lorsque Arkheptolémos t'apportait la paix, tu l'as rejetée, chassant de la ville, à coups de pied au derrière, la députation qui proposait la trêve.

KLÉÔN.

C'était pour qu'il commandât à tous les Hellènes, car il est dit dans les oracles qu'il recevra un jour, en Arkadie, trois oboles à titre d'hèliaste, s'il a quelque patience. Et moi, je ne cesserai de le nourrir et de le soigner, cherchant, par le bien ou par le mal, à lui faire avoir son triobole.

LE MARCHAND D'ANDOUILLES.

Non, par Zeus! tu ne songeais pas à le rendre maître de l'Arkadie, mais plutôt à rapiner toi-même, et à rançonner les villes. Tu veux que Dèmos, perdu dans la guerre et dans les brouillards des fourberies que tu machines, n'ait pas les yeux sur toi, mais que, pressé par la nécessité, le besoin, l'attente de son salaire, il tende la bouche vers toi. Or, si quelque jour, retournant aux champs vivre en paix, se réconfortant de grains de froment grillés, et revenant au bon moment à ses olives, il reconnaît de quels biens l'a privé ta solde misérable, il viendra, paysan farouche, invoquer un jugement contre toi. Tu le sais ; aussi tu le trompes, et tu le berces de songes sur ton compte.

KLÉON.

N'est-ce pas une indignité que tu parles ainsi, et que tu me calomnies devant les Athéniens et devant Dèmos, pour qui j'ai fait beaucoup plus, j'en atteste Dèmètèr, que Thémistoklès, dans l'intérêt de la ville ?

LE MARCHAND D'ANDOUILLES.

« O cité d'Argos, entendez-vous ce qu'il dit ? » Toi, t'égaler à Thémistoklès, lui qui, trouvant notre ville opulente, l'a remplie jusqu'aux lèvres, qui, comme surcroît à ses repas, lui a fait un plat du Pirée, et qui, sans retrancher rien du passé, lui a servi de nouveaux poissons. Mais toi, tu n'as cherché qu'à réduire les Athéniens à l'état de pauvre petit peuple, en les murant et en leur chantant des oracles, et tu te mets au-dessus de Thémistoklès ! Lui, il est exilé de sa terre natale, et toi, tu manges les gâteaux d'Akhilleus.

KLÉÔN.

N'est-ce pas dur pour moi, Dèmos, d'entendre de pareilles choses de la bouche de cet homme, parce que je t'aime ?

DÈMOS.

Tais-toi, tais-toi donc, et fais trêve à tes méchancetés. C'est trop, et depuis trop longtemps jusqu'ici, que, sans m'en douter, je suis ta dupe.

LE MARCHAND D'ANDOUILLES.

C'est le plus scélérat des hommes, ô mon cher petit

Dèmos : il a fait toutes les méchancetés possibles, pendant que tu bâillais ; il coupe à la racine les tiges des concussions, les avale, et puise à deux mains dans les fonds de l'État.

KLÉÔN.

Tu ne vas pas rire : je vais t'accuser, moi, d'avoir volé trente mille drakhmes.

LE MARCHAND D'ANDOUILLES.

Pourquoi ce bruit de vagues et de rames du plus grand scélérat envers le peuple d'Athènes? Je prouverai, par Dèmètèr, ou que je meure, que tu as accepté plus de quarante mines de Mitylènè.

LE CHOEUR.

O toi, qui sembles un grand bienfaiteur de tous les hommes, je loue ton éloquence. Si tu continues ainsi, tu seras le plus grand des Hellènes ; seul, tu gouverneras la république et tu commanderas aux alliés, tenant en main le trident, à l'aide duquel tu recueilleras d'immenses richesses, dans l'agitation et dans le trouble. Mais ne lâche pas cet homme, puisqu'il t'a donné prise : tu le vaincras facilement avec de tels poumons.

KLÉÔN.

Non, braves gens, la chose n'en est pas là, par Poséidôn! Car j'ai fait un acte de nature à fermer la bouche à tous mes ennemis, tant qu'il restera un des boucliers de Pylos.

LE MARCHAND D'ANDOUILLES.

Arrête-toi à ces boucliers : c'est un avantage que tu

me donnes. Il ne fallait pas, si tu aimes Dèmos, être assez imprévoyant pour les laisser suspendre avec leurs brassards. Mais c'est là, ô Dèmos, qu'est la finesse. Si tu voulais châtier cet homme, tu ne le pourrais pas. Tu vois, en effet, autour de lui un cortège de jeunes corroyeurs; près d'eux se tiennent des marchands de miel et de fromages; cela fait une ligue; de sorte que, si tu frémis de colère et si tu songes à l'ostracisme, ils enlèveront la nuit les boucliers, et courront s'emparer des greniers.

DÈMOS.

Malheur à moi! Les brassards y sont? Scélérat, que de temps tu m'as trompé, dupé!

KLÉÔN.

Mon cher, ne crois pas ce qu'il dit; ne te figure pas trouver un meilleur ami que moi. Seul, j'ai fait cesser les conspirateurs : aucun complot tramé dans la ville ne m'a échappé, et je me suis mis tout de suite à crier.

LE MARCHAND D'ANDOUILLES.

Tu as fait comme les pêcheurs d'anguilles : lorsque le lac est calme, ils ne prennent rien; mais, quand ils remuent la vase en haut et en bas, ils en prennent. Ainsi, tu prends quand tu as troublé la ville. Mais dis-moi une seule chose : toi qui vends tant de cuirs, lui as-tu jamais donné une semelle de soulier, toi qui te dis son ami?

DÈMOS.

Jamais, par Apollôn!

LE MARCHAND D'ANDOUILLES.

Tu le connais donc, et ce qu'il est. Moi, j'ai acheté

pour toi cette paire de chaussures, et je te la donne à porter.

DÈMOS.

Je juge que de tous ceux que je connais tu es le meilleur citoyen à l'égard du peuple, le plus bienveillant pour la ville et pour nos orteils.

KLÉÔN.

N'est-il pas dur de voir qu'une paire de souliers ait le pouvoir d'enlever le souvenir de tous mes services? C'est moi qui ai mis fin à certains accouplements, en biffant Gryttos.

LE MARCHAND D'ANDOUILLES.

N'est-il donc pas étrange que tu inspectes les derrières, et que tu mettes fin à ces accouplements? Peut-être aussi ne les faisais-tu cesser que par envie, de peur que ces gens-là ne devinssent orateurs. Mais, voyant ce pauvre vieillard sans tunique, tu ne l'as jamais jugé digne d'une robe à manches pour l'hiver; et moi, Dèmos, je te donne celle-ci.

DÈMOS.

Voilà une chose à laquelle Thémistoklès n'a jamais songé! Cependant, c'est une belle invention que le Pirée; mais pourtant, elle ne semble pas plus grande que celle de cette robe à manches.

KLÉÔN.

Malheureux que je suis, par quelles singeries tu me supplantes!

LE MARCHAND D'ANDOUILLES.

Non pas ; mais je fais comme un buveur pressé d'aller à la selle : je me sers de tes façons d'agir comme de sandales.

KLÉÔN.

Mais tu ne me surpasseras pas en petits soins : je vais revêtir Dèmos de cet habillement ; et toi, gémis, infâme.

DÈMOS.

Pouah! va-t'en crever aux corbeaux! Tu pues horriblement le cuir.

LE MARCHAND D'ANDOUILLES.

Mais c'est à dessein qu'il t'a fourré dans ce vêtement ; il veut que tu étouffes. Et il y a longtemps qu'il trame contre toi. Te rappelles-tu cette tige de silphion, qu'il t'a vendue à si bon compte ?

DÈMOS.

Je m'en souviens.

LE MARCHAND D'ANDOUILLES.

C'est lui qui avait eu soin qu'elle tombât à vil prix, afin que chacun en mangeât, et qu'ensuite, dans la Hèliæa, les juges s'empoisonnassent les uns les autres en vessant.

DÈMOS.

Par Poséidôn ! c'est ce que m'a dit un vidangeur.

LE MARCHAND D'ANDOUILLES.

Et vous, à force de vesser, n'étiez-vous pas devenus tout jaunes ?

DÈMOS.

Par Zeus! c'était une invention digne de Pyrrhandros!

KLÉÔN.

De quelles bouffonneries, misérable, viens-tu me troubler!

LE MARCHAND D'ANDOUILLES.

La Déesse m'a ordonné de te vaincre en hâbleries.

KLÉÔN.

Mais tu n'y parviendras pas; car j'ai l'intention, Dèmos, de te servir, sans que tu fasses rien, le plat de ton salaire.

LE MARCHAND D'ANDOUILLES.

Et moi, je te donne cette petite boîte et ce médicament, pour te frotter les ulcères des jambes.

KLÉÔN.

Moi, j'épilerai tes cheveux blancs et je te rajeunirai.

LE MARCHAND D'ANDOUILLES.

Tiens, prends cette queue de lièvre pour essuyer tes deux petits yeux.

KLÉÔN.

Quand tu te moucheras, Dèmos, essuie-toi à ma tête.

LE MARCHAND D'ANDOUILLES.

Non, à la mienne.

KLÉÔN.

Non, à la mienne! Je te ferai nommer triérarkhe, pour

épuiser tes fonds; tu auras un vieux navire, où il faudra sans cesse des dépenses et des réparations, et je m'arrangerai de manière que tu prennes des voiles pourries.

LE CHOEUR.

Notre homme bout; cesse, cesse de chauffer; retire un peu de bois, et écume ses menaces avec ceci. *(Il lui présente une cuillère.)*

KLÉÔN.

Tu me le paieras cher; je t'écraserai d'impôts, je m'empresserai de te porter sur la liste des riches.

LE MARCHAND D'ANDOUILLES.

Moi je ne fais pas de menaces, je te souhaite seulement ceci, c'est que, la poêle chauffant pour frire des sépias, au moment où tu vas proposer ton avis sur les Milésiens, et gagner un talent, si tu réussis, tu te hâtes d'avaler tes sépias pour courir à l'assemblée, et que si, avant de manger, on t'appelle, toi qui veux gagner le talent, tu avales et tu étouffes.

LE CHOEUR.

Très bien, au nom de Zeus, d'Apollôn et de Dèmètèr!

DÈMOS.

Mais il me semble que voilà de tout point un excellent citoyen, tel qu'il n'y en a eu en aucun temps pour la populace à une obole. Et toi, Paphlagonien, qui prétendais m'aimer, tu ne m'as fait manger que de l'ail. Maintenant, rends-moi mon anneau; tu cesses d'être mon intendant.

KLÉÔN.

Le voici. Mais sache bien que, si tu m'empêches de gouverner, un autre se montrera, qui sera pire que moi.

DÈMOS.

Il n'est pas possible que cet anneau soit le mien : il y a là un autre cachet, à moins que je n'y voie goutte.

LE MARCHAND D'ANDOUILLES.

Fais voir. Quel était ton cachet?

DÈMOS.

Une feuille de figuier à la graisse de bœuf.

LE MARCHAND D'ANDOUILLES.

Ce n'est pas cela.

DÈMOS.

Pas de feuille de figuier! Qu'est-ce donc?

LE MARCHAND D'ANDOUILLES.

Une mouette, le bec ouvert, haranguant du haut d'une pierre.

DÈMOS.

Ah! malheureux!

LE MARCHAND D'ANDOUILLES.

Quoi donc?

DÈMOS.

Jette-le vite; ce n'est pas le mien qu'il tient, mais celui de Kléonymos. Reçois celui-ci de mes mains, et sois mon intendant.

KLÉÔN.

Ne fais pas cela, maître, avant d'avoir entendu mes oracles.

LE MARCHAND D'ANDOUILLES.

Et les miens aussi.

KLÉÔN.

Si tu l'écoutes, il faut que tu sois son complaisant immonde.

LE MARCHAND D'ANDOUILLES.

Et si tu l'écoutes, il faut que tu sois à lui jusqu'à ton plan de myrte.

KLÉÔN.

Mes oracles disent que tu dois régner sur toute la contrée, couronné de roses.

LE MARCHAND D'ANDOUILLES.

Et les miens disent que, vêtu d'une robe de pourpre brodée, une couronne sur la tête, debout sur un char doré, tu poursuivras Sminkythè et son maître.

DÈMOS.

Va me chercher tes oracles, afin que celui-ci les entende.

LE MARCHAND D'ANDOUILLES.

Volontiers.

DÈMOS.

Et toi les tiens.

KLÉÔN.

J'y cours.

LE MARCHAND D'ANDOUILLES.

Par Zeus! j'y cours aussi : rien n'empêche.

LE CHOEUR.

La plus agréable clarté du jour luira sur les présents et sur les absents, si Kléôn est perdu comme il doit l'être. Cependant j'ai entendu certains vieillards des plus quinteux soutenir sur le Digma cette controverse que, si cet homme n'était pas devenu si grand dans l'État, il n'y aurait pas deux ustensiles nécessaires, le pilon et la cuillère à pot. J'admire aussi son éducation porcine : car les enfants, qui sont allés à l'école avec lui, disent qu'il ne peut jamais monter sa lyre que sur le mode dorique, et qu'il ne veut pas en apprendre d'autre. Aussi le kitharist en colère lui enjoignit de sortir, disant : « Ce garçon est incapable d'apprendre un autre genre d'harmonie que le dorodokite. »

KLÉÔN.

Voilà, regarde, et je ne les apporte pas tous.

LE MARCHAND D'ANDOUILLES.

Je crois que je vais faire sous moi, et je ne les apporte pas tous.

DÈMOS.

Qu'est-ce que cela?

KLÉÔN.

Les oracles.

DÈMOS.

Tous?

KLÉÔN.

Cela t'étonne, mais, par Zeus! j'en ai encore une cassette toute pleine.

LE MARCHAND D'ANDOUILLES.

Et moi, l'étage supérieur et deux chambres.

DÈMOS.

Voyons, de qui sont donc ces oracles?

KLÉÔN.

Les miens sont de Bakis.

DÈMOS.

Et les tiens, de qui?

LE MARCHAND D'ANDOUILLES.

De Glanis, frère aîné de Bakis.

DÈMOS.

Et sur quel sujet?

KLÉÔN.

Sur Athènes, Pylos, toi, moi, et toutes les affaires.

DÈMOS.

Et les tiens, sur quel sujet?

LE MARCHAND D'ANDOUILLES.

Sur Athènes, les lentilles, les Lakédæmoniens, les maquereaux nouveaux, les mauvais mesureurs de grain sur l'Agora, toi, moi : qu'il t'en cuise entre les jambes !

DÈMOS.

Allons, lisez-les-moi, et surtout celui qui me fait tant de plaisir, où il est dit que je serai un aigle dans les nuages.

KLÉÔN.

Écoute donc, et prête-moi ton attention. « Comprends, enfant d'Èrekhtheus, le sens des oracles qu'Apollôn fait entendre de son sanctuaire, au moyen des trépieds vénérés. Il t'ordonne de « garder le chien sacré, aux dents « aiguës, qui, aboyant et hurlant pour ta défense, t'assu- « rera un salaire ; et, s'il ne le fait pas, il est mort. La « haine fait croasser de nombreux geais contre lui. »

DÈMOS.

Par Dèmètèr ! je ne sais pas ce qu'il dit. Quel rapport y a-t-il entre Èrekhtheus, des geais et un chien ?

KLÉÔN.

Moi, je suis le chien, puisque j'aboie pour ta défense. Or, Phœbos te recommande de garder le chien.

LE MARCHAND D'ANDOUILLES.

L'oracle ne dit pas cela, mais ce chien-ci ronge les oracles, comme tes portes. Moi je sais au juste ce qui a rapport à ce chien.

DÈMOS.

Dis tout de suite ; mais il faut d'abord que je prenne une pierre, pour que cet oracle ne me morde pas entre les jambes.

LE MARCHAND D'ANDOUILLES.

« Comprends, enfant d'Erekhtheus, que ce chien Ker-
« béros est un asservisseur d'hommes : te caressant de la
« queue, quand tu dînes, il guette tes plats pour les dé-
« vorer, pour peu que tu détournes la tête ; pénétrant fur-
« tivement dans la cuisine, durant la nuit, en vrai chien, il
« léchera les plats et les îles. »

DÈMOS.

Par Poséidôn ! ceci est bien meilleur, ô Glanis !

KLÉÔN.

Mon ami, écoute, et puis tu jugeras : « Il est une femme ;
« elle enfantera, dans Athènes la sainte, un lion qui dé-
« fendra Dèmos contre des nuées de moucherons, comme
« il défendrait ses lionceaux. Garde-le, en élevant un mur
« de bois et des tours de fer. » Comprends-tu ce qu'il te
dit ?

DÈMOS.

Pas du tout, par Apollôn !

KLÉÔN.

Le Dieu te dit clairement de me garder. Car c'est moi
qui suis le lion.

DÈMOS.

Comment, à mon insu, es-tu devenu un Antilion ?

LE MARCHAND D'ANDOUILLES.

Il y a quelque chose dans les oracles qu'il prend soin
de te cacher : c'est à propos du mur de fer et de bois,
dans lequel Loxias t'enjoint de le garder.

I.   9

DÈMOS.

Comment le Dieu dit-il cela?

LE MARCHAND D'ANDOUILLES.

Il t'enjoint de l'attacher à un bois percé de cinq trous.

DÈMOS.

Il me semble que c'est ainsi que l'oracle s'accomplit.

KLÉÔN.

N'en crois rien; ce sont des corneilles envieuses qui croassent. Aime plutôt l'épervier, te souvenant, dans ton cœur, qu'il t'a amené enchaînés des coracins lakédæmoniens.

LE MARCHAND D'ANDOUILLES.

Le Paphlagonien était ivre quand il affronta ce danger. Enfant étourdi de Kékrops, que vois-tu de si grand dans cette action? Une femme portera un fardeau, si un homme l'aide à le charger; mais il n'ira pas au combat : il irait sous lui, s'il allait combattre.

KLÉÔN.

Remarque cette « Pylos devant Pylos », comme dit l'oracle : « Pylos est devant Pylos. »

DÈMOS.

Que veut dire : « Devant Pylos »?

LE MARCHAND D'ANDOUILLES.

Il dit qu'on empilera toutes les baignoires d'un bain.

DÈMOS.

Et moi, je ne me baignerai pas aujourd'hui.

LE MARCHAND D'ANDOUILLES.

Sans doute, puisqu'il a empilé nos baignoires. Mais voici, au sujet de la flotte, un oracle auquel il faut que tu prêtes attention tout à fait.

DÈMOS.

J'y suis. Lis-nous donc d'abord comment on paiera la solde à mes matelots.

LE MARCHAND D'ANDOUILLES.

« Fils d'Ægeus, méfie-toi du chien-renard, crains qu'il ne te trompe ; il est sournois, agile, astucieux, rusé, fin matois. » Sais-tu qui est-ce ?

DÈMOS.

Oui, c'est Philostratos qui est le chien-renard.

LE MARCHAND D'ANDOUILLES.

Ce n'est pas cela ; mais notre homme demande à chaque instant des vaisseaux légers pour aller recueillir de l'argent. Loxias te défend de les donner.

DÈMOS.

Et comment une trière est-elle chien-renard ?

LE MARCHAND D'ANDOUILLES.

Comment ? Parce qu'une trière et un chien sont rapides.

DÈMOS.

Comment un renard s'ajoute-t-il à un chien ?

LE MARCHAND D'ANDOUILLES.

L'oracle compare les soldats à des renardeaux, parce qu'ils mangent les raisins dans les vignes.

DÈMOS.

Soit : et la solde de ces renardeaux, où la prendre?

LE MARCHAND D'ANDOUILLES.

Moi, je la fournirai, et cela dans trois jours. Mais écoute encore cet oracle, par lequel le fils de Lèto t'ordonne d'éviter Kyllènè de peur d'être trompé.

DÈMOS.

Quelle Kyllènè?

LE MARCHAND D'ANDOUILLES.

Il désigne justement par Kyllènè la main de cet homme, car celui-ci dit toujours : « Jette dans Kyllè! »

KLÉÔN.

La désignation n'est pas juste. Phœbos désigne justement par le mot Kyllènè la main de Diopithès. Mais j'ai là un oracle ailé, qui dit : « Tu deviendras aigle et roi de toute la terre. »

LE MARCHAND D'ANDOUILLES.

Et moi j'en ai un qui dit : « Tu seras souverain de la terre et de la Mer Rouge; tu rendras la justice dans Ekbatana, en léchant de bons mets saupoudrés. »

KLÉÔN.

Mais moi j'ai eu un songe, et j'ai vu la Déesse elle-même verser sur Dèmos des coupes de richesse et de santé.

LE MARCHAND D'ANDOUILLES.

Moi aussi, j'ai vu la Déesse elle-même descendre de l'Akropolis, une chouette perchée sur son casque; d'un large vase, elle versait sur ta tête de l'ambroisie, et sur celle de cet homme de la saumure à l'ail.

DÈMOS.

Iou! Iou! Personne n'est plus sensé que Glanis; et maintenant je me confierai à toi pour guider ma vieillesse et refaire mon éducation.

KLÉÔN.

Pas encore, je t'en conjure; attends un peu : je te promets de te procurer de l'orge pour ta vie de chaque jour.

DÈMOS.

Non, je ne supporte pas qu'on me parle d'orge. Maintes fois j'ai été trompé par toi et par Théophanès.

KLÉÔN.

Eh bien, je te procurerai de la farine d'orge toute préparée.

LE MARCHAND D'ANDOUILLES.

Et moi des galettes toutes cuites et du poisson grillé : tu n'auras qu'à manger.

DÈMOS.

Accomplissez maintenant ce que vous devez faire. A celui de vous deux qui aura le plus d'égards pour moi je remettrai les rênes de la Pnyx.

KLÉÔN.

J'y cours le premier.

LE MARCHAND D'ANDOUILLES.

Non pas, ce sera moi.

LE CHOEUR.

O Dèmos, tu as une belle souveraineté; tous les hommes te craignent comme un tyran; mais tu es facile à mener par les petits soins, et tu te plais à être dupe, la bouche toujours béante devant celui qui parle, et alors ta présence d'esprit déménage.

DÈMOS.

C'est vous qui n'avez pas d'esprit sous vos chevelures, quand vous me croyez en démence. Je joue à dessein le rôle de niais. J'aime à boire tout le jour, et à prendre pour chef un voleur que je nourris; puis, quand il est bien plein, je le saisis et je l'écrase.

LE CHOEUR.

Tu as raison d'agir ainsi, s'il est vrai que tu as, comme tu le dis, cette prudence excessive de conduite; si tu les engraisses exprès dans la Pnyx comme des victimes publiques, et qu'ensuite, quand il t'arrive de manquer de vivres, tu prends le plus gros d'entre eux, tu l'immoles et tu le manges!

DÈMOS.

Voyez quelle est mon adresse à les circonvenir, quand ils se croient assez fins pour m'attraper. Je les observe attentivement, sans paraître rien voir, pendant qu'ils volent; puis, quand ils m'ont volé, je les contrains à rendre gorge, en insinuant une sonde.

KLÉÔN.

Va-t'en à la malheure!

LE MARCHAND D'ANDOUILLES.

Vas-y toi-même, infâme!

KLÉÔN.

O Dèmos, il y a je ne sais combien de temps que je suis assis là, tout prêt et voulant te faire du bien.

LE MARCHAND D'ANDOUILLES.

Moi, il y a dix fois longtemps, douze fois longtemps, mille fois longtemps, et encore plus longtemps, longtemps, longtemps.

DÈMOS.

Et moi, qui attends depuis trente mille fois longtemps, je vous maudis tous les deux depuis encore plus longtemps, longtemps, longtemps.

LE MARCHAND D'ANDOUILLES.

Sais-tu ce que tu as à faire?

DÈMOS.

Si je ne le sais, tu me le diras, toi.

LE MARCHAND D'ANDOUILLES.

Lâche-nous hors de la barrière, moi et cet homme, afin de concourir à qui te fera du bien.

DÈMOS.

C'est ce qu'il faut faire. Éloignez-vous!

KLÉÔN.

Voilà.

DÈMOS.

Partez!

LE MARCHAND D'ANDOUILLES.

Je ne me laisse pas devancer.

DÈMOS.

Certes, je vais recevoir aujourd'hui un grand bonheur de ces deux adorateurs, ou bien, par Zeus! je ferai le difficile.

KLÉÔN.

Vois-tu? Je suis le premier à t'apporter un siège.

LE MARCHAND D'ANDOUILLES.

Oui, mais pas une table, et c'est moi le premier.

KLÉÔN.

Regarde, je t'apporte cette galette pétrie avec mes orges de Pylos.

LE MARCHAND D'ANDOUILLES.

Et moi des morceaux de pain morcelés par la main d'ivoire de la Déesse.

DÈMOS.

Oh! comme tu as un grand doigt, vénérable Déesse!

KLÉÔN.

Et moi, voici de la purée de pois, d'aussi bonne couleur que belle : elle a été pilée par Pallas, protectrice du combat de Pylos.

LE MARCHAND D'ANDOUILLES.

O Dèmos, la Déesse veille attentivement sur toi; et, en ce moment, elle étend au-dessus de ta tête une marmite pleine de bouillon.

DÈMOS.

Penses-tu que nous habiterions encore cette ville, si elle n'avait pas manifestement étendu sur nous cette marmite?

KLÉÔN.

Voici des poissons qui te sont offerts par l'Épouvante des armées.

LE MARCHAND D'ANDOUILLES.

La Fille du Dieu redoutable t'envoie cette viande cuite dans son jus, avec ce plat de tripes, de caillette, de gras-double.

DÈMOS.

Elle a bien fait de se ressouvenir du péplos.

KLÉÔN.

La Déesse à la redoutable aigrette t'invite à manger de cette galette longue, afin que nous fassions bien allonger nos vaisseaux.

LE MARCHAND D'ANDOUILLES.

Prends également ceci maintenant.

DÈMOS.

Et que ferai-je de ces intestins?

LE MARCHAND D'ANDOUILLES.

C'est à propos que la Déesse t'envoie de quoi garnir l'intérieur des trières : car elle veille attentivement sur notre flotte. Bois aussi ce mélange de trois parties d'eau contre deux de vin.

DÈMOS.

Qu'il est donc bon, par Zeus! Comme il porte bien ses trois parties d'eau.

LE MARCHAND D'ANDOUILLES.

Tritogénéia elle-même a mêlé cette triple mesure.

KLÉÔN.

Reçois de moi cette tranche de galette grasse.

LE MARCHAND D'ANDOUILLES.

Et de moi ce gâteau tout entier.

KLÉÔN.

Mais tu n'as pas où prendre un civet de lièvre à donner; moi je l'ai.

LE MARCHAND D'ANDOUILLES.

Malheur à moi! Où trouver un civet? O mon esprit, invente maintenant quelque farce.

KLÉÔN.

Le vois-tu, pauvre malheureux?

LE MARCHAND D'ANDOUILLES.

Je n'en ai cure. Voici des gens qui viennent à moi.

KLÉÔN.

Qui sont-ils?

LE MARCHAND D'ANDOUILLES.

Des envoyés qui ont des sacs d'argent.

KLÉÔN.

Où donc? où donc?

LE MARCHAND D'ANDOUILLES.

Mais qu'est-ce que cela te fait? Ne laisseras-tu pas les étrangers tranquilles? O mon petit Dèmos, vois-tu le civet que je t'apporte?

KLÉÔN.

Malheur à moi! Tu m'as indignement volé.

LE MARCHAND D'ANDOUILLES.

Par Poséidôn! et toi les habitants de Pylos!

DÈMOS.

Dis-moi, je t'en prie; comment tu as imaginé de faire ce vol?

LE MARCHAND D'ANDOUILLES.

L'inspiration est de la Déesse, le vol de moi.

KLÉÔN.

Mais j'ai eu de la peine pour attraper ce lièvre.

LE MARCHAND D'ANDOUILLES.

Et moi pour le rôtir.

DÈMOS, *à Kléôn.*

Va-t'en : je ne sais de gré qu'à celui qui me l'a servi.

KLÉÔN.

Hélas! malheureux que je suis! Être surpassé en impudence!

LE MARCHAND D'ANDOUILLES.

Ne décides-tu pas, Dèmos, lequel de nous deux a le mieux servi toi et ton ventre?

DÈMOS.

Par quel moyen prouverai-je aux spectateurs que j'ai bien choisi entre vous deux ?

LE MARCHAND D'ANDOUILLES.

Je te le dirai. Va, sans rien dire, prendre ma corbeille ; fouilles-y, et ensuite dans celle du Paphlagonien : de la sorte tu jugeras bien.

DÈMOS.

Eh bien, qu'y a-t-il dans la tienne ?

LE MARCHAND D'ANDOUILLES.

Tu ne vois donc pas, mon petit papa, qu'elle est vide ? Je t'ai tout apporté.

DÈMOS.

Voilà une corbeille dévouée à Dèmos.

LE MARCHAND D'ANDOUILLES.

Visite maintenant ici celle du Paphlagonien. Vois-tu ?

DÈMOS.

Bon Dieu, comme elle est pleine de bonnes choses ! Quelle ampleur de gâteau il s'était réservée ! Et à moi il donnait cette toute petite rognure.

LE MARCHAND D'ANDOUILLES.

C'est pourtant ce qu'il t'a toujours fait : il te donnait très peu de ce qu'il prenait, et il en gardait pour lui la meilleure part.

DÈMOS.

Misérable ! Tu volais, et tu me trompais ! Et moi, je t'ai tressé des couronnes et donné des présents.

KLÉÔN.

Je volais pour le bien de l'État.

DÈMOS.

Dépose à l'instant cette couronne, pour que je la mette au front de l'homme que voici.

LE MARCHAND D'ANDOUILLES.

Dépose-la vite, gibier à étrivières.

KLÉÔN.

Non certes ; j'ai par devers moi un oracle Pythique, désignant celui-là seul par qui je dois être vaincu.

LE MARCHAND D'ANDOUILLES.

Et c'est mon nom qu'il indique : c'est par trop clair.

KLÉÔN.

Mais je veux te convaincre avec preuve si tu as le moindre rapport avec les paroles du Dieu. Tout enfant, à l'école de quel maître allais-tu ?

LE MARCHAND D'ANDOUILLES.

C'est dans les cuisines que j'ai été formé à coups de poing.

KLÉÔN.

Que dis-tu ? Ah ! cet oracle s'adapte à mon idée ! Bien ; et chez le maître de palestre quel exercice apprenais-tu ?

LE MARCHAND D'ANDOUILLES.

A voler, à me parjurer, à regarder en face la partie adverse.

KLÉÔN.

O Phœbos Apollôn Lykios, que me réserves-tu ? Quel métier as-tu fait, devenu homme ?

LE MARCHAND D'ANDOUILLES.

Vendre des andouilles, et m'accoupler.

KLÉÔN.

Malheureux que je suis ! C'est fait de moi ! Légère est l'espérance qui me soutient. Mais, dis-moi, est-ce en effet sur l'Agora que tu vendais tes andouilles, ou bien aux portes ?

LE MARCHAND D'ANDOUILLES.

Aux portes, où se fait le commerce des salaisons.

KLÉÔN.

O ciel ! l'oracle du Dieu est accompli. Roulez-moi infortuné dans ma demeure. Chère couronne, adieu, disparais ; c'est à regret que je te quitte ; un autre va te prendre et te garder. Il n'est pas plus voleur, mais il est plus chanceux.

LE MARCHAND D'ANDOUILLES.

Zeus Hellènios, à toi cette victoire !

LE CHOEUR.

Salut, beau vainqueur ; souviens-toi que je t'ai fait ce que tu es, un homme ! Je t'en demande une faible récompense, c'est d'être pour toi Phanos, greffier du tribunal.

DÈMOS, *au marchand d'andouilles.*

Dis-moi quel est ton nom ?

LE MARCHAND D'ANDOUILLES.

Agorakritos, car j'ai été nourri sur l'Agora, au milieu des procès.

DÈMOS.

Je me remets donc aux mains d'Agorakritos, et je lui livre ce Paphlagonien.

LE MARCHAND D'ANDOUILLES.

Et moi, Dèmos, j'emploierai mon zèle à te bien servir, de telle sorte que tu avoueras n'avoir jamais vu d'homme plus dévoué à la ville des Gobe-mouches.

LE CHOEUR.

Quoi de plus beau, à notre début ou à notre fin, que de chanter les entraîneurs des coursiers rapides, sans chagriner, de gaieté de cœur, Lysistratos, ou Théomantis sans foyer. Celui-ci, cher Apollôn, à tout jamais pauvre, fond en larmes, en embrassant ton carquois dans le temple pythique, pour ne pas mourir de faim.

Injurier les méchants n'est point chose odieuse, mais honorable aux yeux des bons, quand on s'en acquitte bien. Si l'homme, qui doit entendre nombre de traits méchants, était connu, je ne mentionnerais pas le nom d'un ami. Maintenant, pour ce qui est d'Arignotos, il n'est personne qui ne le connaisse, à moins d'ignorer le blanc ou le nome orthien. Or, il a un frère qui ne l'est guère par les mœurs, l'infâme Ariphradès, qui veut être ce qu'il est. Il n'est pas seulement pervers, mais il y raffine. Il salit sa langue des plus honteux plaisirs, léchant la hideuse rosée des lupanars, souillant sa barbe, caressant les pustules, versifiant à la façon de Polymnestos, et vivant avec OEnikhos. Quiconque ne prendra pas cet homme en horreur, ne boira jamais dans la même coupe que nous.

Souvent, durant la nuit, je me suis pris à réfléchir, et je me suis demandé alors pourquoi Kléonymos mange si gloutonnement. On dit que, quand il se repaît aux dépens des gens riches, il ne sort plus de la huche. Ils en arrivent à le supplier : « Allez-vous-en, seigneur, nous embrassons vos genoux ; entrez et ménagez notre table. »

On dit que les trières se sont formées en Conseil, et que l'une d'elles, la plus âgée, a dit aux autres : « N'avez-vous pas entendu, mes sœurs, ce qui se passe dans la ville? On dit qu'on demande cent de nous contre la Khalkèdonia : c'est ce mauvais citoyen, l'aigre Hyperbolos. » Cette proposition leur paraît affreuse, intolérable. L'une d'elles, qui n'a pas encore eu commerce avec les hommes : « Nous préserve le ciel ! dit-elle. Jamais il ne sera mon pilote, ou, s'il le faut, que je sois rongée par les vers et que je vieillisse au port! Non, Nauphantè, fille de Nauson, j'en atteste les dieux, aussi vrai que je suis faite de planches de pin et charpentée de bois, si ce projet agrée aux Athéniens, je suis d'avis d'aller stationner au Thèséion, ou devant le temple des Vénérables Déesses. Ainsi nous ne le verrions pas devenir notre stratège et insulter notre ville : qu'il navigue seul du côté des corbeaux, s'il veut, et que les chaloupes, où il vendait des lanternes, le portent à la mer! »

AGORAKRITOS.

Silence, une clef à la bouche, trêve à l'audition des témoins, clôture des tribunaux qui sont les délices de cette ville, et, en réjouissance de nos prospérités nouvelles, Pæan au théâtre!

LE CHOEUR.

O toi, flambeau d'Athènes, la ville sacrée, et protecteur des îles, quelle bonne nouvelle viens-tu nous apporter, afin que nous parfumions les rues du fumet des victimes?

AGORAKRITOS.

Je vous ai recuit Dèmos, et de laid je l'ai fait beau.

LE CHOEUR.

Et où est-il maintenant, ô merveilleux inventeur de métamorphose?

AGORAKRITOS.

Couronné de violettes, il habite la vieille Athènes.

LE CHOEUR.

Comment le verrons-nous? Quel est son costume? Qu'est-il devenu?

AGORAKRITOS.

Tel que jadis il vivait avec Aristidès et Miltiadès. Vous l'allez voir. On entend le bruit de l'ouverture des Propylæa. Saluez de vos cris de joie l'antique Athènes, la merveilleuse, la glorifiée, où séjourne l'illustre Dèmos.

LE CHOEUR.

Cité brillante et couronnée de violettes, Athènes, digne d'envie, montre-moi le monarque de la Hellas et de cette contrée.

AGORAKRITOS.

Voyez; c'est lui qui porte la cigale, dans tout l'éclat du costume antique, ne sentant plus la coquille à voter, mais la paix, et parfumé de myrrhe.

LE CHOEUR.

Salut, ô roi des Hellènes : nous nous réjouissons tous avec toi. Ton sort est digne de cette cité et du trophée de Marathôn.

DÈMOS.

O le plus chéri des hommes, viens ici, Agorakritos; que de bien tu m'as fait, en me recuisant!

AGORAKRITOS.

Moi? Mais, mon pauvre ami, tu ne sais pas ce que tu étais alors, ni ce que tu faisais; sans quoi, tu me croirais un dieu.

DÈMOS.

Que faisais-je donc en ce temps-là? dis-le-moi; et quel étais-je?

AGORAKRITOS.

Et d'abord, dès que quelqu'un disait dans l'assemblée : « Dèmos, je suis épris de toi; seul, je t'aime, je veille à tes intérêts, et j'y pourvois, » quand on usait de cet exorde, tu te redressais et tu portais la tête haute.

DÈMOS.

Moi ?

AGORAKRITOS.

Et puis, après t'avoir dupé de la sorte, il s'en allait.

DÈMOS.

Que dis-tu ? Ils me faisaient cela, et je ne m'en apercevais pas ?

AGORAKRITOS.

Mais oui, par Zeus ! tes oreilles s'ouvraient comme une ombrelle et se fermaient ensuite.

DÈMOS.

J'étais devenu si stupide et si vieux ?

AGORAKRITOS.

Oui, par Zeus ! Si deux orateurs prenaient la parole, l'un pour la construction de grands navires, l'autre pour le salaire des juges, celui qui parlait du salaire s'en allait triomphant de l'orateur des trières. Mais pourquoi baisses-tu la tête et ne restes-tu pas en place ?

DÈMOS.

J'ai honte de mes fautes passées.

AGORAKRITOS.

Mais tu n'en es pas responsable, n'en aie point de souci, ce sont les gens qui te trompaient de la sorte. Maintenant, dis-moi, si quelque harangueur impudent se met à parler ainsi : « Juges, vous n'aurez pas d'orges, si vous ne condamnez cet accusé, » que feras-tu, dis, à ce harangueur?

DÈMOS.

Je le soulèverai en l'air, et je le lancerai dans le Barathron, après lui avoir attaché au cou Hyperbolos.

AGORAKRITOS.

Voilà qui est juste, et tu parles en homme sensé. Pour le reste, voyons quels sont tes projets politiques, dis-les.

DÈMOS.

D'abord, toutes les fois qu'on fera rentrer de grands navires, je paierai la somme intégrale aux matelots.

AGORAKRITOS.

Par là tu feras plaisir à bien des derrières usés.

DÈMOS.

Ensuite nul hoplite, inscrit sur un registre, ne sera, par faveur, porté sur un autre, mais il demeurera inscrit comme tout d'abord.

AGORAKRITOS.

Voilà qui mord le bouclier de Kléonymos.

DÈMOS.

Nul imberbe ne haranguera dans l'Agora.

AGORACRITOS.

Où harangueront donc Klisthénès et Stratôn?

DÈMOS.

Je parle de ces efféminés qui vivent dans les parfumeries, et qui, de leurs sièges, babillent ainsi : « L'habile homme que Phæax! Il a eu l'adresse de ne pas mourir! C'est un dialecticien pressant, serrant ses conclusions, sentencieux, clair, émouvant, dominant puissamment le tumulte. »

AGORAKRITOS.

Est-ce que tu ne joues pas du doigt avec cette gent babillarde ?

DÈMOS.

Non, de par Zeus! mais je les forcerai tous d'aller à la chasse et de mettre fin à leurs décrets.

AGORAKRITOS.

En ce cas, je te donne ce pliant et ce jeune garçon bien monté, qui te le portera ou, si bon te semble, te servira de pliant.

DÈMOS.

Quel bonheur pour moi de recouvrer mon ancien état!

AGORAKRITOS.

C'est ce que tu pourras dire quand je t'aurai livré les trêves de trente ans : « O Trêves, paraissez au plus vite! »

DÈMOS.

O Zeus vénéré, comme elles sont belles! Au nom des dieux, est-il permis de les trentanniser? Où les as-tu prises, en réalité?

AGORAKRITOS.

C'était le Paphlagonien qui les tenait cachées dans sa

maison, afin que tu ne les prisses pas. Maintenant, moi, je te les donne, pour que tu les emmènes à la campagne.

DÈMOS.

Et ce Paphlagonien, qui a fait tout cela, quel châtiment lui infligeras-tu?

AGORAKRITOS.

Pas bien terrible ; il exercera mon métier : établi seul devant les portes, il vendra pour andouilles un mélange de chien et d'âne, luttera d'outrages, dans son ivresse, avec des prostituées, et boira l'eau sale des baignoires.

DÈMOS.

C'est une bonne invention et digne de ce qu'il mérite, que ces assauts de cris avec des prostituées et des baigneurs. Pour toi, en récompense de tes services, je t'invite au Prytanéion, sur le siège occupé par ce poison. Suis-moi, vêtu de cette robe couleur de grenouille. Quant à lui, qu'on l'emmène à l'endroit où il doit faire son métier, bien en vue de ceux qu'il outrageait, c'est-à-dire des étrangers!

LES NUÉES

(L'AN 425 AVANT J.-C.)

Le titre de cette pièce indique que plusieurs scènes se passent en l'air et que le chœur est formé d'acteurs dont les vêtements aériens imitent les flocons de vapeurs qui flottent dans l'atmosphère. Le véritable sujet est l'éducation. Le bonhomme Strepsiadès, ruiné par les dépenses de son fils Phidippidès, l'envoie au *philosophoir* de Socrate afin d'y apprendre le raisonnement injuste, ainsi que l'art de ne point payer ses créanciers. Phidippidès se met vite au fait des subtilités de l'école, bat son père, et lui prouve qu'il a le droit de le battre. Strepsiadès, furieux, lance dans le philosophoir une torche ardente, sans s'inquiéter des cris de Socrate et de ses disciples.

PERSONNAGES DU DRAME

Strepsiadès.

Phidippidès.

Un Serviteur de Strepsiadès.

Disciples de Sokratès.

Sokratès.

Chœur de Nuées.

Le Raisonnement juste.

Le Raisonnement injuste.

Pasias, créancier.

Amynias, créancier.

Un Témoin.

Khæréphôn.

La scène se passe dans la chambre à coucher de Strepsiadès, puis devant la porte de Sokratès.

LES NUÉES

STREPSIADÈS.

Iou! Iou! O souverain Zeus, quelle chose à n'en pas finir que les nuits! Le jour ne viendra donc pas? Et il y a déjà longtemps que j'ai entendu le coq; et mes esclaves dorment encore. Cela ne serait pas arrivé autrefois. Maudite sois-tu, ô guerre, pour toutes sortes de raisons, mais surtout parce qu'il ne m'est pas permis de châtier mes esclaves! Et ce bon jeune homme, qui ne se réveille pas de la nuit! Non, il pète, empaqueté dans ses cinq couvertures. Eh bien, si bon nous semble, ronflons dans notre enveloppe. Mais je ne puis dormir, malheureux, rongé par la dépense, l'écurie et les dettes de ce fils qui est là. Ce bien peigné monte à cheval, conduit un char et ne rêve que chevaux. Et moi, je ne vis pas, quand je vois la lune ramener les vingt jours : car les échéances approchent. — Enfant, allume la lampe, et apporte mon registre, pour que, l'ayant en main, je lise à combien de gens je dois, et que je suppute les intérêts. Voyons, que dois-je ? Douze mines à Pasias. Pourquoi douze mines à Pasias ? Pourquoi ai-je fait cet emprunt ? Parce que j'ai acheté Koppatias. Malheureux que je suis, pourquoi n'ai-je pas eu plutôt l'œil fendu par une pierre !

PHIDIPPIDÈS, *rêvant*.

Philon, tu triches : fournis ta course toi-même.

STREPSIADÈS.

Voilà, voilà le mal qui me tue ; même en dormant, il rêve chevaux.

PHIDIPPIDÈS, *rêvant*.

Combien de courses doivent fournir ces chars de guerre ?

STREPSIADÈS.

C'est à moi, ton père, que tu en fais fournir de nombreuses courses ! Voyons quelle dette me vient après Pasias. Trois mines à Amynias pour un char et des roues.

PHIDIPPIDÈS, *rêvant*.

Emmène le cheval à la maison, après l'avoir roulé.

STREPSIADÈS.

Mais, malheureux, tu as déjà fait rouler mes fonds ! Les uns ont des jugements contre moi, et les autres disent qu'ils vont prendre des sûretés pour leurs intérêts.

PHIDIPPIDÈS, *éveillé*.

Eh ! mon père, qu'est-ce qui te tourmente et te fait te retourner toute la nuit ?

STREPSIADÈS.

Je suis mordu par un dèmarkhe sous mes couvertures.

PHIDIPPIDÈS.

Laisse-moi, mon bon père, dormir un peu.

STREPSIADÈS.

Dors donc ; mais sache que toutes ces dettes retomberont sur ta tête. Hélas! Périsse misérablement l'agence matrimoniale qui me fit épouser ta mère! Moi, je menais aux champs une vie des plus douces, inculte, négligé, et couché au hasard, riche en abeilles, en brebis, en marc d'olives. Alors je me suis marié, moi paysan, à une personne de la ville, à la nièce de Mégaklès, fils de Mégaklès, femme altière, luxueuse, fastueuse comme Kœsyra. Lorsque je l'épousai, je me mis au lit, sentant le vin doux, les figues sèches, la tonte des laines, elle tout parfum, safran, tendres baisers, dépense, gourmandise, Kolias, Génétyllis. Je ne dis pas qu'elle fût oisive ; non, elle tissait. Et moi, lui montrant ce vêtement, je prenais occasion de lui dire : « Femme, tu serres trop les fils. »

UN SERVITEUR.

Nous n'avons plus d'huile dans la lampe.

STREPSIADÈS.

Malheur! Pourquoi m'avoir allumé une lampe buveuse? Viens ici, que je te fasse crier!

LE SERVITEUR.

Et pourquoi crierai-je?

STREPSIADÈS.

Parce que tu as mis une trop grosse mèche... Après cela,

lorsque nous arriva ce fils qui est là, nous nous disputâmes, moi et mon excellente femme, au sujet du nom qu'il porterait. Elle voulait qu'il y eût du cheval dans son nom : « Xanthippos, Khærippos, Kallippidès ». Enfin, au bout de quelque temps, nous fîmes un arrangement, et nous le nommâmes « Phidippidès ». Elle, embrassant son fils, le caressait : « Quand tu seras grand, tu conduiras un char à travers la ville, comme Mégaklès, et vêtu d'une belle robe. » Moi, je disais : « Quand donc feras-tu descendre tes chèvres du mont Phelleus, comme ton père, vêtu d'une peau de bique ? » Mais il n'écoutait pas mes discours, et sa passion pour le cheval a coulé mon avoir. Maintenant, durant cette nuit, à force d'y songer, j'ai trouvé un expédient merveilleux qui, si je puis le convaincre, sera pour moi le salut. Mais je veux d'abord l'éveiller. Seulement, comment l'éveiller le plus doucement possible ? Comment ?... Phidippidès, mon petit Phidippidès !

PHIDIPPIDÈS.

Quoi, mon père ?

STREPSIADÈS.

Un baiser, et donne-moi la main.

PHIDIPPIDÈS.

Voici. Qu'y a-t-il ?

STREPSIADÈS.

Dis-moi, m'aimes-tu ?

PHIDIPPIDÈS.

J'en jure par Poséidôn, dieu des chevaux !

STREPSIADÈS.

Non, non, pas de ce dieu des chevaux! C'est lui qui est la cause de mes malheurs. Mais si tu m'aimes réellement et de tout cœur, ô mon enfant, suis mon conseil.

PHIDIPPIDÈS.

Et en quoi faut-il que je suive ton conseil?

STREPSIADÈS.

Change au plus tôt de conduite, et va prendre des leçons où je t'indiquerai.

PHIDIPPIDÈS.

Parle, qu'ordonnes-tu?

STREPSIADÈS.

Et tu obéiras?

PHIDIPPIDÈS.

J'obéirai, j'en jure par Dionysos.

STREPSIADÈS.

Regarde de ce côté. Vois-tu cette petite porte et cette petite maison?

PHIDIPPIDÈS.

Je les vois; mais, mon père, qu'est-ce que cela veut dire?

STREPSIADÈS.

C'est le philosophoir des âmes sages. Là sont logés des hommes qui disent et démontrent que le ciel est un étouffoir, dont nous sommes entourés, et nous, des charbons. Ils enseignent, si on leur donne de l'argent, à gagner les causes justes ou injustes.

PHIDIPPIDÈS.

Qui sont-ils ?

STREPSIADÈS.

Je ne sais pas exactement leur nom. Ce sont de profonds penseurs, beaux et bons.

PHIDIPPIDÈS.

Ah! oui, les misérables, je les connais. Ce sont des charlatans, des hommes pâles, des va-nu-pieds, que tu veux dire, et, parmi eux, ce maudit Sokratès et Khæréphôn.

STREPSIADÈS.

Hé! hé! tais-toi! ne dis pas de bêtises. Si tu as souci des orges paternelles, deviens l'un d'eux, et lâche-moi l'équitation.

PHIDIPPIDÈS.

Oh! non, par Dionysos! quand tu me donnerais les faisans que nourrit Léogoras.

STREPSIADÈS.

Vas-y, je t'en supplie, ô toi, l'homme le plus cher à mon cœur. Entre à leur école.

PHIDIPPIDÈS.

Et qu'est-ce que je t'y apprendrai ?

STREPSIADÈS.

Ils disent qu'il y a deux raisonnements : le supérieur

et l'inférieur. Ils prétendent que, par le moyen de l'un de ces deux raisonnements, c'est-à-dire de l'inférieur, on gagne les causes injustes. Si donc tu m'y apprenais ce raisonnement injuste, de toutes les dettes que j'ai contractées pour toi, je ne paierais une obole à personne.

PHIDIPPIDÈS.

Je n'y saurais consentir : je n'oserais pas regarder les cavaliers avec ma face jaune et maigre.

STREPSIADÈS.

Alors, par Dèmètèr, vous ne mangerez plus mon bien, ni toi, ni ton attelage, ni ton cheval. Je te chasse de ma maison et je t'envoie aux corbeaux marqué au Σ.

PHIDIPPIDÈS.

Mon oncle Mégaklès ne me laissera pas sans monture. Je vais chez lui, et je me moque de toi.

STREPSIADÈS.

Eh bien, moi, pour une chute, je ne reste point par terre. Mais j'invoquerai les dieux et j'irai moi-même au philosophoir. Seulement, vieux comme je suis, sans mémoire et l'esprit lent, comment apprendrai-je les broutilles de leurs raisonnements raffinés? Il faut y aller. Pourquoi hésiter encore et ne pas frapper à la porte?... Enfant, petit enfant!

UN DISCIPLE.

Va-t'en aux corbeaux! Qui frappe à la porte?

STREPSIADÈS.

Le fils de Phidôn, Strepsiadès du dême de Kikynna.

LE DISCIPLE.

De par Zeus! tu dois être un grossier personnage, toi qui donnes à la porte un coup de pied si brutal, et qui fais avorter la conception de ma pensée.

STREPSIADÈS.

Pardonne-moi, car j'habite loin dans la campagne; mais dis-moi la chose avortée.

LE DISCIPLE.

Il n'est permis de la dire qu'aux disciples.

STREPSIADÈS.

Dis-la-moi donc sans crainte, car je viens comme disciple au philosophoir.

LE DISCIPLE.

Je la dirai; mais songe donc que ce sont des mystères. Sokratès demandait tout à l'heure à Khæréphôn combien de fois une puce saute la longueur de ses pattes. Elle avait piqué Khæréphôn au sourcil, et de là elle était sautée sur la tête de Sokratès.

STREPSIADÈS.

Et comment a-t-il mesuré cela?

LE DISCIPLE.

Très adroitement. Il a fait fondre de la cire, puis il a pris la puce, et il lui a trempé les pattes dedans. La cire refroidie a fait à la puce des souliers persiques; en les déchaussant, il a mesuré l'espace.

STREPSIADÈS.

O Zeus souverain, quelle finesse d'esprit!

LE DISCIPLE.

Que serait-ce, si tu apprenais une autre invention de Sokratès?

STREPSIADÈS.

Laquelle? Je t'en prie, dis-la-moi?

LE DISCIPLE.

Khæréphôn, du dême de Sphattos, lui demandait s'il pensait que le bourdonnement des cousins vînt de la trompe ou du derrière.

STREPSIADÈS.

Et qu'a-t-il dit au sujet du cousin?

LE DISCIPLE.

Il a dit que l'intestin du cousin est étroit; et que, à cause de cette étroitesse, l'air est poussé tout de suite avec force vers le derrière; ensuite, l'ouverture de derrière communiquant avec l'intestin, le derrière résonne par la force de l'air.

STREPSIADÈS.

Ainsi le derrière des cousins est une trompette. Trois fois heureux l'auteur de cette découverte! Il doit être facile d'échapper à une poursuite en justice, quand on connaît à fond l'intestin du cousin.

LE DISCIPLE.

Dernièrement il fut détourné d'une haute pensée par un lézard.

STREPSIADÈS.

De quelle manière? Dis-moi.

LE DISCIPLE.

Il observait le cours de la lune et ses révolutions, la tête en l'air, la bouche ouverte; un lézard, du haut du toit, pendant la nuit, lui envoya sa fiente.

STREPSIADÈS.

Il est amusant ce lézard, qui fait dans la bouche de Sokratès!

LE DISCIPLE.

Hier, nous n'avions pas à souper pour le soir.

STREPSIADÈS.

Eh bien! qu'imagina-t-il pour avoir des vivres?

LE DISCIPLE.

Il étend sur la table une légère couche de cendre, courbe une tige de fer, prend un fil à plomb, et de la palestre il enlève un manteau.

STREPSIADÈS.

Et nous admirons le célèbre Thalès! Ouvre-moi, ouvre vite le philosophoir; et fais-moi voir au plus tôt Sokratès. J'ai hâte d'être son disciple. Mais ouvre donc la porte. O Hèraklès! de quels pays sont ces animaux?

LE DISCIPLE.

Qu'est-ce qui t'étonne ? A quoi trouves-tu qu'ils ressemblent ?

STREPSIADÈS.

Aux prisonniers de Pylos, aux Lakoniens. Mais pourquoi regardent-ils ainsi la terre ?

LE DISCIPLE.

Ils cherchent ce qui est sous la terre.

STREPSIADÈS.

Ils cherchent donc des oignons. Ne vous donnez pas maintenant tant de peine ; je sais, moi, où il y en a de gros et de beaux. Mais que font ceux-ci tellement courbés ?

LE DISCIPLE.

Ils sondent les abîmes du Tartaros.

STREPSIADÈS.

Et leur derrière, qu'a-t-il à regarder le ciel ?

LE DISCIPLE.

Il apprend aussi pour son compte à faire de l'astronomie... Mais rentrez, de peur que le maître ne vous surprenne.

STREPSIADÈS.

Pas encore, pas encore : qu'ils restent, afin que je leur communique une petite affaire.

LE DISCIPLE.

Mais ils ne peuvent pas demeurer trop longtemps à l'air et dehors.

STREPSIADÈS.

Au nom des dieux, qu'est ceci? Dis-moi.

LE DISCIPLE.

L'astronomie.

STREPSIADÈS.

Et cela?

LE DISCIPLE.

La géométrie.

STREPSIADÈS.

A quoi cela sert-il?

LE DISCIPLE.

A mesurer la terre.

STREPSIADÈS.

Celle qui se partage au sort?

LE DISCIPLE.

Non; la terre entière.

STREPSIADÈS.

C'est charmant ce que tu dis là : voilà une invention populaire et utile!

LE DISCIPLE.

Tiens, voici la surface de la terre entière : vois-tu? Ici, c'est Athènes.

STREPSIADÈS.

Que dis-tu? Je ne te crois pas; je n'y vois point de juges en séance.

LE DISCIPLE.

C'est pourtant réellement le territoire Attique.

STREPSIADÈS.

Et où sont mes concitoyens de Kikynna?

LE DISCIPLE.

C'est ici qu'ils habitent. Voici l'Eubœa, tu vois, cette terre qui s'étend en longueur infinie.

STREPSIADÈS.

Je vois : nous l'avons pressurée, nous et Périklès. Mais où est Lakédæmôn?

LE DISCIPLE.

Où elle est? Ici.

STREPSIADÈS.

Comme c'est près de nous! Songez-y bien, éloignez-la de nous à la plus grande distance possible.

LE DISCIPLE.

Il n'y a pas moyen.

STREPSIADÈS.

Par Zeus! vous en gémirez. Mais quel est donc cet homme juché dans un panier?

LE DISCIPLE.

Lui.

STREPSIADÈS.

Qui, lui?

LE DISCIPLE.

Sokratès.

STREPSIADÈS.

Sokratès! Voyons, toi, appelle-le-moi donc bien fort.

LE DISCIPLE.

Appelle-le toi-même. Moi, je n'en ai pas le temps.

STREPSIADÈS.

Sokratès, mon petit Sokratès!

SOKRATÈS.

Pourquoi m'appelles-tu, être éphémère?

STREPSIADÈS.

Et d'abord que fais-tu là? Je t'en prie, dis-le-moi.

SOKRATÈS.

Je marche dans les airs et je contemple le soleil.

STREPSIADÈS.

Alors c'est du haut de ton panier que tu regardes les dieux, et non pas de la terre, si toutefois...

SOKRATÈS.

Je ne pourrais jamais pénétrer nettement dans les choses d'en haut, si je ne suspendais mon esprit, et si je ne mêlais la subtilité de ma pensée avec l'air similaire. Si, demeurant à terre, je regardais d'en bas les choses d'en haut, je ne découvrirais rien. Car la terre attire à elle l'humidité de la pensée. C'est précisément ce qui arrive au cresson.

STREPSIADÈS.

Que dis-tu? Ta pensée attire l'humidité sur le cresson? Mais maintenant descends, mon petit Sokratès, afin de m'enseigner les choses pour lesquelles je suis venu.

SOKRATÈS.

Pourquoi es-tu venu?

STREPSIADÈS.

Je veux apprendre à parler. Les prêteurs à intérêts, race intraitable, me poursuivent, me harcèlent, se nantissent de mon bien.

SOKRATÈS.

Comment t'es-tu donc endetté sans le savoir?

STREPSIADÈS.

C'est l'hippomanie qui m'a ruiné, maladie dévorante. Mais enseigne-moi l'un de tes deux raisonnements, celui qui sert à ne pas payer, et, quel que soit le salaire, je jure par les dieux de te le payer.

SOKRATÈS.

Par quels dieux jures-tu? D'abord les dieux ne sont pas chez nous une monnaie courante.

STREPSIADÈS.

Par quoi jurez-vous donc? Est-ce par de la monnaie de fer, comme à Byzantion?

SOKRATÈS.

Veux-tu connaître nettement les choses célestes, ce qu'elles sont au juste ?

STREPSIADÈS.

Oui, par Zeus ! si elles sont.

SOKRATÈS.

Et converser avec les Nuées, nos divinités ?

STREPSIADÈS.

Assurément.

SOKRATÈS.

Assois-toi donc sur la banquette sainte.

STREPSIADÈS.

Voilà, je suis assis.

SOKRATÈS.

Maintenant prends cette couronne.

STREPSIADÈS.

A quoi bon une couronne ? Malheur à moi, Sokratès ! Est-ce que vous allez me sacrifier comme Athamas ?

SOKRATÈS.

Non ; c'est tout ce que nous faisons aux initiés.

STREPSIADÈS.

Eh bien, qu'y gagnerai-je ?

SOKRATÈS.

D'être un roué en fait de langage, une cliquette, une fleur de farine. Seulement, ne bouge pas.

STREPSIADÈS.

Par Zeus! tu ne mens pas! Saupoudré comme je suis, je vais devenir fleur de farine.

SOKRATÈS.

Il faut que ce vieillard observe le silence et qu'il écoute la prière : « Souverain maître, Air immense, qui enveloppes la terre de toutes parts, Æther brillant, et vous, Nuées, vénérables déesses, mères du tonnerre et de la foudre, levez-vous, ô souveraines, apparaissez au penseur dans les régions supérieures! »

STREPSIADÈS.

Pas encore, pas encore; pas avant que je me sois enveloppé de ce manteau, de peur d'être inondé. N'avoir pas pris, en sortant de chez moi, une casquette de peau de chien, quelle malechance!

SOKRATÈS.

Venez, ô Nuées vénérées, vous manifester à cet homme, soit que vous occupiez les cimes sacrées de l'Olympos, battues par les neiges, soit que dans les jardins de votre père Okéanos vous formiez un chœur sacré avec les Nymphés, soit que, aux bouches du Nilos, vous puisiez des eaux dans des cornes d'or, que vous résidiez aux Palus Mæotides ou sur le rocher neigeux du Mimas, écoutez-nous, accueillez notre sacrifice, et que nos cérémonies vous fassent plaisir.

LE CHOEUR.

Nuées éternelles, élevons-nous, en rosée transparente et légère, du sein de notre père Okéanos aux bruissements profonds, jusqu'aux sommets des monts couronnés de forêts, afin de découvrir les horizons lointains, les fruits qui ornent la Terre sacrée, le cours sonore des fleuves divins, et la Mer aux mugissements sourds ; car l'œil de l'Æther brille sans relâche de rayons éclatants. Mais dissipons le voile pluvieux qui cache nos figures immortelles, et embrassons le monde de notre regard illimité.

SOKRATÈS.

O Nuées très vénérables, il est certain que vous avez entendu mon appel. Et toi, as-tu entendu leur voix divine avec le mugissement du tonnerre ?

STREPSIADÈS.

Moi aussi je vous révère, Nuées respectables, et je veux répondre au bruit du tonnerre, tant il m'a causé de tremblement et d'effroi. Aussi, tout de suite, permis ou non, je lâche tout.

SOKRATÈS.

Ne raille pas et ne fais pas comme les poètes que grise

la vendange. Sois silencieux : un nombreux essaim de déesses s'avance en chantant.

LE CHOEUR, *se rapprochant de la scène.*

Vierges dispensatrices des pluies, allons vers la terre féconde de Pallas, voyons le royaume de Kékrops, riche en grands hommes et mille fois aimé. Là se trouve le culte des initiations sacrées, le sanctuaire mystique des cérémonies saintes, les offrandes aux divinités célestes, les temples magnifiques et les statues, les processions trois fois saintes des bienheureux, victimes couronnées immolées aux dieux; les festins dans toutes les saisons; et là, au renouveau, la fête de Bromios, les chants mélodieux des chœurs et la musique des flûtes frémissantes.

STREPSIADÈS.

Au nom de Zeus, je t'en prie, dis-moi, Sokratès, quelles sont ces femmes qui font entendre un chant si respectable? Sont-ce quelques héroïnes?

SOKRATÈS.

Pas du tout; mais les Nuées célestes, grandes divinités des hommes oisifs, qui nous suggèrent pensée, parole, intelligence, charlatanisme, loquacité, ruse, compréhension.

STREPSIADÈS.

C'est pour cela qu'en écoutant leur voix, mon âme

se sent des ailes; elle cherche à épiloguer, à ergoter sur de la fumée, à coudre trait d'esprit à trait d'esprit, pour riposter à l'autre raisonnement. De telle sorte que, s'il est possible, je souhaite vivement de les voir en personne.

SOKRATÈS.

Eh bien, regarde du côté de la Parnès. Je les vois descendre lentement par là.

STREPSIADÈS.

Où donc? Montre-moi.

SOKRATÈS.

Elles s'avancent en grand nombre, à travers les cavités et les bois, sur une ligne oblique.

STREPSIADÈS.

Qu'est-ce donc? Je ne les vois pas.

SOKRATÈS.

Là, à l'entrée.

STREPSIADÈS.

Ah! oui, maintenant un peu, par là.

SOKRATÈS.

Tu dois maintenant les voir tout à fait, à moins que tu n'aies une coloquinte de chassie.

STREPSIADÈS.

Oui, par Zeus! O vénérables divinités, elles remplissent toute la scène.

SOKRATÈS.

Et cependant tu ne savais pas, tu ne croyais pas que ce fussent des déesses ?

STREPSIADÈS.

Non, par Zeus! mais je me figurais que c'était du brouillard, de la rosée, de la fumée.

SOKRATÈS.

Non, non, par Zeus! Sache que ce sont elles qui nourrissent une foule de sophistes, des devins de Thourion, des empiriques, des oisifs à bagues qui vont au bout des ongles et à longs cheveux, des fabricants de chants pour les chœurs cycliques, des tireurs d'horoscopes, fainéants, dont elles nourrissent l'oisiveté, parce qu'ils les chantent.

STREPSIADÈS.

Voilà pourquoi ils chantent « le rapide essor des Nuées humides qui lancent des éclairs, les tresses du Typhôn aux cent têtes, les tempêtes furieuses, filles de l'air, agiles oiseaux qu'un vol oblique fait nager dans les airs, torrents de pluies émanant des Nuées humides ». Et, pour prix de leurs vers, ils engloutissent des tranches salées d'énormes et bons mulets, et la chair délicate des grives.

SOKRATÈS.

Grâce à elles toutefois, et n'est-ce pas juste ?

STREPSIADÈS.

Dis-moi, comment se fait-il, si ce sont vraiment des

Nuées, qu'elles ressemblent à des mortelles? Elles ne le sont pourtant pas?

SOKRATÈS.

Alors que sont-elles donc?

STREPSIADÈS.

Je ne sais pas trop. Elles ressemblent à des flocons de laine et non à des femmes, j'en atteste Zeus, pas le moins du monde. Et celles-ci ont des nez.

SOKRATÈS.

Réponds maintenant à mes questions.

STREPSIADÈS.

Dis-moi vite ce que tu veux.

SOKRATÈS.

As-tu vu quelquefois, en regardant en l'air, une nuée semblable à un centaure, à un léopard, à un loup, à un taureau?

STREPSIADÈS.

De par Zeus! j'en ai vu. Eh bien?

SOKRATÈS.

Elles sont tout ce qu'elles veulent. Et alors, si elles voient un débauché à longue chevelure, quelqu'un de ces sauvages velus, comme le fils de Xénophantès, pour se moquer de sa manie, elles se changent en centaures.

STREPSIADÈS.

Qu'est-ce à dire? Si elles voient Simôn, le voleur des deniers cyniques, que font-elles?

SOKRATÈS.

Pour le représenter au naturel, elles deviennent tout à coup des loups.

STREPSIADÈS.

C'est donc pour cela certainement que, hier, voyant Kléonymos, qui a jeté son bouclier, à la vue de ce lâche, elles sont devenues cerfs.

SOKRATÈS.

Et maintenant, quand elles ont aperçu Klisthénès, tu vois, c'est pour cela qu'elles sont devenues femmes.

STREPSIADÈS.

Salut, ô souveraines! Aujourd'hui, si vous l'avez fait pour quelque autre, faites résonner pour moi votre voix céleste, reines toutes-puissantes.

LE CHOEUR.

Salut, vieillard des anciens jours, pourchasseur des études chères aux Muses; et toi, prêtre des plus subtiles niaiseries, dis-nous ce que tu désires. Car nous ne prêtons l'oreille à aucun des sophistes égarés dans les nuages, si ce n'est à Prodikos, à cause de sa sagesse et de son bon sens, et à toi, à cause de ta démarche fière dans les rues, ton regard dédaigneux, tes pieds nus, ta patience à supporter nombre de maux, et l'air de gravité que tu tiens de nous.

STREPSIADÈS.

O Terre, quelle voix! Qu'elle est sainte, auguste, prodigieuse!

SOKRATÈS.

C'est qu'elles seules sont déesses; tout le reste n'est que bagatelle.

STREPSIADÈS.

Mais, dis-moi, par la Terre! notre Zeus Olympien n'est-il pas dieu?

SOKRATÈS.

Quel Zeus? Trêve de plaisanteries! Il n'y a pas de Zeus.

STREPSIADÈS.

Que dis-tu? Et qui est-ce qui pleut? Dis-moi cela avant tout.

SOKRATÈS.

Ce sont elles; et je t'en donnerai de bonnes preuves. Voyons, où as-tu jamais vu pleuvoir sans Nuées? Si c'était lui, il faudrait qu'il plût par un jour serein, elles absentes.

STREPSIADÈS.

Par Apollôn! Ta parole s'applique bien à notre conversation actuelle. Autrefois je croyais bonnement que Zeus pissait dans un crible. Mais qui est-ce qui tonne? Dis-le-moi. Cela me fait trembler.

SOKRATÈS.

Elles tonnent en roulant.

STREPSIADÈS.

Comment cela, ô toi qui braves tout?

SOKRATÈS.

Lorsqu'elles sont pleines d'eau, et contraintes à se mouvoir, précipitées d'en haut violemment, avec la pluie qui les gonfle, puis alourdies, et lancées les unes contre les autres, elles se brisent et éclatent avec fracas.

STREPSIADÈS.

Mais qui donc les contraint et les emporte ? N'est-ce pas Zeus ?

SOKRATÈS.

Pas du tout, mais le Tourbillon Æthéréen.

STREPSIADÈS.

Le Tourbillon ? J'ignorais et que Zeus n'existât pas et que le Tourbillon régnât aujourd'hui à sa place. Mais tu ne m'as encore rien appris sur le bruit du tonnerre.

SOKRATÈS.

Ne m'as-tu pas entendu te dire que les Nuées étaient pleines d'eau et, tombant les unes sur les autres, font ce fracas à cause de leur densité ?

STREPSIADÈS.

Voyons, comment peut-on croire cela ?

SOKRATÈS.

Je vais te l'enseigner par ton propre exemple. Quand tu t'es rempli de viande aux Panathènæa et que tu as ensuite le ventre troublé, le désordre ne le fait-il pas résonner tout à coup ?

STREPSIADÈS.

Oui, par Apollôn! je souffre aussitôt, le trouble se met en moi; comme un tonnerre le manger éclate et fait un bruit déplorable, d'abord sourdement, pappax, pappax, puis plus fort, papapappax, et quand je fais mon cas, c'est un vrai tonnerre, papapappax, comme les Nuées.

SOKRATÈS.

Considère donc que, avec ton petit ventre, tu as fait un pet résonnant : n'est-il pas naturel alors que l'air qui est immense produise un bruit détonant ?

STREPSIADÈS.

En effet, les mots « bruit détonant » et « pet résonnant » ont entre eux quelque ressemblance. Mais la foudre, d'où lui vient son étincelle de feu, dis-le-moi, qui tantôt nous frappe et nous consume, tantôt laisse vivants ceux qu'elle a effleurés? Il est évident que c'est Zeus qui la lance sur les parjures.

SOKRATÈS.

Mais comment, sot que tu es, toi qui sens l'âge de Kronos, plus vieux que le pain et la lune, s'il frappait les parjures, comment n'aurait-il pas foudroyé Simôn, Kléonymos, Théoros? Ce sont pourtant bien des parjures. Mais il frappe ses propres temples et Sounion, le cap de l'Attique, et les grands chênes.

STREPSIADÈS.

Je ne sais; mais tu sembles avoir raison. Qu'est-ce donc alors que la foudre?

SOKRATÈS.

Lorsqu'un vent sec s'élève vers les Nuées et s'y enferme, il en gonfle l'intérieur comme une vessie ; ensuite, par une force fatale il les crève, s'échappe au dehors avec violence, en raison de la densité, et s'enflamme lui-même par la fougue de son élan.

STREPSIADÈS.

Par Zeus ! la même chose tout à fait m'est arrivée un jour aux Diasia : je faisais cuire pour ma famille un ventre de truie ; je néglige de le fendre ; il se gonfle, éclate tout à coup, me débonde dans les yeux et me brûle le visage.

LE CHOEUR.

Homme, qui as désiré apprendre de nous la grande sagesse, tu seras très heureux parmi les Athéniens et les Hellènes, si tu as de la mémoire, de la réflexion, et de la patience dans l'âme ; si tu ne te lasses ni de rester debout, ni de marcher, ni d'endurer la rigueur du froid ; si tu ne désires pas te mettre à table ; si tu t'abstiens de vin, des gymnases et des autres folies ; si tu regardes comme le meilleur de tout, ainsi qu'il convient à un homme sensé, d'être le premier par ta conduite, ta prudence et par la force polémique de ta langue.

STREPSIADÈS.

Pour ce qui est d'une âme forte, d'un souci qui brave l'insomnie, d'un ventre économe, qui ne s'écoute pas, et qui dîne de sarriette, sois sans crainte, pour tout cela, je servirais bravement d'enclume.

SOKRATÈS.

A l'avenir, n'est-ce pas, tu ne reconnaîtras plus d'autres dieux que ceux que nous reconnaissons nous-mêmes : le Khaos, les Nuées et la Langue, ces trois-là ?

STREPSIADÈS.

Jamais, franchement, je ne converserai avec les autres, même si je les rencontrais : pas de sacrifices, pas de libations, pas d'encens brûlé.

LE CHOEUR.

Dis-nous maintenant avec confiance ce que nous devons faire pour toi ; tu auras pleine satisfaction, si tu nous honores, si tu nous admires, et si tu veux devenir un habile homme.

STREPSIADÈS.

O Souveraines, je ne vous demande qu'une toute petite chose : c'est d'être de cent stades le plus fort des Hellènes dans l'art de parler.

LE CHOEUR.

Tu l'obtiendras de nous : désormais, à partir de ce moment, devant le peuple, personne ne fera triompher plus d'idées que toi.

STREPSIADÈS.

Je ne tiens pas à exposer de grandes idées ; ce n'est pas là que je vise, mais à retourner la justice de mon côté et à échapper à mes créanciers.

LE CHOEUR.

Tu obtiendras donc ce que tu désires; car tu ne vises pas au grand : livre-toi donc bravement à nos ministres.

STREPSIADÈS.

Je le ferai en toute confiance; car la nécessité m'y contraint, étant donnés ces chevaux marqués du Koppa, et le mariage qui m'a ruiné. Maintenant que ceux-ci fassent de moi ce qu'ils voudront : je leur livre mon corps à frapper, à lui faire endurer la faim, la soif, le chaud, le froid, à le tailler en outre, pourvu que je ne paie pas mes dettes : je consens à être aux yeux des hommes insolent, beau diseur, effronté, impudent, vil coquin, colleur de mensonges, hâbleur, rompu aux procès, table de lois, cliquette, renard, tarière, souple, dissimulé, visqueux, fanfaron, gibier à étrivières, ordure, retors, hargneux, lécheur d'écuelles. Dût-on me donner ces noms au passage, qu'ils fassent de moi ce qu'ils voudront; et, s'ils veulent, par Dèmètèr! qu'ils me servent en andouille aux penseurs.

LE CHOEUR.

Voilà une volonté! Il n'a pas peur, il a du cœur. Sache que dès que tu tiendras de moi cette science, tu auras parmi les mortels une gloire montant jusqu'aux cieux.

STREPSIADÈS.

Que m'arrivera-t-il?

LE CHOEUR.

Tout le temps avec moi tu passeras la vie la plus enviable qui soit parmi les hommes.

STREPSIADÈS.

Verrai-je jamais cela?

LE CHOEUR.

La foule ne cessera d'assiéger tes portes : on voudra t'aborder, causer avec toi d'affaires et de procès d'un grand nombre de talents, dignes des conseils de ta prudence. *(A Sokratès.)* Mais toi, commence à donner au vieillard quelqu'une de tes leçons; mets en mouvement son esprit, et fais l'épreuve de son intelligence.

SOKRATÈS.

Allons, voyons, dis-moi ton caractère, afin que, sachant qui tu es, je dirige, d'après un plan nouveau, mes machines de ton côté.

STREPSIADÈS.

Quoi donc? Songes-tu, au nom des dieux! à me battre en brèche?

SOKRATÈS.

Pas du tout, mais je veux t'adresser quelques questions. As-tu de la mémoire?

STREPSIADÈS.

C'est selon, par Zeus! Si l'on me doit, j'en ai beaucoup; mais si je dois, infortuné, je n'en ai aucune.

SOKRATÈS.

As-tu de la facilité naturelle à parler?

STREPSIADÈS.

A parler, non; mais à voler, oui.

SOKRATÈS.

Comment pourras-tu donc apprendre ?

STREPSIADÈS.

Ne t'inquiète pas; très bien.

SOKRATÈS.

Voyons maintenant; quand je te laisserai quelque sage pensée au sujet des phénomènes célestes, saisis-la vite.

STREPSIADÈS.

Quoi donc ? Happerai-je la sagesse, comme un chien ?

SOKRATÈS.

Oh! l'homme ignorant, le barbare! J'ai peur, mon vieux, que tu n'aies besoin de coups. Voyons, que ferais-tu, si l'on te battait ?

STREPSIADÈS.

On me bat; un peu après, je prends des témoins, et ensuite, après un moment de répit, je vais en justice.

SOKRATÈS.

Voyons maintenant; ôte ton manteau.

STREPSIADÈS.

Ai-je commis quelque faute ?

SOKRATÈS.

Non; mais il est prescrit d'entrer nu.

STREPSIADÈS.

Mais je n'entre pas chercher un objet volé !

SOKRATÈS.

Ote-le : pourquoi ce bavardage ?

STREPSIADÈS.

Dis-moi seulement ceci : si je suis attentif, et si j'apprends avec zèle, auquel des disciples serai-je comparable ?

SOKRATÈS.

Tu seras le portrait de Khæréphôn.

STREPSIADÈS.

Malheur à moi! J'aurai l'air d'un cadavre.

SOKRATÈS.

Pas un mot; mais suis-moi de ce côté : hâtons-nous.

STREPSIADÈS.

Mets-moi donc maintenant entre les mains un gâteau miellé : j'ai peur, en entrant là dedans, comme si je descendais dans l'antre de Trophonios.

SOKRATÈS.

Marche; pourquoi lanterner devant la porte ?

LE CHOEUR.

Va gaiement, en raison de ton ouvrage. Bonne chance à ce vieillard, que son âge avancé n'empêche pas de prendre une teinture des nouveautés à la mode, et qui s'exerce à la sagesse.

PARABASE *ou* CHOEUR.

Spectateurs, je vous dirai librement la vérité, j'en atteste Dionysos, dont je suis le nourrisson. Puissé-je être vainqueur et réputé sage, moi qui, vous regardant comme des spectateurs intelligents, et pensant que cette pièce est la meilleure de mes comédies, ai cru devoir vous la donner à goûter les premiers, vu qu'elle m'a coûté beaucoup de peine! Et pourtant je me suis retiré, vaincu par des lourdauds, sans l'avoir mérité. C'est donc ce que je vous reproche, à vous, hommes habiles, pour lesquels je me suis donné tant de mal. Et cependant jamais je ne me soustrairai à des juges intelligents comme vous l'êtes. Car depuis que dans cette réunion, à laquelle il est agréable de s'adresser, mon Modeste et mon Débauché ont été écoutés avec un plein succès, moi aussi, vierge alors et n'ayant pas encore la permission d'enfanter, j'exposai mon fruit; une autre jeune femme le recueillit, l'emporta, et vous l'avez généreusement nourri et élevé. Depuis lors votre bienveillance pour moi a eu la constance d'un serment.

Aujourd'hui, comme une autre Élektra, cette comédie paraît, cherchant à rencontrer des spectateurs aussi éclairés. Elle reconnaîtra, du premier coup d'œil, la chevelure de son frère. Voyez comme elle est réservée. Elle est la première qui ne vienne pas traînant un morceau de cuir, rouge par le bout, gros à faire rire les enfants. Elle ne se moque pas des chauves; elle ne danse pas le kordax; elle n'a pas de vieillard qui, en débitant les vers, frappe de son bâton son interlocuteur, pour dissimuler ses grossières plaisanteries; elle n'entre pas une torche à la main, en criant : « Iou! Iou! » mais elle s'avance confiante en elle-même et en ses vers. Pour moi, qui suis un poète de ce caractère, je ne porte pas la tête haute, et je ne cherche pas à vous tromper, en vous servant deux ou trois fois le même sujet : je vous apporte des pièces nouvelles de mon invention, qui ne se ressemblent point entre elles et qui sont toutes ingénieuses. Au moment de toute sa grandeur j'ai frappé Kléôn en plein ventre, mais je n'ai pas eu l'audace de le fouler aux pieds abattu. Eux, une fois que Hyperbolos a donné prise sur lui, ils ne cessent d'écraser ce malheureux, ainsi que sa mère. Eupolis le premier traîna sur la scène son Marikas; c'étaient nos Chevaliers mal retournés par une main mauvaise, avec l'addition d'une vieille ivre, qui dansait le kordax, invention surannée de Phrynikhos, et une baleine l'avalait. A son tour, Hermippos a joué Hyperbolos, et maintenant tous les autres se ruent sur Hyperbolos et m'empruntent la comparaison des anguilles. Que ceux qui rient avec eux se déplaisent à mes œuvres. Mais si vous vous amusez avec moi et avec mes pièces, on dira dans les âges à venir que vous avez bon goût.

C'est le souverain des dieux, Zeus, plein de grandeur et de toute-puissance, que j'invoque d'abord pour ce Chœur, et puis le maître magnanime du trident, remueur farouche de la Terre et de la plaine salée; et toi, notre père au grand nom, Æther vénérable, qui entretiens la vie universelle; et toi, Conducteur de coursiers, dont les rayons éblouissants embrassent l'espace terrestre, divinité grande parmi les dieux et parmi les mortels.

Très sages spectateurs, ici prêtez-nous attention. Malmenés par vous, nous vous adressons nos reproches. Plus que tous les autres dieux nous avons rendu service à votre ville, et nous sommes les seules divinités à qui vous n'offriez ni sacrifices ni libations, nous qui vous protégeons. Si l'on décrète quelque expédition insensée, nous toussons ou nous pleurons. Cet ennemi des dieux, le corroyeur paphlagonien, lorsque vous l'avez élu stratège, nous avons froncé les sourcils et manifesté notre colère : « le tonnerre bruit au milieu des éclairs », la Lune dévia de sa route, et soudain le Soleil, repliant son flambeau sur lui-même, refusa de nous luire, si Kléôn était stratège. Cependant vous l'avez élu. Aussi dit-on que la démence s'est répandue sur la ville, mais que toutefois les dieux tournent à bien vos fautes. Comment celle-ci peut facilement être utile, nous allons vous le dire. Si, convainquant ce Kléôn, vraie mouette de corruption et de vol, vous lui serrez le cou dans une travée, c'en est fait aussitôt de vos fautes passées, et les affaires de la ville remontent vers le mieux.

Viens aussi, souverain Phœbos, dieu de Dèlos, qui habites la roche escarpée du Kynthos; et toi, bienheureuse habitante du Temple d'or d'Éphésos, où les jeunes filles des Lydiens te rendent des honneurs solennels; et toi encore, Déesse de notre contrée, maîtresse de l'égide, protectrice de la ville, Athèna; et toi, qui habites la roche du Parnasse, brillant au milieu des torches agitées par les Bakkhantes de Delphœ, roi des Orgies, Dionysos.

Au moment où nous étions prêtes à partir, Sélènè nous aborde, et nous enjoint d'abord de souhaiter toute joie aux Athéniens et à leurs alliés; puis elle dit qu'elle est furieuse parce que vous l'avez indignement traitée après qu'elle vous a été utile à tous, non pas en paroles, mais en réalité. Premièrement, par mois vous n'économisez pas moins d'une drakhme de lumière; car tous ceux qui sortent le soir disent: « Enfant, n'achète pas de torches; la lueur de Sélènè est brillante. » Elle y ajoute, dit-elle, d'autres services; et vous, au lieu de compter exactement les jours, vous renversez tout du haut en bas. Aussi, les dieux l'accablent de fréquentes menaces, lorsque, frustrés du festin, ils reviennent chez eux, sans avoir eu la fête d'après l'ordre des jours. Quand il faudrait sacrifier, vous donnez la question où vous êtes en procès. Souvent, tandis que, nous autres dieux, nous jeûnons en signe de deuil pour la mort de Memnôn ou de Sarpédôn, vous vous livrez aux libations ou au rire. Voilà pourquoi Hyperbolos, élevé cette année aux fonctions de hiéromnémôn, nous, dieux, nous lui avons enlevé sa couronne. Il saura mieux désormais que c'est d'après Sélènè qu'il faut régler les jours de la vie.

SOKRATÈS.

Par la Respiration! Par le Khaos! Par l'Air, je n'ai jamais vu d'homme si grossier, si stupide, si gauche, si oublieux! Les jeux d'esprit les plus simples, il les oublie, avant même de les avoir appris. Cependant, je veux l'appeler ici à la porte, au grand jour. Où es-tu, Strepsiadès? Sors, et prends ton grabat.

STREPSIADÈS.

Mais elles ne veulent pas me le laisser apporter, les punaises!

SOKRATÈS.

Pose-le vite, et fais attention.

STREPSIADÈS.

M'y voici.

SOKRATÈS.

Voyons, que veux-tu d'abord apprendre, pour le moment, de toutes les choses que tu ignores, dis-le-moi ? Les mesures, les rhythmes, les vers ?

STREPSIADÈS.

Moi ? Les mesures : car, l'autre jour, un marchand de farine d'orge m'a trompé de deux khœnix.

SOKRATÈS.

Ce n'est pas là ce que je te demande, mais quelle mesure te paraît la plus belle, le trimètre ou le tétramètre ?

STREPSIADÈS.

Pour moi, rien n'est supérieur au demi-setier.

SOKRATÈS.

Tu dis des sottises, brave homme.

STREPSIADÈS.

Parie avec moi que le demi-setier est un tétramètre.

SOKRATÈS.

Va-t'en aux corbeaux ! Tu n'es qu'un rustre et un ignorant ! Peut-être pourras-tu mieux apprendre les rhythmes.

STREPSIADÈS.

A quoi me serviront les rhythmes pour la farine d'orge ?

SOKRATÈS.

D'abord à être aimable en société, puis à comprendre ce que sont dans les rhythmes le rhythme énoplien et le rhythme du daktyle.

STREPSIADÈS.

Du daktyle ?

SOKRATÈS.

Oui, par Zeus !

STREPSIADÈS.

Je le connais.

SOKRATÈS.

Dis alors.

STREPSIADÈS.

Quel autre cela peut-il être que ce doigt-ci. J'en ai usé, dès mon enfance, de ce doigt-là.

SOKRATÈS.

Tu es un rustre et un lourdaud.

STREPSIADÈS.

Mais, misérable, je ne désire apprendre rien de tout cela, rien.

SOKRATÈS.

Quoi donc alors ?

STREPSIADÈS.

Voici, voici ; le raisonnement le plus injuste.

SOKRATÈS.

Mais il y a d'abord, avant cela, beaucoup d'autres choses à apprendre : ainsi, parmi les quadrupèdes, quels sont vraiment les mâles ?

STREPSIADÈS.

Mais je connais les mâles, si j'ai bien ma tête; bélier, bouc, taureau, chien, coq.

SOKRATÈS.

Vois-tu ce qui t'arrive ? Tu donnes le nom de coq aussi bien à la femelle qu'au mâle.

STREPSIADÈS.

Comment donc? voyons!

SOKRATÈS.

Comment? Un coq et une coq.

STREPSIADÈS.

Par Poséidôn! mais de quel nom veux-tu que je l'appelle ?

SOKRATÈS.

« Femelle du coq » et l'autre « coq ».

STREPSIADÈS.

« Femelle du coq »! Par l'Air! voilà qui est bien. Pour cette leçon seule, je remplirais de farine d'orge, jusqu'aux bords, ton auge à pétrir.

SOKRATÈS.

Autre faute! Tu donnes la qualité de mâle à un être femelle.

STREPSIADÈS.

Comment, en la désignant, fais-je de l'auge un mâle?

SOKRATÈS.

Absolument comme quand tu dis « Kléonymos ».

STREPSIADÈS.

Comment cela? Dis-le-moi.

SOKRATÈS.

Parce que auge (kardopos) et Kléonymos sont du même genre.

STREPSIADÈS.

Mais, mon bon, Kléonymos n'avait pas d'auge à pétrir : il se servait d'un mortier rond. Enfin, comment dire?

SOKRATÈS.

Comment? « La auge », comme tu dirais « la Sostrata ».

STREPSIADÈS.

« La auge » au féminin?

SOKRATÈS.

C'est bien dit.

STREPSIADÈS.

C'est cela même : « la auge » (kardopè) comme « la Kléonymè ».

SOKRATÈS.

Maintenant il faut que tu apprennes à distinguer les noms propres masculins des féminins.

STREPSIADÈS.

Mais je connais des noms féminins.

SOKRATÈS.

Dis.

STREPSIADÈS.

Lysilla, Philinna, Klitagora, Dèmètria.

SOKRATÈS.

Et des noms masculins ?

STREPSIADÈS.

Dix mille : Philoxénos, Mélèsias, Amynias.

SOKRATÈS.

Mais, malheureux! ce ne sont pas là des noms d'hommes.

STREPSIADÈS.

Comment! Pas des noms d'hommes ?

SOKRATÈS.

Pas du tout. Comment, si cela se rencontrait, appellerais-tu Amynias ?

STREPSIADÈS.

Comment ? « Ohé, dirais-je, ici, ici, Amynia! »

SOKRATÈS.

Vois-tu? Tu appelles Amynias « Amynia », d'un nom de femme!

STREPSIADÈS.

Aussi ai-je raison, puisqu' « elle » ne va pas à l'armée. Mais à quoi sert d'apprendre ce que nous savons tous?

SOKRATÈS.

A rien, par Zeus! Mais couche-toi là.

STREPSIADÈS.

Pourquoi faire?

SOKRATÈS.

Songe un peu à tes affaires.

STREPSIADÈS.

Ah! je t'en prie, pas là. S'il le faut, laisse-moi m'étendre par terre pour rêver à tout cela.

SOKRATÈS.

Cela ne se peut pas autrement.

STREPSIADÈS.

Malheureux! Quel supplice les punaises vont m'infliger aujourd'hui!

SOKRATÈS.

Médite et réfléchis; tourne ton esprit dans tous les sens; concentre-le. Dès que tu tomberas dans le vide, bondis vers une autre idée : que le sommeil doux à l'âme soit absent de tes yeux!

STREPSIADÈS.

Aie! aie! aie! aie!

SOKRATÈS.

Qu'as-tu donc? que souffres-tu?

STREPSIADÈS.

C'est fait de moi, misérable! Du lit s'échappent des Korinthiens qui me mordent; ils me déchirent les flancs, ils me boivent l'âme, ils m'arrachent les testicules, ils me fouillent le derrière, ils me tuent.

SOKRATÈS.

Que ta douleur ne crie pas si fort!

STREPSIADÈS.

Mais comment? Envolé mon argent, envolée ma couleur, envolée ma chance, envolée ma chaussure, et, pour comble de maux, tout en chantant pendant que je monte la garde, envolé moi-même.

SOKRATÈS.

Hé! l'homme! Que fais-tu là? Ne songes-tu pas?

STREPSIADÈS.

Moi? Oui, par Poséidôn!

SOKRATÈS.

Et à quoi songes-tu?

STREPSIADÈS.

A savoir si les punaises laisseront quelque bribe de moi.

SOKRATÈS.

Va-t'en à la malheure!

STREPSIADÈS.

Mais, mon bon, la malheure est arrivée.

SOKRATÈS.

Oh! le mollasse! enveloppe-toi la tête. Il faut trouver un procédé artificieux, une ruse.

STREPSIADÈS.

Hélas! qui m'enveloppera, comme procédé artificieux, d'une peau de mouton?

———

SOKRATÈS.

Voyons maintenant! Commençons par regarder ce que fait notre homme. Hé! l'homme! Dors-tu?

STREPSIADÈS.

Par Apollôn! non, je ne dors pas.

SOKRATÈS.

Tiens-tu quelque chose?

STREPSIADÈS.

Par Zeus! rien du tout.

SOKRATÈS.

Rien absolument?

STREPSIADES.

Rien qu'un certain objet dans ma main droite.

SOKRATÈS.

Allons! couvre-toi vite, et médite.

STREPSIADÈS.

Pourquoi? Dis-le-moi, Sokratès.

SOKRATÈS.

Dis toi-même d'abord ce que tu veux trouver.

STREPSIADÈS.

Tu as entendu dix mille fois ce que je veux au sujet des intérêts, le moyen de n'en payer à personne.

SOKRATÈS.

Va donc, couvre-toi; fixe ta pensée fugitive; examine la chose par le menu, distinguant et réfléchissant.

STREPSIADÈS.

Malheureux que je suis!

SOKRATÈS.

Doucement. Si une pensée t'embarrasse, laisse-la, passe outre; puis reviens-y; remets en mouvement la même pensée, et place-la dans la balance.

STREPSIADÈS.

O mon petit Sokratès bien-aimé.

SOKRATÈS.

Qu'est-ce donc, vieillard?

STREPSIADÈS.

Au sujet des intérêts j'ai une idée ingénieuse.

SOKRATÈS.

Indique-la. Allons, dis-moi ce que c'est.

STREPSIADÈS.

Si j'achetais une femme thessalienne pour faire descendre la lune pendant la nuit! Je l'enfermerais ensuite comme un miroir dans un étui rond, et puis je la garderais.

SOKRATÈS.

A quoi cela te servirait-il?

STREPSIADÈS.

A quoi? Si désormais la lune ne se levait plus du tout, je ne paierais pas d'intérêts.

SOKRATÈS.

Comment cela?

STREPSIADÈS.

Parce que, chaque mois, on paie l'argent prêté.

SOKRATÈS.

Très bien. Mais je vais te proposer un autre tour d'adresse. Si l'on te condamnait en justice à payer cinq talents, comment annulerais-tu cet arrêt? Dis-le-moi.

STREPSIADÈS.

Comment? Comment? Je ne sais pas. Aussi faut-il chercher.

SOKRATÈS.

N'enroule pas toujours ta pensée autour de toi; mais

lâche tes idées dans l'air, donne-leur l'essor, comme à un hanneton qu'un fil retient par la patte.

STREPSIADÈS.

J'ai une annulation d'arrêt des plus ingénieuses, tu vas en convenir avec moi.

SOKRATÈS.

Laquelle?

STREPSIADÈS.

Tu as sans doute déjà vu chez les vendeurs de drogues une pierre belle, diaphane, au moyen de laquelle ils allumaient du feu?

SOKRATÈS.

C'est le cristal que tu veux dire?

STREPSIADÈS.

Oui.

SOKRATÈS.

Eh bien, qu'en ferais-tu?

STREPSIADÈS.

Je prendrais cette pierre, et quand le greffier écrirait l'arrêt, moi, debout, à l'écart, j'emploierais le soleil à fondre les lettres de ma condamnation.

SOKRATÈS.

Sagement fait, j'en atteste les Kharites!

STREPSIADÈS.

Quelle jouissance pour moi d'effacer une condamnation de cinq talents!

SOKRATÈS.

Voyons, trouve-moi vite ceci.

STREPSIADÈS.

Quoi?

SOKRATÈS.

Le moyen de retourner une condamnation contre tes adversaires, au moment même de la subir, faute de témoins.

STREPSIADÈS.

Tout ce qu'il y a de plus insignifiant, et très facile.

SOKRATÈS.

Dis donc.

STREPSIADÈS.

Eh bien, je le dis. S'il ne restait plus qu'une affaire à juger, avant qu'on appelât la mienne, je courrais me pendre.

SOKRATÈS.

Cela ne signifie rien.

STREPSIADÈS.

Mais si, de par les dieux! Personne à moi une fois mort n'enverrait d'assignation.

SOKRATÈS.

Tu déraisonnes. Va-t'en; je ne veux plus te donner de leçons.

STREPSIADÈS.

Pourquoi, Sokratès, au nom des dieux?

SOKRATÈS.

Parce que, à chaque instant, tu oublies ce qu'on t'apprend. Pour le moment, qu'est-ce que je t'ai d'abord enseigné ici? Parle.

STREPSIADÈS.

Voyons un peu! Qu'est-ce que c'était d'abord? Qu'est-ce que c'était d'abord? Qu'est-ce que c'était que la chose où l'on pétrit la farine d'orge? Malheur! Qu'est-ce que c'était?

SOKRATÈS.

Aux corbeaux et à la malheure cette vieille ganache oublieuse et stupide!

STREPSIADÈS.

Hélas! Que vais-je devenir? Je suis un homme perdu, si je n'apprends pas à bien retourner ma langue. O Nuées, donnez-moi quelque bon conseil.

LE CHOEUR.

Pour nous, ô vieillard, nous te conseillons, si tu as un fils, élevé par toi, de l'envoyer apprendre à ta place.

STREPSIADÈS.

Oui, j'ai un fils beau et bon, mais il ne veut pas apprendre. Que ferai-je?

LE CHOEUR.

Et tu le souffres?

STREPSIADÈS.

Il est plein de vigueur et de santé, et, par des femmes de haute volée, il descend de Kœsyra. Je vais le trouver. S'il ne veut pas, je n'ai plus qu'à le chasser de la maison. *(A Sokratès.)* Toi, rentre, et attends-moi un instant.

LE CHOEUR, *à Sokratès près de sortir.*

Ne vois-tu pas tous les biens que tu vas obtenir sur-le-champ de nous seules parmi les divinités ? Voilà un homme prêt à faire tout ce que tu lui ordonneras. Tu le vois. Le connaissant émerveillé, et absolument enthousiasmé, il faut le laper autant que possible, et vivement. D'ordinaire, les affaires de ce genre cèdent la place à d'autres.

STREPSIADÈS.

Non, par le Brouillard ! tu ne resteras pas ici davantage. Va manger, si tu veux, les colonnes de Mégaklès.

PHIDIPPIDÈS.

Mais, excellent père, qu'as-tu donc ? Tu n'es pas dans ton bon sens, j'en jure par Zeus Olympien !

STREPSIADÈS.

Voyez, voyez, « Zeus Olympien » ! Quelle folie ! Croire à Zeus, à ton âge !

PHIDIPPIDÈS.

D'où vient donc que tu ris ainsi ?

STREPSIADÈS.

Parce que je songe que tu es assez petit garçon pour avoir en tête ces vieilleries. Cependant approche, pour en savoir davantage; je vais te dire une chose, dont la connaissance fera de toi un homme. Seulement, n'en dis rien à personne.

PHIDIPPIDÈS.

Voyons, qu'est-ce que c'est?

STREPSIADÈS.

Tu as juré par Zeus.

PHIDIPPIDÈS.

Oui.

STREPSIADÈS.

Vois donc comme il est bon d'apprendre. Phidippidès, il n'y a pas de Zeus.

PHIDIPPIDÈS.

Qu'y a-t-il alors?

STREPSIADÈS.

C'est Tourbillon qui règne, après avoir chassé Zeus.

PHIDIPPIDÈS.

Allons donc! est-ce que tu radotes?

STREPSIADÈS.

Sache que c'est comme cela.

PHIDIPPIDÈS.

Et qui le dit?

STREPSIADÈS.

Sokratès de Mêlos, et Khæréphôn, qui connaît les sauts des puces.

PHIDIPPIDÈS.

En es-tu donc à ce point de démence, que tu croies à ces hommes bilieux?

STREPSIADÈS.

Parles-en mieux, et ne dis pas de mal de ces hommes habiles et pleins de sens, dont pas un, par économie, ne se fait jamais raser, ni ne se parfume, ni ne va aux bains pour se laver; tandis que toi, comme si j'étais mort, tu gaspilles mon avoir. Mais va-t'en au plus vite étudier à ma place.

PHIDIPPIDÈS.

Et que peut-on apprendre de bon de ces gens-là?

STREPSIADÈS.

Vraiment? Tout ce qu'il y a de sciences parmi les hommes. Tu verras combien toi-même tu es ignorant et épais. Mais attends-moi ici un instant.

PHIDIPPIDÈS.

Quel malheur! Que faire? Mon père est fou! Dois-je le faire interdire pour cause de démence, ou prévenir de sa folie les faiseurs de cercueils?

STREPSIADÈS.

Voyons un peu! Comment appelles-tu cet oiseau? Dis-le-moi.

PHIDIPPIDÈS.

Un coq.

STREPSIADÈS.

Bien. Et cette femelle?

PHIDIPPIDÈS.

Un coq.

STREPSIADÈS.

Tous les deux de même ; tu me fais rire. Ne recommence plus dorénavant, mais appelle celle-ci « femelle du coq » et cet autre « coq ».

PHIDIPPIDÈS.

« Femelle du coq » ! Ce sont là les nesses que tu viens d'apprendre chez les Fils de la Terre.

STREPSIADÈS.

Et beaucoup d'autres choses. Mais ce que j'apprenais successivement, je l'oubliais tout de suite, à cause du nombre des années.

PHIDIPPIDÈS.

Est-ce aussi pour cela que tu as perdu ton manteau ?

STREPSIADÈS.

Je ne l'ai pas perdu, mais je l'ai emphilosophé.

PHIDIPPIDÈS.

Et tes sandales, qu'en as-tu fait, pauvre insensé ?

STREPSIADÈS.

Comme Périklès, je les ai perdues pour le nécessaire. Mais viens, marche, allons ; et, si c'est pour obéir à ton père, sois en faute. Moi, quand tu n'avais encore que six ans et que tu bégayais, je t'obéissais, et la première obole que je touchai, comme juge au tribunal des hèliastes, je t'en ai acheté un petit chariot aux Diasia.

PHIDIPPIDÈS.

Oui, mais un temps viendra où tu te repentiras de ce que tu fais.

STREPSIADÈS.

Tout va bien, puisque tu obéis. Ici, ici, Sokratès! Sors, je t'amène mon fils, que voici : il ne voulait pas, mais je l'ai décidé.

SOKRATÈS.

C'est encore un enfant, peu rompu à nos paniers suspendus en l'air.

PHIDIPPIDÈS.

A toi de t'y rompre, si tu y restais pendu!

STREPSIADÈS.

Aux corbeaux! Tu insultes ton maître.

SOKRATÈS.

Ah! « Si tu y restais pendu », quelle mauvaise manière de parler, et les lèvres largement ouvertes! Comment ce jeune homme saura-t-il jamais se tirer d'un procès, citer des témoins, avoir la faculté persuasive ou dissolvante? Voilà donc ce que pour un talent enseignait Hyperbolos!

STREPSIADÈS.

Qu'importe? Instruis-le. C'est une nature philosophique. Tout petit petit enfant, il bâtissait chez nous des maisons, il sculptait des vaisseaux, il construisait des chariots de cuir, et avec des écorces de grenade il faisait des grenouilles : c'était à ravir. Apprends-lui donc les deux Raisonnements, le fort et puis le faible, qui triomphe du fort à l'aide de l'injustice : tout au moins enseigne-lui l'injuste par n'importe quel moyen.

SOKRATÈS.

Il va s'instruire en entendant les deux Raisonnements eux-mêmes.

STREPSIADÈS.

Moi, je m'en vais. Souviens-toi maintenant de le mettre en état de réfuter tout ce qui est juste.

LE JUSTE.

Viens ici, et montre-toi aux spectateurs, si impudent que tu sois.

L'INJUSTE.

Allons où tu voudras, il me sera beaucoup plus facile, en parlant devant la multitude, de t'anéantir.

LE JUSTE.

M'anéantir, toi ? Qui es-tu donc ?

L'INJUSTE.

Le Raisonnement.

LE JUSTE.

Oui, le plus faible.

L'INJUSTE.

Mais je te vaincrai, toi qui te vantes d'être le plus fort.

LE JUSTE.

Par quel art ?

L'INJUSTE.

Par la nouveauté de mes idées.

LE JUSTE.

En effet, elles fleurissent parmi les insensés.

L'INJUSTE.

Non pas; auprès des sages.

LE JUSTE.

Je te mettrai à male mort.

L'INJUSTE.

Dis-moi, en quoi faisant?

LE JUSTE.

En disant ce qui est juste.

L'INJUSTE.

Et moi je renverserai tout cela, en te contredisant. Et d'abord je soutiens absolument qu'il n'y a pas de justice.

LE JUSTE.

Pas de justice?

L'INJUSTE.

Oui; où est-elle?

LE JUSTE.

Chez les dieux.

L'INJUSTE.

Comment donc, si la justice existe, Zeus n'a-t-il pas péri pour avoir enchaîné son père?

LE JUSTE.

Eh quoi! Voilà où en est venue la perversité? Apporte-moi un bassin.

L'INJUSTE.

Tu es un vieux radoteur, un mal équilibré!

LE JUSTE.

Tu es un infâme et un éhonté!

L'INJUSTE.

Tu me couvres de roses.

LE JUSTE.

Un impie!

L'INJUSTE.

Tu me couronnes de lis.

LE JUSTE.

Un parricide!

L'INJUSTE.

Tu m'arroses d'or, sans t'en apercevoir.

LE JUSTE.

Autrefois ce n'était pas de l'or, mais du plomb.

L'INJUSTE.

Aujourd'hui, ce m'est une parure.

LE JUSTE.

Tu n'es pas mal effronté.

L'INJUSTE.

Et toi, une vraie ganache.

LE JUSTE.

C'est à cause de toi que les jeunes gens ne veulent plus fréquenter les écoles. On ne tardera pas à connaître chez les Athéniens ce que tu enseignes à des fous.

L'INJUSTE.

Tu es d'une saleté honteuse.

LE JUSTE.

Et toi dans une bonne situation; mais il n'y a pas longtemps que tu mendiais. Tu disais : « Je suis Téléphos le Mysien, » tirant de ta besace, pour les grignoter, des maximes de Pandélétos.

L'INJUSTE.

La belle sagesse...

LE JUSTE.

La belle folie...

L'INJUSTE.

Que tu nous vantes!

LE JUSTE.

Que la tienne et celle de la ville qui te nourrit, toi le corrupteur des jeunes gens.

L'INJUSTE.

Ne veux-tu pas instruire ce jeune homme, vieux Kronos?

LE JUSTE.

Sans doute, s'il faut le sauver et ne pas l'exercer seulement au bavardage.

L'INJUSTE.

Viens ici, et laisse celui-ci à sa folie!

LE JUSTE.

Je te ferai crier, si tu avances la main vers lui.

LE CHOEUR.

Trêve à cette lutte et à ces insultes. Mais fais voir, toi, ce que tu enseignais aux hommes d'autrefois; toi, ce qu'est l'éducation nouvelle. De la sorte, après vous avoir entendus tous les deux exposer le pour et le contre, il jugera quelle école il faut fréquenter.

LE JUSTE.

Je veux bien faire ainsi.

L'INJUSTE.

Moi aussi je le veux.

LE CHOEUR.

Voyons donc qui des deux parlera le premier.

L'INJUSTE.

Je lui accorde la parole; puis, quand il aura parlé, je décocherai sur lui des expressions et des pensées nouvelles. A la fin, s'il se met à grommeler, je fais de mes idées une volée de bourdons, qui lui piquent la figure et les deux yeux et le mettent à mal.

LE CHOEUR.

Maintenant, que les rivaux, confiants dans leurs procédés oratoires, dans leurs pensées, dans leurs réflexions sentencieuses, montrent lequel des deux paraîtra le plus fort dans l'art de parler. Aujourd'hui, en effet, c'est l'épreuve décisive de la philosophie, pour laquelle mes amis livrent un grand combat. Allons, toi, qui couronnas les anciens de si nobles vertus, romps le silence en faveur de l'éducation que tu aimes, et fais-nous connaître ton caractère.

LE JUSTE.

Je dirai donc l'ancienne éducation, en quoi elle consistait, lorsque florissait mon enseignement de la justice et que la prudence était en honneur. D'abord il ne fallait pas entendre un enfant souffler mot; puis ils s'avançaient en bon ordre dans les rues vers l'école du maître de musique, les cheveux longs, nus, serrés, la neige tombât-elle comme d'un tamis. Là ils apprenaient, les cuisses écartées, à chanter : « Pallas redoutable destructrice des villes » ou : « Cri retentissant au loin »; soutenant l'harmonie que leurs pères leur avaient enseignée. Si quelqu'un d'eux faisait quelque bouffonnerie ou donnait à sa voix une inflexion mélodique comme celles que les élèves de Phrynis modulent à l'opposé de la mélodie, il était châtié, roué de coups, comme insultant aux Muses. Dans la palestre, les enfants s'asseyaient les jambes allongées, de manière à ne faire voir aux voisins rien d'indécent. Aussitôt qu'ils s'étaient remis debout, ils essuyaient la place, et veillaient à ne laisser aux amants aucune empreinte de leur sexe. Pas un enfant ne se frottait d'huile au-dessous du nombril; et le milieu de leur corps florissait de rosée et de duvet comme les fruits. Nul d'entre eux, donnant à sa voix une mollesse toute féminine, ne s'avançait vers un amant, en l'attirant des yeux. Nul, au repas, ne se fût permis de prendre une tête de raifort; nul de s'emparer de l'anèthon réservé aux vieillards ou du persil; nul de manger du poisson ou des grives, nul d'avoir les pieds croisés.

L'INJUSTE.

Vieilleries contemporaines des Diopolia, des Cigales, de Kékidas, des Bouphonies!

LE JUSTE.

C'est pourtant ce qu'il en est; c'est par cette éducation que j'ai formé les héros qui combattaient à Marathôn. Mais toi, tu leur enseignes aujourd'hui à s'empaqueter tout d'abord dans des vêtements. Aussi je m'indigne, quand il leur faut danser aux Panathènæa, de les voir tenir leurs boucliers devant leur corps sans songer à Tritogénéia. Ose donc, jeune homme, me choisir, moi, le Raisonnement supérieur. Tu apprendras à détester l'Agora, à t'abstenir des bains, à avoir honte de ce qui est honteux, et, si quelqu'un te raille, à prendre feu; à te lever de ton siège au passage des vieillards, à ne rien faire de mal à tes parents, à ne commettre aucun acte indécent, car tu dois figurer la statue de la Pudeur; à ne pas courir après une danseuse, car si tu te mets à cette poursuite, une courtisane te jettera une pomme, et tu seras privé de ta réputation; à ne pas contredire ton père, à ne pas lui donner le nom de Iapétos, en reprochant son âge à ce vieillard qui t'a nourri.

L'INJUSTE.

Si tu crois, jeune homme, à tout ce qu'il te dit, par Dionysos! tu ressembleras aux fils de Hippokratès, et on t'appellera le « poupon qui tette ».

LE JUSTE.

Tu passeras ton temps, luisant et fleurant bon, dans les gymnases, ne débitant pas sur l'Agora de mauvaises pointes comme on le fait aujourd'hui; on ne te traînera pas en justice pour une méchante affaire pleine d'objections subtiles et ruineuses. Mais tu descendras à l'Akadèmia, pour courir sous les oliviers sacrés, la tête ceinte d'un roseau blanc, avec un sage compagnon de ton âge, respirant le smilax, le loisir et la jonchée blanche des peupliers... épanoui par la saison printanière, quand le platane et l'ormeau échangent leurs murmures. Si tu fais ce que je te dis, et si tu y appliques ton intelligence, tu auras toujours la poitrine grasse, le teint clair, les épaules larges, la langue courte, les fesses charnues, le pénis petit. Mais si tu t'attaches à ceux du jour, tu auras tout de suite le teint pâle, les épaules petites, la poitrine resserrée, la langue longue, les fesses petites, les parties fortes, des décrets à n'en plus finir. On te rendra prêt à croire que le honteux est honnête et que l'honnête est honteux, et tu seras, en outre, l'image de l'infamie d'Antimakhos.

LE CHOEUR.

O toi qui habites les tours élevées de la glorieuse sagesse, quel doux parfum de bon sens fleurit dans tes discours! Heureux ceux qui vivaient au temps des hommes de jadis! *(A l'Injuste.)* Quant à toi, qui possèdes les séductions du langage, il te faut trouver des idées nouvelles, car ton rival a eu du succès. Tu as besoin, ce me semble, de vigoureux arguments pour le surpasser et pour ne pas être un objet de risée.

L'INJUSTE.

Enfin! Il y a longtemps que la bile m'étouffe et que je brûle de renverser tous ces arguments par les miens. Moi, je m'entends appeler le Raisonnement inférieur par ces métaphysiciens, parce que, le premier, j'ai imaginé de contredire les lois et le droit. Mais n'est-ce pas une valeur de dix mille statères, que de prendre en main la cause la plus faible et de la gagner? Or, vois comment je ruine l'éducation dans laquelle il met sa confiance. Il dit d'abord qu'il ne te permettra pas de prendre des bains chauds. Mais quelle raison as-tu de blâmer les bains chauds?

LE JUSTE.

Parce qu'ils sont très mauvais et qu'ils amollissent l'homme.

L'INJUSTE.

Arrête! Je te tiens tout de suite à bras-le-corps, et tu ne peux échapper. Parle. Dis-moi quel est des fils de Zeus le héros à l'âme, selon toi, le plus haut placée, et qui accomplit le plus de travaux?

LE JUSTE.

Je pense qu'il n'y a pas d'homme supérieur à Hèraklès.

L'INJUSTE.

Eh bien! Où as-tu jamais vu des bains froids portant le nom de Hèraklès? Et cependant qui a été plus courageux?

LE JUSTE.

Oui, voilà, voilà bien les raisons que les jeunes gens ont, chaque jour, à la bouche pour remplir les bains et vider les palestres!

L'INJUSTE.

Tu blâmes ensuite l'habitude de l'Agora; moi, je l'approuve. Si c'était un mal, jamais Homèros n'aurait fait un harangueur de Nestôr et des autres sages. De là je passe à l'usage de la langue : il dit que les jeunes gent ne doivent pas l'exercer, moi je prétends le contraire ; il dit qu'il faut user de modestie : voilà deux principes détestables. Où as-tu jamais vu que la modestie fût un bien réel ? Parle, convaincs-moi.

LE JUSTE.

A nombre de gens. C'est ainsi que Pèleus reçut une épée.

L'INJUSTE.

Une épée ? Il y fit un joli profit, le malheureux ! Hyperbolos, au moyen de ses lampes, n'a-t-il pas gagné des milliers de talents avec sa méchanceté et non, par Zeus ! avec son épée ?

LE JUSTE.

Et cependant Pèleus, en raison de sa modestie, a épousé Thétis.

L'INJUSTE.

Qui ne tarda pas à le quitter et à disparaître; car il n'était pas un libidineux, un homme à passer toute une nuit agréable entre deux couvertures : une femme, au contraire, aime à être cajolée. Tu n'es, toi, qu'une vieille ganache. Vois donc, jeune homme, toutes les privations imposées à la modestie, tous les plaisirs dont tu dois être privé, garçons, femmes, kottabes, festins, boissons, éclats de rire. Vraiment, est-ce pour toi la peine de vivre, privé de tout cela? Mais en voilà assez. Je passe maintenant aux exigences de la nature. Tu as fait une faute, aimé, commis un adultère, et tu t'es fait prendre. Tu es perdu; car tu ne sais point parler. En suivant mes leçons, jouis de la vie, danse, ris, ne rougis de rien. On t'a surpris en adultère : affirme au mari que tu n'es pas coupable; rejette la faute sur Zeus; dis qu'il céda lui-même à l'amour et aux femmes. Comment toi, mortel, pourrais-tu faire plus qu'un dieu?

LE JUSTE.

Mais si, pour t'avoir cru, il a une rave enfoncée dans le derrière, s'il subit une épilation à la cendre chaude, pourra-t-il alléguer comme quoi il n'a pas le derrière élargi?

L'INJUSTE.

Eh! s'il a le derrière élargi, quel mal cela lui fera-t-il?

LE JUSTE.

Mais que peut-il donc lui arriver de plus fâcheux?

L'INJUSTE.

Que diras-tu, si j'ai raison contre toi?

LE JUSTE.

Je me tairai. Comment faire autrement?

L'INJUSTE.

Voyons, dis-moi, quelle espèce de gens sont les orateurs ?

LE JUSTE.

De ceux qui ont le derrière élargi.

L'INJUSTE.

Je le crois. Et les auteurs tragiques ?

LE JUSTE.

De ceux qui ont le derrière élargi.

L'INJUSTE.

Bien dit. Et les démagogues ?

LE JUSTE.

De ceux qui ont le derrière élargi.

L'INJUSTE.

Cela étant, ne reconnais-tu pas que tu ne dis que des sottises ? Et les spectateurs ? Vois de quel côté est la majorité.

LE JUSTE.

Je regarde.

L'INJUSTE.

Que vois-tu ?

LE JUSTE.

La majorité, de par les dieux! se compose de larges derrières. En voilà un que je connais; celui-là encore, et cet autre avec ses longs cheveux.

L'INJUSTE.

Eh bien, que dis-tu?

LE JUSTE.

Nous sommes vaincus, êtres infâmes. Au nom des dieux ! recevez mon manteau : je passe de votre côté. *(Ils s'en vont.)*

SOKRATÈS.

Qu'est-ce à dire? Veux-tu prendre ton fils, le remmener, ou que je l'instruise à parler?

STREPSIADÈS.

Instruis-le, châtie-le, et souviens-toi de bien lui affiler la langue, de manière qu'il ait l'une des deux mâchoires pour les petites causes et l'autre mâchoire pour les grandes affaires.

SOKRATÈS.

Sois tranquille; tu auras chez toi un sophiste habile.

STREPSIADÈS.

Pâle, je crois, et misérable. *(Ils entrent chez Sokratès.)*

LE CHŒUR.

Entrez maintenant. Je crois que tu t'en repentiras.

Ce que les juges gagneront, s'ils accordent au Chœur un appui légitime, nous voulons le dire. Et, premièrement, si vous voulez labourer vos champs, à la saison, nous pleuvrons sur vous d'abord, et sur les autres ensuite.

Puis nous garderons les fruits et les vignes de manière qu'ils ne souffrent ni de la sécheresse, ni d'une pluie excessive. Mais si un de vous, mortels, nous offense, nous déesses, qu'il songe quels maux il endurera de nous, ne recueillant ni vin, ni rien, de son champ. Quand les oliviers et les vignes pousseront, ils seront rasés, tant nous les frapperons de frondes. Si nous le voyons faire des briques, nous pleuvrons, et nous briserons sous des tas de grêle les tuiles de son toit. S'il se marie, lui, ou quelqu'un de ses parents ou de ses amis, nous pleuvrons toute la nuit, si bien qu'il aimerait mieux se trouver en Ægypte que d'avoir jugé injustement.

STREPSIADÈS. *Il sort de chez lui, chargé d'un sac de farine, et se dirige vers la porte de Sokratès.*

Cinq, quatre, trois, puis deux, et enfin celui de tous les jours que je redoute le plus, qui me fait frissonner, que je déteste, ce maudit jour de la lune vieille et nouvelle. C'est un serment fait par tous ceux à qui je dois, et qui déposent leurs assignations au tribunal des Prytanes, de me ruiner, de me perdre, malgré la modération et la justice de mes propositions : « Mon cher, ne me demande pas cela maintenant, donne-moi du temps pour cette somme, fais-moi quitte de cette autre ! » Ils prétendent qu'ainsi ils ne recevront rien ; ils m'injurient, disant que je leur fais du tort et qu'ils vont me citer devant les juges. Qu'ils me citent donc ; je m'en soucie peu, aujourd'hui que Phidippidès a appris l'art de bien parler. Je vais, du reste, m'en assurer, en frappant à la porte du philosophoir... Enfant ! holà ! Enfant, enfant !

SOKRATÈS.

Strepsiadès, bonjour.

STREPSIADÈS.

A toi aussi bonjour. Mais d'abord accepte ce sac. Il est juste de faire un joli cadeau à son maître. Et mon fils, a-t-il appris le fameux Raisonnement, ce garçon que tu as emmené tantôt?

SOKRATÈS.

Il l'a appris.

STREPSIADÈS.

Bien, ô souveraine Fourberie!

SOKRATÈS.

De sorte que tu vas gagner tous les procès que tu voudras.

STREPSIADÈS.

Quand même il y aurait des témoins que j'ai emprunté?

SOKRATÈS.

D'autant mieux, fussent-ils mille.

STREPSIADÈS.

Je crierai donc à haute voix : « Ohé! soyez maudits, peseurs d'oboles, vous, le principal, et les intérêts des intérêts! Vous ne me nuirez plus désormais. Pour moi s'élève dans cette maison un fils, dont la langue brille, à deux tranchants, mon soutien, le sauveur de la famille, le fléau de mes ennemis, le libérateur des grandes infortunes de son père. » ... Cours l'appeler de là dedans, qu'il vienne vers moi. Mon fils, mon enfant, sors de la maison; entends la voix de ton père.

SOKRATÈS.

Le voici.

STREPSIADÈS.

Ami, ami!

SOKRATÈS.

Prends ton fils, et va-t'en.

STREPSIADÈS.

O mon fils! Oh! oh! Quelle joie je goûte tout d'abord à voir ce teint! Maintenant, à te voir, tu es tout de suite un homme prêt à nier, à contredire. C'est franchement chez toi une fleur du terroir que ces mots : « Qu'as-tu à dire? » et cette apparence d'offensé quand on offense et qu'on fait tort aux autres; je vois cela. Tu as sur ton visage le regard attique. Maintenant vois à me sauver, puisque c'est toi qui m'as perdu.

PHIDIPPIDÈS.

Qu'est-ce qui te fait peur?

STREPSIADÈS.

La lune vieille et nouvelle.

PHIDIPPIDÈS.

Qu'est-ce que la lune vieille et nouvelle?

STREPSIADÈS.

Le jour où ils disent qu'ils déposeront leurs assignations au tribunal des Prytanes.

PHIDIPPIDÈS.

Adieu leurs assignations! Il n'y a pas moyen qu'un jour soit deux jours.

STREPSIADÈS.

Il n'y a pas moyen?

PHIDIPPIDÈS.

Non; à moins que la même femme ne soit en même temps vieille et jeune.

STREPSIADÈS.

Mais la loi le veut.

PHIDIPPIDÈS.

Je crois qu'ils n'en comprennent pas bien le sens.

STREPSIADÈS.

Quel en est le sens?

PHIDIPPIDÈS.

Le vieux Solôn était, de sa nature, ami du peuple.

STREPSIADÈS.

Cela ne fait rien à la lune vieille et nouvelle.

PHIDIPPIDÈS.

Celui-ci fixa deux jours pour la citation, la lune vieille et la lune nouvelle, afin que les consignations fussent déposées à la nouvelle lune.

STREPSIADÈS.

Pourquoi donc a-t-il ajouté la vieille?

PHIDIPPIDÈS.

Afin, pauvre homme, que les débiteurs assignés eussent d'abord un jour pour arranger l'affaire de gré à gré; sinon, pour qu'on redoublât les poursuites le matin même de la nouvelle lune.

STREPSIADÈS.

Pourquoi alors les magistrats ne reçoivent-ils pas les consignations le premier jour du mois, mais le jour de la vieille et nouvelle lune?

PHIDIPPIDÈS.

Ils me paraissent agir en cela comme les gourmets : afin de profiter le plus tôt possible des sommes déposées, ils avancent la dégustation d'un jour.

STREPSIADÈS.

Eh bien, pauvres sots, pourquoi restez-vous là stupidement pour notre profit à nous les sages? Vraies bornes, d'ailleurs, nombre, moutons, cruches amoncelées au hasard! Aussi faut-il qu'en mon honneur et en l'honneur de mon fils, notre bonne chance me fasse entonner un chant d'éloges : « Heureux Strepsiadès, qui es toi-même sage, et qui élèves un pareil fils! » Voilà ce que diront mes amis et mes concitoyens, jaloux de ta parole et de tes victoires dans les procès! Mais je veux d'abord te faire entrer pour prendre un bon repas.

PASIAS, *à son témoin*.

Faut-il qu'un homme sacrifie jamais quelque chose de son avoir? Non, assurément. Mais il eût mieux valu tout de suite être sans vergogne plutôt que se faire des affaires, comme moi, qui, aujourd'hui, afin d'avoir mon argent, te traîne ici pour témoigner, et qui, de plus, vais devenir l'ennemi d'un citoyen. Cependant, jamais, tant que je vivrai, je ne ferai rougir de moi ma patrie. J'appellerai donc Strepsiadès en justice...

STREPSIADÈS.

Qui est-ce?

PASIAS.

... Pour le jour de la vieille et de la nouvelle lune.

STREPSIADÈS.

Je vous prends à témoin qu'il a indiqué deux jours. Et pourquoi?

PASIAS.

Pour douze mines que tu as reçues, afin d'acheter un cheval pommelé.

STREPSIADÈS.

Un cheval? L'entendez-vous, moi qui, vous le savez tous, ai horreur de l'équitation.

PASIAS.

Et j'en atteste Zeus, tu juras par tous les dieux que tu me les rendrais.

STREPSIADÈS.

Mais, de par Zeus! mon Phidippidès n'avait pas encore appris le Raisonnement irrésistible.

PASIAS.

Et maintenant à cause de cela tu songes à nier ta dette.

STREPSIADÈS.

Effectivement, quel autre profit tirerais-je de cette science ?

PASIAS.

Et tu oserais me la nier par serment devant les dieux ?

STREPSIADÈS.

Quels dieux ?

PASIAS.

Celui que je t'indiquerai, Zeus, Hermès, Poséidôn.

STREPSIADÈS.

Zeus. Je donnerais de bon cœur un triobole pour prêter ce serment.

PASIAS.

Puisses-tu périr pour ton impudence!

STREPSIADÈS.

Il gagnerait à être salé, cet homme!

PASIAS.

Je pense que tu te moques du monde.

STREPSIADÈS.

Il tiendrait bien six kongia.

PASIAS.

Non, de par le grand Zeus et par les autres dieux! tu ne te joueras pas de moi impunément.

STREPSIADÈS.

Je suis enchanté, ravi de ces dieux. Un serment par Zeus est ridicule pour des gens instruits.

PASIAS.

Certes, un jour viendra où tu expieras ces impiétés. Mais me rendras-tu mes fonds ou non? Réponds, que je m'en aille.

STREPSIADÈS.

Sois tranquille à présent; car je vais bientôt te répondre clairement. *(Il entre dans la maison.)*

PASIAS, *à son témoin.*

Que crois-tu qu'il fasse? Crois-tu qu'il me paie?

STREPSIADÈS, *rentrant.*

Où est l'homme qui me demande de l'argent? Parle. Qu'est-ce que cela?

PASIAS.

Cela? Une auge (kardopos).

STREPSIADÈS.

Et tu me demandes de l'argent quand tu es ce que tu es? Non, je ne donnerais pas une obole à qui que ce soit qui appelle une auge « kardopos » au lieu de « kardopè ».

PASIAS.

Tu ne me paieras pas?

STREPSIADÈS.

Non pas, que je sache. Allons, finissons-en; décampe au plus vite loin de la porte.

PASIAS.

Je m'en vais, mais sache bien que je cours déposer ma consignation, ou que je meure!

STREPSIADÈS.

C'est autant de perdu en sus des douze mines. Cependant, je regrette de voir dans cette situation un homme qui se trompe sur le genre de « kardopos » et de « kardopè ».

AMYNIAS.

Hélas! quel malheur est le mien!

STREPSIADÈS.

Holà! Quel est celui qui gémit de la sorte! Ne serait-ce point quelqu'un des dieux de Karkinos?

AMYNIAS.

En quel état je suis, vous voulez le savoir? Un homme infortuné.

STREPSIADÈS.

Passe ton chemin.

AMYNIAS.

O cruel destin! O fatalité, qui as brisé les roues du char traîné par mes chevaux! O Pallas, tu m'as perdu!

STREPSIADÈS.

Quel mal t'a fait Tlèpolèmos ?

AMYNIAS.

Ne raille pas, mon ami, mais fais-moi rendre par ton fils l'argent qu'il me doit, aujourd'hui surtout que je suis tombé dans le malheur.

STREPSIADÈS.

Quel argent ?

AMYNIAS.

Celui qu'il m'a emprunté.

STREPSIADÈS.

Et de fait tu es mal en point, à ce qu'il me semble.

AMYNIAS.

Je suis tombé en lançant mes chevaux, j'en atteste les dieux.

STREPSIADÈS.

Pourquoi ces sornettes ? Tu es chu de $\begin{cases} \text{ton âne} \\ \text{ou de} \\ \text{ton âme !} \end{cases}$

AMYNIAS.

Des sornettes ! Parce que je veux ravoir mon dû ?

STREPSIADÈS.

Il n'est pas possible que tu sois sain d'esprit.

AMYNIAS.

Pourquoi ?

STREPSIADÈS.

Tu me fais l'effet d'avoir la cervelle troublée.

AMYNIAS.

Par Hermès! je te fais assigner, si tu ne me rends pas l'argent.

STREPSIADÈS.

Dis-moi, crois-tu que Zeus pleuve toujours et continûment de l'eau nouvelle, ou bien le soleil repompe-t-il la même eau de dessus la terre?

AMYNIAS.

Je ne sais pas laquelle des deux, et je n'en ai cure.

STREPSIADÈS.

Et comment est-il juste que tu me demandes de l'argent, toi qui ne sais pas un mot des choses météorologiques?

AMYNIAS.

Si tu es à court, paie-moi au moins l'intérêt de l'argent.

STREPSIADÈS.

L'intérêt! Qu'est-ce que c'est que cette bête-là?

AMYNIAS.

Qu'est-ce autre chose, sinon que mois par mois, jour par jour, de plus en plus l'argent augmente, à mesure que le temps s'écoule?

STREPSIADÈS.

Bien dit. Et puis après? Crois-tu que la mer soit beaucoup plus grande maintenant qu'autrefois?

AMYNIAS.

Non, de par Zeus! elle est la même : car il n'est pas juste qu'elle grandisse.

STREPSIADÈS.

Eh bien alors, misérable, comment, la mer ne grossissant pas des fleuves qui s'y jettent, essaies-tu, toi, de faire grossir ton argent? Ne vas-tu pas déguerpir loin de la maison? Qu'on m'apporte un bâton!

AMYNIAS.

Des témoins!

STREPSIADÈS.

Décampe! Qu'attends-tu? Tu ne cours pas, vilaine rosse?

AMYNIAS.

N'est-ce pas là une violence?

STREPSIADÈS.

Tu ne partiras pas? Je vais t'enfoncer l'aiguillon sous la croupe, porteur de longes! Te sauveras-tu? C'est moi qui t'aurais mené bon train avec tes roues et ta paire de chevaux. *(Il rentre dans la maison.)*

LE CHOEUR.

Voilà ce que c'est que de se plaire aux bassesses! Ce vieillard, qui en a la passion, veut frustrer l'argent qu'il a emprunté. Mais il est impossible qu'il ne soit pris aujourd'hui dans quelque affaire, et que ce sophiste, en retour des friponneries qu'il a mises en train, ne soit frappé d'un malheur imprévu. Je pense qu'il trouvera tout de suite ce qu'il demandait depuis longtemps, que son fils soit habile à exprimer des idées contraires à la justice, à vaincre tous ses adversaires, même en disant ce qu'il y a de plus mauvais. Mais peut-être, peut-être, voudra-t-il qu'il devienne muet.

STREPSIADÈS, *sortant précipitamment*.

Iou! iou! Voisins, parents, citoyens, au secours! On me bat! A moi, de toute votre aide! Hélas! malheureux que je suis! Oh! la tête! Oh! la mâchoire! Scélérat, tu bats ton père!

PHIDIPPIDÈS.

Oui, mon père!

STREPSIADÈS.

Vous le voyez, il avoue qu'il me bat.

PHIDIPPIDÈS.

Sans doute.

STREPSIADÈS.

Scélérat, parricide, enfonceur de murailles!

PHIDIPPIDÈS.

Répète-moi cela, répète et dis-en plus encore. Ne sais-tu pas que je prends un vif plaisir à entendre ces gros mots?

STREPSIADÈS.

O derrière à tout le monde!

PHIDIPPIDÈS.

Couvre-moi de roses.

STREPSIADÈS.

Tu bats ton père?

PHIDIPPIDÈS.

Et, par Zeus! je te prouverai que j'ai eu raison de te battre.

STREPSIADÈS.

Infâme gredin, comment peut-il y avoir une raison de battre son père?

PHIDIPPIDÈS.

Je le démontrerai et je te vaincrai par mon discours.

STREPSIADÈS.

Moi, vaincu par toi!

PHIDIPPIDÈS.

Tout ce qu'il y a de plus facile. Choisis lequel des deux Raisonnements tu veux que j'emploie.

STREPSIADÈS.

Quels deux Raisonnements?

PHIDIPPIDÈS.

Le fort et le faible.

STREPSIADÈS.

De par Zeus! je t'ai fait donner une belle éducation,

animal, en t'apprenant à contredire la justice, si tu me prouves qu'il est juste et beau que les pères soient battus par leurs fils!

PHIDIPPIDÈS.

Mais je compte pourtant te le prouver si bien que, quand tu m'auras entendu, tu n'auras rien à répondre.

STREPSIADÈS.

Allons, je veux bien entendre ce que tu vas dire.

LE CHOEUR.

C'est ton affaire, vieillard, de songer aux moyens de réduire un homme qui, s'il n'était sûr du succès, ne serait pas si insolent. Il est clair qu'il a quelque appui. Mais d'abord dis au Chœur par où a commencé votre querelle : c'est ce que tu dois faire tout de suite.

STREPSIADÈS.

Quel a été le point de départ de nos injures, je vais vous le dire. A la fin de notre repas, comme vous le savez, je l'ai engagé à prendre tout de suite sa lyre et à chanter la chanson de Simonidès sur le Bélier et sa Toison. Il me répond aussitôt que c'est vieux jeu de prendre la lyre et de chanter à table, comme une femme qui moud de l'orge.

PHIDIPPIDÈS.

Et je ne devais pas à l'instant même te battre et te piétiner, toi qui m'ordonnais de chanter comme si tu donnais à dîner à des cigales!

STREPSIADÈS.

Il m'a dit à la maison ce qu'il redit maintenant. Il ajoutait que Simonidès est un mauvais poète. J'ai de la peine à me contenir, je le fis pourtant d'abord. Alors je l'invitai à prendre une branche de myrte et à nous dire quelque chose d'Æskhylos. Il me répond tout de suite : « Je crois qu'Æskhylos est le premier des poètes, mais il est plein de fracas, incohérent, emphatique, escarpé. » Comment croyez-vous que mon cœur bondit à ces paroles ? Cependant je dis, en me mordant l'âme : « Eh bien, chante-nous quelque chose des jeunes, un joli passage. » Et lui de réciter aussitôt une tirade d'Euripidès, où un frère, qu'un dieu nous soit en aide ! viole sa propre sœur. Je ne puis plus me contenir ; je l'accable aussitôt de reproches durs et humiliants. A partir de ce moment, comme il arrive, nous nous rejetons paroles sur paroles ; il bondit sur moi, puis il me pétrit, m'étrille, m'étrangle, me broie.

PHIDIPPIDÈS.

N'avais-je pas raison ? Ne pas louer Euripidès, la sagesse même !

STREPSIADÈS.

La sagesse même ! Lui ! Ah ! si je pouvais parler ! Mais je serais encore battu.

PHIDIPPIDÈS.

Oui, par Zeus ! et je serais dans mon droit.

STREPSIADÈS.

Comment, dans ton droit ? Impudent ! C'est moi qui t'ai nourri, attentif, quand tu bégayais encore, à tout ce à quoi tu songeais. Dès que tu disais : « Brŷn, » je comprenais, et je te présentais à boire. Quand tu demandais : « Mammân, » j'arrivais et je t'apportais du pain. Je ne te donnais pas le temps de dire : « Kakkân », je te prenais, je te transférais à la porte et je te soutenais moi-même. Et toi, lorsque tu m'étranglais tout à l'heure, criant et hurlant que j'avais envie d'aller, tu n'as pas eu le cœur, scélérat, de me porter dehors, devant la porte, mais tu me serrais la gorge et je fis tout sous moi.

LE CHOEUR.

Je crois que le cœur des jeunes gens palpite du désir d'entendre ce qu'il va dire. Car si un homme qui a fait de pareilles choses, se disculpe en parlant, je n'estimerais pas la peau des vieux même un pois chiche. C'est ton affaire, remueur et lanceur de paroles nouvelles, de chercher la persuasion et de paraître t'exprimer selon la justice.

PHIDIPPIDÈS.

Qu'il est doux de vivre au milieu des nouveautés, des inventions ingénieuses, et de pouvoir mépriser les lois établies ! Et de fait, moi, quand j'avais l'esprit uniquement occupé d'équitation, je n'étais pas capable de dire trois mots sans faire une faute. Mais maintenant que cet homme a mis fin à mes goûts, et que je suis formé aux pensées subtiles, à l'art de la parole et aux méditations, je crois pouvoir prouver que j'ai le droit de châtier mon père.

STREPSIADÈS.

Retourne donc à tes chevaux, de par Zeus ! Mieux vaut pour moi nourrir l'attelage d'un quadrige que d'être battu et broyé.

PHIDIPPIDÈS.

Je reviens au point où tu m'as interrompu, et d'abord je te demanderai ceci : quand j'étais petit, me battais-tu ?

STREPSIADÈS.

Sans doute; c'était à bonne intention et pour ton bien.

PHIDIPPIDÈS.

Dis-moi, n'est-il pas juste que j'aie pour toi la même bonne intention et que je te frappe, puisque avoir une bonne intention et frapper c'est la même chose? Conviendrait-il, en effet, que ton corps fût à l'abri des coups, et le mien point? Cependant je suis libre aussi, moi. Les enfants pleurent, et les pères ne pleureraient pas, s'il fallait t'en croire? Diras-tu que la loi exige que ce châtiment soit l'affaire de l'enfance? Moi je répondrai que les vieillards sont deux fois enfants. Il est donc juste que les vieux pleurent plus que les jeunes, d'autant plus que leurs fautes sont moins excusables.

STREPSIADÈS.

Mais nulle part la loi n'exige qu'un père subisse ce traitement.

PHIDIPPIDÈS.

N'était-il donc pas homme, comme toi et moi, celui qui a, le premier, établi cette loi, dont la parole a convaincu les anciens? Pourquoi donc me serait-il moins permis, à moi, d'établir une loi nouvelle qui permît aux fils de battre leurs pères à leur tour? Tous les coups que nous avons reçus avant l'établissement de cette loi, nous vous en faisons grâce et nous vous accordons d'avoir été impunément battus. Mais vois les coqs et les autres animaux, comme ils se défendent contre leurs pères. Cependant en quoi diffèrent-ils de nous, sinon qu'ils ne rédigent pas de décrets?

STREPSIADÈS.

Eh bien, puisque tu imites les coqs en tout, pourquoi ne manges-tu pas du fumier et ne dors-tu pas sur un perchoir ?

PHIDIPPIDÈS.

Ce n'est pas la même chose, cher père; et Sokratès ne l'admettrait pas.

STREPSIADÈS.

Alors ne frappe pas. Sinon, quelque jour tu t'accuseras toi-même.

PHIDIPPIDÈS.

Comment cela ?

STREPSIADÈS.

Puisqu'il est juste que je te châtie, tu en feras autant à ton fils, si tu en as un.

PHIDIPPIDÈS.

Et si je n'en ai pas, c'est en vain que j'aurai pleuré, et tu me riras au nez en mourant.

STREPSIADÈS.

Vraiment, hommes de mon âge, il me fait l'effet d'avoir raison : et moi-même je crois devoir leur accorder ce qui est juste. Il est équitable que nous pleurions, si nous agissons mal.

PHIDIPPIDÈS.

Examine encore cette autre raison.

STREPSIADÈS.

Je suis un homme mort.

PHIDIPPIDÈS.

Peut-être ne seras-tu pas fâché d'avoir passé par où tu as passé.

STREPSIADÈS.

Comment cela ? Dis-moi, quel avantage en retireras-tu ?

PHIDIPPIDÈS.

Je battrai ma mère de la même manière que toi.

STREPSIADÈS.

Que dis-tu là ? Voilà qui est bien pire encore !

PHIDIPPIDÈS.

Qu'est-ce à dire, si, à l'aide du Raisonnement faible, je te prouve que j'ai raison de battre ma mère ?

STREPSIADÈS.

Rien, sinon que, après avoir fait cela, tu n'auras plus qu'à te jeter dans le Barathron, toi, Sokratès et le Raisonnement faible. Voilà, Nuées, ce que j'endure, pour vous avoir commis toutes mes affaires !

LE CHOEUR.

C'est bien toi qui t'es attiré cela, te tournant vers le mal.

STREPSIADÈS.

Pourquoi donc ne me le disiez-vous pas, au lieu d'abuser un homme campagnard et vieux ?

LE CHOEUR.

C'est ce que nous faisons constamment avec les gens que nous savons portés vers les choses mauvaises, jusqu'à ce que nous les lancions dans quelque infortune qui leur apprenne à craindre les dieux.

STREPSIADÈS.

Hélas! C'est dur, ô Nuées, mais juste... Il ne fallait pas frustrer mes créanciers de ce qui leur était dû. Maintenant, mon cher fils, avisons au moyen d'aller mettre à mal ce coquin de Khæréphôn ainsi que Sokratès, qui nous ont trompés, toi et moi.

PHIDIPPIDÈS.

Mais je ne veux pas maltraiter mes maîtres.

STREPSIADÈS.

Oui, oui; mais respecte Zeus Paternel.

PHIDIPPIDÈS.

Zeus Paternel! Que tu es arriéré. Est-ce qu'il y a un Zeus?

STREPSIADÈS.

Il y en a un.

PHIDIPPIDÈS.

Mais non, il n'y en a pas, puisque c'est le Tourbillon qui règne, après avoir chassé Zeus.

STREPSIADÈS.

Non, il ne l'a pas chassé. Seulement je le croyais, à

cause du Tourbillon qui est là. Insensé que j'étais. J'ai pris ce vase d'argile pour un dieu.

PHIDIPPIDÈS.

Eh bien, déraisonne et extravague à ton aise. *(Il s'en va.)*

STREPSIADÈS.

Malheureux que je suis. Quel délire! Que j'étais donc fou de rejeter les dieux, sur la foi de Sokratès. Mais, ô cher Hermès, ne sois pas irrité contre moi, ne m'écrase pas; au contraire, pardonne à un homme égaré par leurs bavardages. Deviens mon conseiller, soit pour leur intenter un procès, soit pour prendre tel parti qu'il te conviendra... Oui, tu m'engages avec raison à ne pas faire un procès, mais à mettre le feu, le plus tôt possible, à cette maison de fous. J'ai, ici, Xanthias; viens, prends une échelle, apporte une hache, monte ensuite sur le philosophoir, et, si tu aimes ton maître, abats le toit, jusqu'à ce que la maison s'écroule sur eux. Puis, que l'on m'apporte une torche allumée, et, dès ce moment même, je me ferai justice, quoique ce soient de fameux hâbleurs.

PREMIER DISCIPLE.

Hé! hé!

STREPSIADÈS.

Fais ton œuvre, ô torche! jette une vive flamme!

PREMIER DISCIPLE.

Hé! l'homme! Que fais-tu?

STREPSIADÈS.

Ce que je fais? Mais rien qu'un dialogue subtil avec les poutres de la maison.

DEUXIÈME DISCIPLE.

Malheur à moi! Qui met le feu à notre maison?

STREPSIADÈS.

Celui à qui vous avez pris son manteau.

DEUXIÈME DISCIPLE.

Tu nous tues, tu nous tues!

STREPSIADÈS.

C'est justement ce que je veux, pourvu que la hache ne trahisse pas mes espérances, et qu'auparavant je ne me casse pas le cou, en tombant.

SOKRATÈS.

Hé! l'homme! Qu'est-ce que tu fais donc réellement, toi qui es sur le toit?

STREPSIADÈS.

Je marche dans les airs, et je contemple le soleil.

SOKRATÈS.

Malheur à moi! Je vais misérablement étouffer!

KHÆRÉPHÔN.

Et moi infortuné, j'ai l'infortune d'être rôti!

STREPSIADÈS.

Pourquoi insultiez-vous les dieux et contempliez-vous le séjour de la Lune ?...

Poursuis, frappe, détruis! Ils ont eu bien des torts, et surtout celui que tu sais d'avoir manqué aux dieux.

LE CHOEUR.

Retirez-vous! Le Chœur nous paraît avoir assez figuré aujourd'hui.

FIN DES NUÉES

LES GUÊPES

(L'AN 423 AVANT J.-C.)

Cette pièce est une satire contre la corporation des juges, et la manie des procès, qui avait été singulièrement développée par une loi de Périclès, étendue par Cléon, et attribuant trois oboles à chaque juge. Philocléon *(qui aime Cléon)* est un vieux juge maniaque, ne rêvant que tribunaux et jugements. Son fils Bdélycléon *(qui déteste Cléon)* le tient enfermé et le fait surveiller par deux esclaves. Pendant que ses gardiens sont de faction à la porte, Philocléon essaie de s'évader par la fenêtre. Bientôt les juges, ses confrères, travestis en guêpes, — d'où le titre de la pièce, — défilent avec des lanternes pour se rendre au tribunal avant le jour. Ils veulent arracher Philocléon aux mains de ses geôliers. Après une longue conversation, Bdélycléon décide son père à rester chez lui pour y faire le procès du chien Labès qui a mangé un fromage de Sicile. A la fin de la pièce nous voyons Philocléon, conseillé par son fils, abjurer son rigorisme, devenir libertin, tapageur, aussi entêté dans ses désordres que dans sa manie de juger.

PERSONNAGES DU DRAME

SOSIAS. \
XANTHIAS. } Esclaves de Philokléôn.

BDÉLYKLÉÔN.

PHILOKLÉÔN.

CHŒUR DE VIEILLARDS travestis en GUÊPES.

ENFANTS.

UN CHIEN.

UNE BOULANGÈRE.

UN ACCUSATEUR.

UN COQ. \
UNE COURTISANE. \
KHÆRÉPHÔN. } Personnages muets. \
UN TÉMOIN.

La scène est à Athènes, dans la maison de Philokléôn.
L'action commence au point du jour.

LES GUÊPES

SOSIAS.

Holà! hé! Que fais-tu là, infortuné Xanthias?

XANTHIAS.

J'essaie une diversion à ma garde de nuit.

SOSIAS.

Tes côtes ont donc encouru quelque grand châtiment? Ne sais-tu pas quel animal nous gardons là?

XANTHIAS.

Je le sais; mais j'ai envie de dormir un peu.

SOSIAS.

Cours-en donc le risque, d'autant que, moi aussi, je sens sur mes paupières se répandre un doux sommeil.

XANTHIAS.

Es-tu fou réellement, ou délires-tu comme les Korybantes?

SOSIAS.

Non, mais je suis pris d'un sommeil émanant de Sabazios.

XANTHIAS.

Comme moi tu adores donc Sabazios; car tout à l'heure a fondu en vrai Mède, sur mes paupières, un sommeil alourdissant, et j'ai vu récemment un songe merveilleux.

SOSIAS.

Et moi, vraiment, j'en ai eu un tel que je n'en vis jamais. Mais toi, parle le premier.

XANTHIAS.

Il m'a semblé voir un aigle d'une taille énorme s'abattre sur l'Agora, saisir dans ses serres un bouclier d'airain, l'emporter jusqu'au ciel, et puis ce bouclier tomber des mains de Kléonymos.

SOSIAS.

Ce Kléonymos ne diffère donc en rien d'un logogriphe.

XANTHIAS.

Pourquoi cela?

SOSIAS.

Quelqu'un des convives demandera comment le même monstre a perdu son bouclier sur la terre, dans le ciel et dans la mer.

XANTHIAS.

Hélas! Quel malheur va-t-il m'arriver après la vue d'un pareil songe?

SOSIAS.

Ne t'inquiète pas. Il ne t'arrivera rien de terrible, j'en atteste les dieux.

XANTHIAS.

C'est cependant quelque chose de terrible qu'un homme qui jette ses armes. Mais à toi de me dire le tien.

SOSIAS.

Il a de l'importance : il s'y agit du vaisseau de l'État tout entier.

XANTHIAS.

Dis-moi vite le fond de cale de l'affaire.

SOSIAS.

Il m'a semblé, dans mon premier sommeil, voir sur la Pnyx des moutons réunis en séance, ayant bâtons et manteaux; puis, au milieu de ces moutons, j'ai cru entendre pérorer une baleine vorace, qui avait la voix d'une truie qu'on grille.

XANTHIAS.

Pouah!

SOSIAS.

Qu'est-ce donc?

XANTHIAS.

Finis, finis : n'en dis pas davantage. Ce songe sent une odeur puante de cuir pourri.

SOSIAS.

Cette maudite baleine avait une balance et pesait de la graisse de bœuf.

XANTHIAS.

Hélas! Malheur! Il veut dépecer notre peau.

SOSIAS.

J'ai cru voir auprès d'elle assis par terre Théoros avec une tête de corbeau. Alors Alkibiadès me dit, en grasseyant : « Legalde Théolos; il a la tête d'un colbeau. »

XANTHIAS.

Excellent ce grasseyement d'Alkibiadès.

SOSIAS.

N'est-ce pas là un présage étrange, Théoros devenu corbeau?

XANTHIAS.

Pas du tout, au contraire, c'est fort heureux.

SOSIAS.

Comment?

XANTHIAS.

Comment? D'homme il est devenu corbeau tout à coup. N'est-ce pas un présage évident qu'il va s'envoler de chez nous pour aller aux corbeaux?

SOSIAS.

Et je ne te donnerais pas deux oboles de récompense, à toi qui interprètes si sagement les songes!

XANTHIAS.

Attends que j'explique le sujet aux spectateurs et que je leur expose quelques idées que voici : qu'on n'attende de nous rien de trop grand, ni un rire dérobé à Mégara. Nous n'avons pas deux esclaves lançant aux spectateurs des noix tirées d'une corbeille ; ni un Hèraklès frustré d'un dîner, ni Euripidès, criblé une seconde fois de nos railleries. Et si Kléôn a brillé, grâce à la Fortune, nous ne remettrons pas le même homme à la sauce piquante. Mais notre modeste sujet a une intention : sans aller au delà de votre finesse, il a plus de portée qu'une comédie banale. Nous avons un maître, qui dort là-haut, homme de mérite, sous le toit. Il nous a donné l'ordre, à nous deux, de garder son père, enfermé là dedans, afin qu'il ne franchisse pas la porte. Ce père est malade d'une maladie étrange, que pas un de vous ne connaîtrait, ni ne supposerait, si vous ne l'appreniez de nous. Devinez. Amynias, fils de Pronapos, ici présent, dit qu'il aime les dés : ce n'est pas vrai.

SOSIAS.

De par Zeus ! il juge de cette maladie d'après la sienne.

XANTHIAS.

Et ce n'est pas cela : il y a bien du « philo » dans l'origine de son mal. Mais Sosias, ici présent, dit à Derkylos qu'il est « philopot ».

SOSIAS.

Pas du tout : c'est là une maladie d'honnêtes gens.

XANTHIAS.

De son côté Nikostratos, du dême de Skambôn, prétend qu'il est « philothyte » ou « philoxènos ».

SOSIAS.

Par le Chien! ô Nikostratos, il n'est pas « philoxènos », car Philoxènos est un prostitué.

XANTHIAS.

Laissez là ces niaiseries : vous ne trouverez pas. Or, si vous désirez le savoir, taisez-vous. Je vais vous dire tout de suite la maladie de notre maître. Il est philhèliaste, le cher homme, comme pas un. Sa passion est de juger. Il gémit, s'il ne se trouve pas assis au premier banc; la nuit, il ne goûte pas un brin de sommeil. Ferme-t-il les yeux un instant, son esprit voltige encore autour de la klepsydre. L'habitude qu'il a de tenir les suffrages fait qu'il se réveille en serrant ses trois doigts, comme celui qui offre de l'encens, à la nouvelle lune. Par Zeus! s'il voit écrit sur une porte : « Charmant Dèmos, fils de Pyrilampès! » il va écrire à côté : « Charmante urne aux suffrages! » Son coq s'étant mis à chanter le soir, il dit que pour l'éveiller tard, il avait été gagné par l'argent des accusés. A peine a-t-il songé, qu'il demande en criant ses chaussures ; il court au tribunal bien avant le jour, et il s'y endort, comme un coquillage, au pied de la colonne. Sa mauvaise humeur lui faisant inscrire contre tous la longue ligne, il sort, en manière d'abeille ou de bourdon, les ongles enduits de cire. Ayant peur de manquer de cailloux à suffrages, et voulant avoir de quoi juger, il entasse chez lui toute une grève. Telle est sa manie. On le remet dans le droit chemin, mais toujours il juge de plus belle. Voilà pourquoi nous le gardons enfermé sous les verrous, afin qu'il ne s'échappe pas. Son fils, en effet, est désolé de cette maladie. D'abord il le sermonna en usant de bonnes paroles, l'engageant à ne plus porter de manteau et à ne pas s'éloigner de la porte; mais il n'y réussit point. Ensuite, il le baigna, le purifia : pas plus de succès. Puis il le soumit aux pratiques des Korybantes; mais le père, muni du tambour, courut juger au Kænon. Voyant que toutes ces initiations ne servaient de rien, il fit voile vers Ægina. Là il le fait coucher la nuit dans le temple d'Asklèpios; dès la pointe du jour, il paraît au barreau du tribunal. Depuis, nous ne le laissons plus sortir. Il s'enfuit par les gouttières et par les tuyaux. Nous, tout ce qu'il y avait de trous, nous les avons bouchés avec du vieux linge et rendus impénétrables. Lui, en vrai geai, enfonçait des piquets dans le mur et sautait de branche en branche. Nous, nous avons tendu des filets tout autour de la cour, et nous montons la garde. Le nom du vieux est Philokléôn, soit dit de par Zeus! et celui du fils est Bdélykléôn, homme qui veut guérir les orgueils insolents.

BDÉLYKLÉÔN, *à la fenêtre.*

Xanthias, Sosias, dormez-vous?

XANTHIAS.

Oh! oh!

SOSIAS.

Qu'y a-t-il?

XANTHIAS.

Bdélykléôn est levé.

BDÉLYKLÉÔN.

Que l'un de vous deux accoure vite ici! Mon père est

dans l'étuve, et il fouille comme un rat qui se cache dans un trou. Toi, aie l'œil sur le tuyau, afin qu'il ne s'échappe point par là ; et toi, colle-toi contre la porte.

XANTHIAS.

C'est fait, maître.

BDÉLYKLÉÔN.

Souverain Poséidôn, quel est ce bruit dans la cheminée ? Hé ! là-haut, qui es-tu ?

PHILOKLÉÔN.

Je suis la fumée qui sort.

BDÉLYKLÉÔN.

La fumée ? Et de quel bois es-tu donc ?

PHILOKLÉÔN.

De figuier.

BDÉLYKLÉÔN.

Par Zeus ! c'est la plus âcre des fumées. Mais, je t'en réponds, tu ne t'échapperas pas. Où est le couvercle ? Rentre. Allons, je vais ajouter une traverse. Cherche alors quelque autre machine. Vraiment, je suis malheureux comme pas un ; on va m'appeler maintenant le fils de « l'Enfumé ». Enfant, tiens la porte, pèse dessus ferme, vigoureusement. J'y vais venir aussi. Veille à la serrure ; et, pour le verrou, prends garde qu'il ne ronge le fermoir.

PHILOKLÉÔN.

Que faites-vous ? Ne me laisserez-vous pas aller juger, tas de coquins ? Va-t-on absoudre Drakontidès ?

BDÉLYKLÉÔN.

Cela te ferait donc beaucoup de peine?

PHILOKLÉÔN.

Oui, car le Dieu m'a répondu, un jour où je consultais l'oracle de Delphœ, que si un accusé échappait de mes mains, je mourrais desséché.

BDÉLYKLÉÔN.

Apollôn sauveur, quel oracle!

PHILOKLÉÔN.

Allons, je t'en conjure, laisse-moi sortir, de peur que je ne crève.

BDÉLYKLÉÔN.

Non, par Poséidôn! Philokléôn, jamais.

PHILOKLÉÔN.

Je rongerai donc le filet à belles dents.

BDÉLYKLÉÔN.

A belles dents? Mais tu n'en as pas.

PHILOKLÉÔN.

Malheur! Infortuné que je suis. Comment faire pour te tuer? Comment? Donnez-moi une épée tout de suite, ou la tablette aux condamnations.

BDÉLYKLÉÔN.

Cet homme va faire quelque mauvais coup.

PHILOKLÉÔN.

Mais non, de par Zeus! Je veux aller vendre mon âne tout bâté : c'est la nouvelle lune.

BDÉLYKLÉÔN.

Pourquoi n'irais-je pas le vendre, moi ?

PHILOKLÉÔN.

Non; pas comme moi.

BDÉLYKLÉÔN.

Mais mieux, j'en atteste Zeus !

PHILOKLÉÔN.

Voyons, amène l'âne.

XANTHIAS.

Le bon prétexte qu'il a imaginé ! quelle finesse pour que tu le laisses aller plus vite !

BDÉLYKLÉÔN.

Mais il n'a rien attrapé; j'ai éventé sa ruse. Entrons toutefois; je vais moi-même faire sortir l'âne, afin que le vieillard ne s'échappe pas de nouveau.

XANTHIAS.

Bonne bourrique, pourquoi pleures-tu ? Parce qu'on va te vendre aujourd'hui ? Avance plus vite. Pourquoi gémis-tu, à moins que tu ne portes quelque Odysseus ? Mais, de par Zeus ! il porte quelqu'un qui s'est glissé sous son ventre !

BDÉLYKLÉÔN.

Qui cela ? Voyons !

XANTHIAS.

C'est lui !

BDÉLYKLÉÔN.

Qu'est-ce que c'est ? Qui es-tu, l'homme ? Dis-le nettement.

PHILOKLÉÔN.

Outis, de par Zeus !

BDÉLYKLÉÔN.

Outis, toi ? De quel pays ?

PHILOKLÉÔN.

D'Ithakè, fils d'Apodrasippidès.

BDÉLYKLÉÔN.

Outis, j'en atteste Zeus ! tu n'auras pas à te réjouir. Entraîne-le vite. Ah ! le misérable. Où s'est-il glissé ? A mes yeux, il est tout ce qu'il y a de plus ressemblant avec l'ânon d'un témoin.

PHILOKLÉÔN.

Si vous ne me laissez pas tranquille, nous plaiderons.

BDÉLYKLÉÔN.

Et sur quoi notre procès ?

PHILOKLÉÔN.

Sur l'ombre d'un âne.

BDÉLYKLÉÔN.

Tu es un méchant sans malice et rempli d'audace.

PHILOKLÉÔN.

Moi, un méchant ! Non, de par Zeus ! Tu ne sais pas maintenant tout mon mérite ; mais peut-être le sauras-tu, lorsque tu mangeras le sous-ventre du vieux juge de l'Héliæa.

BDÉLYKLÉÔN.

Fais rentrer l'âne et toi-même dans la maison.

PHILOKLÉÔN.

O juges, mes collègues, et toi, Kléôn, venez à mon aide!

BDÉLYKLÉÔN.

Une fois là dedans, hurle, la porte fermée. Toi, roule un tas de pierres à l'entrée, remets le verrou dans la traverse, et hâte-toi d'appuyer ce gros mortier contre la poutre, pour servir de barricade.

XANTHIAS.

Malheur à moi! D'où me tombe cette motte de terre?

BDÉLYKLÉÔN.

C'est peut-être quelque rat qui te l'a jetée.

XANTHIAS.

Un rat! Non, par Zeus! C'est cet héliaste de gouttière, qui s'est glissé sous les tuiles du toit.

BDÉLYKLÉÔN.

Malheur à moi! Voilà notre homme devenu moineau! Il va s'envoler. Où est le filet? où est-il? Psichtt! psichtt! Hé! Psichtt!... Par Zeus! j'aimerais mieux garder Skiônè qu'un tel père.

XANTHIAS.

Voyons, maintenant que nous l'avons chassé, et qu'il

n'y a pas moyen qu'il nous échappe furtivement, pourquoi ne dormirions-nous pas un tantinet?

BDÉLYKLÉÔN.

Mais, malheureux, dans un instant vont arriver les autres juges ses collègues, pour appeler mon père!

XANTHIAS.

Que dis-tu? Le jour se lève à peine.

BDÉLYKLÉÔN.

Par Zeus! ils se sont levés tard aujourd'hui. C'est toujours vers le milieu de la nuit qu'ils viennent le chercher, apportant des lanternes, et fredonnant les chants antiques des Sidoniennes de Phrynikhos, qui leur servent à l'appeler.

XANTHIAS.

Eh bien, s'il le faut, nous nous mettrons à leur lancer des pierres.

BDÉLYKLÉÔN.

Mais, malheureux, cette engeance de vieux, quand on la met en colère, devient semblable à un essaim de guêpes! En effet, ils ont, au bas des reins, un dard des plus aigus, dont ils piquent; ils bondissent en criant, et ils le lancent comme des étincelles.

XANTHIAS.

Ne t'inquiète pas! Que j'aie des pierres, et je disperserai cette guêpière de juges...

LE CHOEUR.

Avance, marche ferme ! O Komias, tu traînes ? Par Zeus ! ce n'est plus comme autrefois ; tu étais une lanière à chien. Aujourd'hui Kharinadès est meilleur marcheur que toi. O Strymodoros de Konthylè, le plus distingué de nos confrères, Evergidès est-il ici, ou Khabès le Phlyen ? Ils y sont. Il s'y trouve aussi.— appapæ, papæax — le reste de cette jeunesse, qui était avec nous à Byzantion, lorsque nous montions la garde, moi et toi. Dans nos excursions de nuit, nous dérobâmes en secret le pétrin de la boulangère et nous le fendîmes pour y faire cuire nos gros légumes... Mais hâtons-nous, mes amis ; c'est aujourd'hui le tour de Lakhès : tout le monde dit que sa ruche est pleine d'argent. Aussi Kléôn, notre soutien, nous a-t-il enjoint hier de venir de bonne heure, avec une provision de trois jours de colère furieuse contre l'accusé, pour le punir de ses méfaits. Hâtons-nous donc, braves amis, avant que le jour paraisse. Marchons, et regardons bien de tous côtés avec nos lampes, de peur que quelque pierre ne nous fasse obstacle et ne nous mette à mal.

UN ENFANT.

Un bourbier, père, père ! Prends-y garde !

LE CHOEUR.

Prends par terre un brin de paille et mouche la lampe.

L'ENFANT.

Non ; je la moucherai bien, je pense, avec mon doigt.

LE CHOEUR.

Pourquoi donc allonges-tu la mèche avec ton doigt, lorsque l'huile manque, petit niais? Ce n'est pas toi qui en souffres, quand il faut en payer le prix. *(Il le frappe.)*

L'ENFANT.

De par Zeus! si vous nous faites encore la leçon à coups de poing, nous éteignons les lampes, et nous retournons à la maison seuls. Alors, sans doute, au milieu des ténèbres, privé de clarté, tu barboteras, en marchant dans la boue comme un francolin.

LE CHOEUR.

Oui, j'en châtie d'autres plus grands que toi. Mais il me semble que je patauge dans cette boue. Il n'est pas possible que d'ici à quatre jours le Dieu ne fasse pas tomber de l'eau en abondance, tant nos lampes se couvrent de champignons. C'est l'habitude, quand cela se produit, qu'il y ait une pluie torrentielle. Et puis, tout ce qu'il y a de fruits encore verts a besoin d'eau et du souffle de Boréas. Mais qu'est-il donc arrivé à notre collègue, habitant cette maison, pour qu'il ne paraisse pas ici dans notre groupe? On n'avait pas besoin jadis de le remorquer: il marchait le premier de nous, en fredonnant du Phrynikhos; car c'est un amateur de chant. Mon avis, chers camarades, est de nous arrêter ici et de l'appeler en chantant; s'il entend ma musique, le plaisir l'attirera vers la porte.

Mais pourquoi ce vieillard ne se montre-t-il pas à nous, devant sa porte, et ne nous répond-il pas? A-t-il perdu ses chaussures? ou bien s'est-il cogné l'orteil dans l'obscurité, et y a-t-il une inflammation à la cheville du pauvre vieux ? Peut-être aussi a-t-il une tumeur à l'aine. Il était pourtant le plus âpre de nous tous et le seul inexorable. Si quelqu'un le suppliait, il baissait la tête, et : « Tu veux cuire une pierre, » disait-il. Peut-être est-ce à cause de l'homme qui nous a échappé hier par mensonges, en disant qu'il était ami d'Athènes et qu'il avait révélé le premier les affaires de Samos : la peine qu'il en a ressentie l'aura fait coucher avec la fièvre : car voilà l'homme.

Mais, mon bon, lève-toi, ne te ronge pas ainsi, ne te fâche pas : il nous arrive un homme gras, un de ceux qui ont livré la Thrakè : tu vas le condamner à mort.

Avance, enfant, avance.

L'ENFANT.

Voudrais-tu bien me donner, mon père, ce que je vais te demander?

LE CHOEUR.

Sans doute, mon enfant. Mais dis-moi ce que tu veux que je t'achète de beau. Je pense que tu aimes sans doute les osselets, mon enfant.

L'ENFANT.

Non, par Zeus ! J'aime mieux les figues, petit père ; c'est plus doux.

LE CHOEUR.

Eh bien, non, par Zeus ! dussiez-vous aller vous pendre !

L'ENFANT.

Alors, par Zeus ! je ne vous conduirai plus.

LE CHOEUR.

Ainsi, avec mon chétif salaire j'ai trois choses à acheter, farine, bois et comestibles, et tu me demandes encore des figues!

L'ENFANT.

Mais, voyons, mon père, si l'arkhonte ne convoque pas tout de suite le tribunal, où achèterons-nous à dîner? As-tu quelque heureux espoir à nous offrir ou le chemin sacré de Hellè?

LE CHOEUR.

Oh! oh! hélas! Oh! oh! hélas! J'en atteste Zeus, je ne sais pas comment nous dînerons.

L'ENFANT.

Pourquoi, malheureuse mère, m'as-tu mis au monde?

LE CHOEUR.

Pour me donner le mal de te nourrir.

L'ENFANT.

O mon petit sac, tu n'es donc qu'un ornement inutile! Hélas! hélas! c'est notre lot de gémir.

PHILOKLÉÔN, *enfermé et parlant à travers la porte.*

Amis, il y a longtemps que je dessèche à vous entendre de cette fenêtre, mais je ne puis chanter avec vous. Que ferai-je? Je suis gardé par les gens qui sont là, parce que je veux depuis longtemps aller avec vous du côté des urnes et y faire du mal. O Zeus au tonnerre retentissant, change-moi tout de suite en fumée ou en Proxénidès, ou en fils de Sellos, ce hâbleur. N'hésite pas, roi du ciel, à me faire cette grâce : prends pitié de mon malheur. Que ta foudre ardente me réduise en cendre à l'instant, et qu'ensuite ton souffle m'enlève et me jette dans une saumure bouillante, ou bien fais de moi la pierre sur laquelle on compte les suffrages.

LE CHOEUR.

Qui donc est celui qui te retient et qui ferme la porte ? Parle ; tu t'adresses à des amis.

PHILOKLÉÔN.

C'est mon fils ; ne criez pas : il est là devant, il dort ; baissez la voix.

LE CHOEUR.

Mais quelle défense, mon pauvre homme, veut-il t'imposer en agissant de la sorte ? Quel prétexte est le sien ?

PHILOKLÉÔN.

Mes amis, il ne veut pas me laisser juger ni faire du mal à personne ; il est disposé à me faire faire bonne chère, et moi, je ne veux pas.

LE CHOEUR.

Les paroles audacieuses de cet infâme Dèmologokléôn sont provoquées par ce que tu dis la vérité au sujet de la flotte. Cet homme n'aurait pas cette audace de paroles s'il ne tramait quelque conspiration. Mais c'est le moment de chercher quelque nouveau moyen qui, à l'insu de cet homme, te permette de descendre ici.

PHILOKLÉÔN.

Quel serait-il ? Cherchez, vous. Moi, je serais prêt à tout, tant je désire parcourir les bancs avec ma coquille.

LE CHOEUR.

Y a-t-il quelque ouverture que tu puisses creuser à l'intérieur pour t'en échapper, couvert de haillons, comme l'industrieux Odysseus.

PHILOKLÉÔN.

Tout est bouché : il n'y a pas la moindre fissure par où passerait un moucheron. Il faut donc que vous cherchiez quelque autre chose : pas de trou possible.

LE CHOEUR.

Te souviens-tu comment, étant à l'armée et ayant volé quelques broches que tu fichais toi-même dans le mur, tu en descendis très vite ? C'était à la prise de Naxos.

PHILOKLÉÔN.

Je sais. Mais à quoi bon ? Il n'y a pas en ceci la moindre ressemblance. J'étais jeune alors, capable de voler et plein de vigueur ; personne ne me gardait, mais il m'était permis de fuir sans crainte. Maintenant, des hommes armés, rangés sur les routes, y font sentinelle. Deux d'entre eux sont devant ces portes, broches en main, et m'épient comme un chat qui a volé un morceau de viande.

LE CHOEUR.

Trouve donc au plus tôt quelque machine ; car voici le jour, mon doux ami.

PHILOKLÉÔN.

Il n'y a donc rien de mieux pour moi que de ronger mon filet. Que Diktynna me pardonne pour ce filet!

LE CHOEUR.

C'est bien le fait d'un homme qui travaille à son salut. Allons! joue de la mâchoire.

PHILOKLÉÔN.

Voilà qui est rongé; mais ne criez pas : veillez, au contraire, à ce que Bdélykléôn ne s'aperçoive de rien.

LE CHOEUR.

Ne crains rien, mon cher, rien. S'il souffle mot, je le forcerai à se ronger le cœur et à courir la course pour sa propre vie : il verra bien qu'il ne faut pas fouler aux pieds les lois des deux Déesses. Attache donc une corde à la fenêtre, entoures-en ton corps et laisse-toi descendre, l'âme remplie de la fureur de Diopithès.

PHILOKLÉÔN.

Voyons donc! Mais si ces deux hommes s'en aperçoivent, qu'ils essaient de me repêcher et de me remonter dans la maison, que ferez-vous? Parlez vite!

LE CHOEUR.

Nous te porterons secours, faisant appel à tout notre cœur d'yeuse, si bien qu'il sera impossible de te renfermer. Voilà ce que nous ferons.

PHILOKLÉÔN.

J'agirai donc, confiant en vous. Mais retenez bien ceci : s'il m'arrive malheur, prenez mon corps, baignez-le de vos larmes, et enterrez-le sous la barre du tribunal.

LE CHOEUR.

Il ne t'arrivera rien ; sois sans crainte. Ainsi, mon cher ami, descends avec confiance, en invoquant les dieux de la patrie.

PHILOKLÉÔN.

O souverain Lykos, héros, mon voisin, tu te plais, comme moi, aux larmes éternelles et aux gémissements des accusés, et voilà justement pourquoi tu es venu habiter ici, afin de les entendre; tu as voulu, seul de tous les héros, séjourner auprès des gémissants. Aie pitié de moi, sauve aujourd'hui ton voisin. Je jure que je ne pisserai ni ne pèterai jamais devant ta balustrade.

BDÉLYKLÉÔN.

Holà! l'homme! Éveille-toi.

XANTHIAS.

Qu'y a-t-il?

BDÉLYKLÉÔN.

J'entends comme le son d'une voix.

XANTHIAS.

Est-ce que le vieux se glisse quelque part?

BDÉLYKLÉÔN.

Non, de par Zeus! mais il descend lié à une corde.

XANTHIAS.

Ah! scélérat! que fais-tu? Ne t'avise pas de descendre.

BDÉLYKLÉÔN.

Remonte vite par l'autre fenêtre et frappe-le avec les branches sèches ; peut-être retournera-t-il la poupe, frappé par les branches d'olivier.

PHILOKLÉÔN.

A l'aide, vous tous qui devez avoir des procès cette année, Smikythiôn, Tisiadès, Chrèmôn, Phérédipnos ! Quand donc viendrez-vous à mon secours, si ce n'est maintenant, avant qu'on m'ait renfermé ?

LE CHOEUR.

Dis-moi, que tardons-nous à mettre en mouvement cette colère qui nous prend, quand on irrite nos essaims ? Oui, voilà, voilà que se dresse ce dard irascible, aigu, qui nous sert à châtier. Allons, jetez vite vos manteaux, enfants, courez, criez, annoncez ceci à Kléôn ; dites-lui de venir combattre un ennemi de la république, qui mérite de périr, puisqu'il ose dire qu'il ne faut pas juger les procès.

BDÉLYKLÉÔN.

Braves gens, écoutez la chose, et ne criez pas!

LE CHOEUR.

De par Zeus ! jusqu'au ciel !

BDÉLYKLÉÔN.

Je ne le lâcherai pas !

LE CHOEUR.

Mais c'est affreux; c'est une tyrannie manifeste ! ô cité

de Théoros, ennemi des dieux, et quels que soient les flatteurs qui nous gouvernent!

XANTHIAS.

Par Hèraklès! ils ont des dards. Ne les vois-tu pas, maître?

BDÉLYKLÉÔN.

Oui, c'est avec cela qu'ils ont tué en justice Philippos, fils de Gorgias.

LE CHOEUR.

Et toi aussi tu en mourras! Tournez-vous tous par ici, le dard en avant, et marchez contre lui, serrés, en bon ordre, tout gonflés de colère et de rage, afin qu'il sache bien plus tard de quel essaim il a irrité la colère.

XANTHIAS.

Cela va être rude, de par Zeus! si le combat s'engage : moi, je tremble de peur à la vue de tous ces aiguillons.

LE CHOEUR.

Alors, lâche cet homme; sinon, je dis, moi, que tu envieras la peau des tortues.

PHILOKLÉÔN.

Allons, juges mes collègues, guêpes au cœur dur, mettez-vous en fureur; qu'une partie de vous leur pique le derrière, une autre les yeux et les doigts.

BDÉLYKLÉÔN.

Midas, Phryx, accourez à l'aide; toi aussi, Masyntias; saisissez-le et ne le remettez aux mains de personne. Autrement, je vous mets de lourdes entraves, et vous y jeûnerez. J'ai entendu le crépitement de nombreuses feuilles de figuier.

LE CHOEUR.

Si tu ne le lâches pas, quelque chose te poindra.

PHILOKLÉÔN.

O Kékrops, héros souverain à la queue de dragon, souffriras-tu que je sois ainsi la proie d'hommes barbares, à qui j'ai appris à verser quatre mesures de larmes par khœnix?

LE CHOEUR.

Mille maux ne viennent-ils pas fondre sur la vieillesse? C'est évident. Voilà deux esclaves qui retiennent de force leur vieux maître. Ils laissent dans l'oubli du passé les peaux, les exomides qu'il achetait pour eux, les casquettes de chien, les services rendus à leurs pieds munis durant l'hiver contre le froid. Ils n'ont ni en eux-mêmes, ni dans leurs regards le respect des chaussures d'autrefois.

PHILOKLÉÔN.

Tu ne me lâcheras donc pas maintenant, méchante bête? Tu ne te rappelles plus qu'un jour, t'ayant surpris volant du raisin, je t'attachai à un olivier et t'écorchai si bien et si virilement que tu faisais des jaloux. Et cependant tu es un ingrat. Mais lâchez-moi donc, toi et toi, avant que mon fils accoure.

LE CHOEUR.

Vous allez être punis bel et bien de votre conduite, avant peu; et vous connaîtrez quel est le caractère d'hommes irascibles, justes, aux regards âcres comme le cresson.

BDÉLYKLÉÔN.

Frappe, frappe, Xanthias, chasse ces guêpes de la maison!

XANTHIAS.

C'est ce que je fais.

BDÉLYKLÉÔN, *à Sosias*.

Et toi, répands une épaisse fumée.

SOSIAS.

Eh bien! ne vous sauverez-vous pas? Allez aux corbeaux! Vous ne partez pas?... Joue du bâton.

XANTHIAS.

Toi, pour faire de la fumée, mets le feu à Æskhinès, fils de Sellartios. Nous devons, avec le temps, finir par vous chasser.

BDÉLYKLÉÔN.

Mais, de par Zeus! tu ne les aurais pas facilement mis en fuite, s'ils s'étaient trouvés nourris des vers de Philoklès.

LE CHOEUR.

N'est-il pas évident pour les pauvres que la tyrannie à mon insu s'est glissée furtivement ici? Oui, toi, plus mauvais que le mal, émule d'Amynias le chevelu, tu nous empêches d'exécuter les lois établies par la ville, et cela sans avoir aucun prétexte, ni une éloquence ingénieuse, et pour commander seul.

BDÉLYKLÉÔN.

N'y a-t-il pas moyen, sans bataille et sans cris aigus, d'entrer en pourparlers et en accommodements?

LE CHOEUR.

Des pourparlers avec toi, haïsseur du peuple, ami de la monarchie, complice de Brasidas, toi qui portes des franges de laine et qui nourris une épaisse moustache!

BDÉLYKLÉÔN.

Hé! par Zeus! mieux vaudrait pour moi abandonner tout à fait mon père, que de lutter chaque jour contre des flots si orageux.

LE CHOEUR.

Et pourtant tu n'en es qu'au persil et à la rue, pour nous servir d'un terme emprunté aux marchands de vin. Maintenant, en effet, tu n'as rien à souffrir, mais tu verras quand l'accusateur entassera contre toi ces mêmes griefs et citera tes complices.

BDÉLYKLÉÔN.

Enfin, au nom des dieux, est-ce que vous n'allez pas me débarrasser de vous? Avez-vous résolu que moi j'éreinte et que vous soyez éreintés tout le jour?

LE CHOEUR.

Non, jamais, tant qu'il me restera le souffle, au lieu que tu aspires à nous tyranniser.

BDÉLYKLÉÔN.

Comme tout est pour vous tyrannie et conspirations, quelle que soit l'affaire, grande ou petite, mise en cause! Pour moi, je n'ai pas entendu ce mot durant cinquante années. Aujourd'hui, il est plus commun que le poisson salé. C'est au point qu'il roule dans toute l'Agora. Si quelqu'un achète des orphes et ne veut pas de membrades, le marchand d'à côté, qui vend des membrades, se met à crier : « La cuisine de cet homme m'a l'air de sentir la tyrannie. » Un autre demande du poireau, pour assaisonner ces anchois; la marchande de légumes le regarde de travers et lui dit : « Tu demandes du poireau, est-ce en vue de la tyrannie? Penses-tu qu'Athènes doive te fournir des assaisonnements? »

XANTHIAS.

Moi, hier, j'entre chez une fille, à l'heure de midi, et je lui propose une chevauchée; elle se fâche et elle me demande si je veux rétablir la tyrannie d'Hippias.

BDÉLYKLÉÔN.

Ces propos leur sont agréables à entendre, et moi, parce que je veux arracher mon père à ces sorties matinales de misérable calomniateur en justice, afin de vivre une bonne vie comme Morykhos, on m'accuse d'agir en conspirateur et de songer à la tyrannie.

PHILOKLÉÔN.

Et, de par Zeus! on a raison; car, pour moi, je préfère au lait des poules la vie dont tu veux aujourd'hui me priver. Je n'aime ni les raies, ni les anguilles, mais je mangerais avec plaisir un tout petit procès, cuit sur le plat à l'étouffée.

BDÉLYKLÉÔN.

Par Zeus! tu t'es habitué à te régaler de ces affaires. Mais, si tu gardes le silence pour écouter ce que je dis, tu reconnaîtras, je pense, que tu te trompes du tout au tout.

PHILOKLÉÔN.

Je me trompe en rendant la justice ?

BDÉLYKLÉÔN.

Tu ne sens pas que tu es la risée de ces hommes auxquels tu rends une sorte de culte, mais dont tu es l'esclave à ton insu.

PHILOKLÉÔN.

Cesse de parler d'esclavage : je règne sur tous.

BDÉLYKLÉÔN.

Non, pas toi; tu n'es qu'un esclave, en croyant commander. Dis-nous, mon père, quel honneur te revient-il des tributs de la Hellas ?

PHILOKLÉÔN.

Beaucoup assurément : j'en veux faire juges les gens qui sont ici.

BDÉLYKLÉÔN.

Et moi également. Laissez-le tous en liberté; donnez-moi une épée. Si je suis vaincu dans cette lutte de parole, je tomberai percé de cette épée. Et toi, que je ne nomme pas, dis-moi si tu récuses l'arrêt...

PHILOKLÉÔN.

Que je ne boive jamais ma part de vin pur en l'honneur du Bon Génie!

LE CHOEUR.

C'est maintenant qu'il te faut tirer de notre arsenal quelque discours nouveau; mais ne parle pas dans le sens de ce jeune homme. Tu vois quelle est pour toi l'importance de ce combat ; c'est le tout pour le tout si, ce qu'aux dieux ne plaise, il venait à l'emporter.

BDÉLYKLÉÔN.

Qu'on m'apporte mes tablettes, et faites vite.

LE CHOEUR.

Ah! quel air tu as en donnant cet ordre!

BDÉLYKLÉÔN.

J'y veux simplement écrire, pour mémoire, tout ce qu'il dira.

PHILOKLÉÔN.

Mais que diriez-vous s'il triomphait dans la discussion?

LE CHOEUR.

La troupe des vieillards ne servirait plus de rien absolument. Raillés dans toutes les rues, on nous appellerait thallophores et sacs à procès. Toi donc, qui vas défendre notre souveraineté, déploie en ce moment tout le courage de ton éloquence.

PHILOKLÉÔN.

Et d'abord, dès mon entrée en la carrière, et pour point de départ, je montrerai que notre pouvoir ne le cède à aucune royauté. Y a-t-il quelqu'un de plus heureux, de plus fortuné ici-bas qu'un juge, un être plus gâté et plus redoutable, et cela, si c'est un vieillard? Dès qu'il sort du lit, il est escorté jusqu'au tribunal par des hommes superbes, hauts de quatre coudées. Ensuite, sur la route, je me sens pressé par une main douce, qui a volé les deniers de l'État; on supplie, on s'incline, on dit d'une voix lamentable : « Aie pitié de moi, mon père, je t'en conjure, si jamais tu as dérobé toi-même dans l'exercice de tes fonctions ou dans les marchés pour l'approvisionnement des troupes. » Eh bien, il ne saurait pas même que j'existe sans son premier acquittement.

BDÉLYKLÉÔN.

Que cet article relatif aux suppliants soit mentionné sur mes tablettes !

PHILOKLÉÔN.

Puis, lorsque j'entre, chargé de supplications et la colère calmée, je ne fais rien de tout ce que j'ai dit; seulement j'écoute de toutes parts les plaintes des gens qui espèrent l'acquittement. Vois-tu ? on n'entend plus que flatteries à l'adresse du juge. Les uns déplorent leur misère, et ajoutent des maux supposés à ceux qui sont réels, pour les égaler aux miens; les autres nous racontent des histoires ou quelque trait comique d'Æsopos. D'autres lancent une raillerie pour me faire rire et apaiser ma rigueur. Si rien de tout cela ne nous touche, ils nous amènent aussitôt par la main leurs enfants, filles et garçons : j'écoute; ils se prosternent et bêlent à l'unisson. Alors le père, saisi de crainte, me supplie, comme un dieu, par pitié pour ses enfants, de lui faire remise de la peine. « Si tu aimes la voix d'un agneau, sois sensible à la voix de ce garçon. » Mais si j'aime la voix des petites truies, il essaie de me toucher par celle de sa fille. Et nous, par égard pour lui, nous détendons un peu les cordes de notre colère. N'est-ce pas là un grand pouvoir, qui permet de dédaigner la richesse ?

BDÉLYKLÉÔN.

Second point de son discours que je note : « Qui permet de dédaigner la richesse. » Dis-moi maintenant les avantages que tu prétends tirer de ta souveraineté sur la Hellas ?

PHILOKLÉÔN.

Chargés de constater l'âge des enfants, nous avons le droit de voir leurs parties honteuses. Qu'OEagros soit cité en justice, il ne sera pas absous avant de nous avoir récité la plus belle tirade de Niobè. Un joueur de flûte gagne-t-il sa cause, en reconnaissance, il se bride la joue avec sa courroie, et joue un air aux juges à leur sortie. Si un père, en mourant, désigne par testament l'époux destiné à sa fille, son unique héritière, nous envoyons là-bas pleurer toutes les larmes de leur tête le testament et la coquille solennellement appliquée au cachet, et nous donnons la fille à celui dont les prières nous ont convaincus. Avec cela, point de comptes à rendre de nos actions : ce que n'a aucune autre magistrature.

BDÉLYKLÉÔN.

Effectivement, et c'est la seule des choses que tu as dites dont je puisse te féliciter. Mais, quand tu enlèves la coquille au cachet du testament d'une héritière, tu commets une injustice.

PHILOKLÉÔN.

De plus, quand le Conseil et le peuple sont embarrassés de juger sur quelque grave affaire, un décret renvoie les coupables devant les juges. C'est alors qu'Euathlos et ce grand Kolakonymos, lâcheur du bouclier, protestent qu'ils ne nous trahiront pas et qu'ils combattront pour le peuple. Et jamais, dans l'assemblée, aucun orateur n'a fait triompher son avis, s'il n'a dit que les tribunaux ont le droit de se retirer, aussitôt qu'ils ont jugé une affaire. Kléôn lui-même, ce grand braillard, ne mord pas sur nous, mais il nous garde, nous caresse de la main et nous préserve des mouches, tandis que toi, tu n'as jamais rien fait de tout cela à ton père. Et Théoros, quoique ce soit un homme qui n'est pas au-dessous d'Euphèmios, il prend l'éponge dans le bassin et décrotte nos chaussures. Vois de quels biens tu veux me priver, me dépouiller. Voilà ce que tu appelles de l'esclavage, de la servitude, et tu prétends le prouver.

BDÉLYKLÉÔN.

Parle à satiété : car un jour mettra fin à cette puissance imposante, et tu ne seras plus qu'un derrière qui défie le bain.

PHILOKLÉÔN.

Mais le plus agréable de tout cela, et que j'allais oublier, c'est quand je rentre à la maison, rapportant mon salaire : tout le monde arrive en même temps me faire des caresses, en raison de cet argent; et d'abord ma fille me lave les pieds, les parfume, se penche pour me baiser, m'appelle « son petit papa » et, de sa langue, va pêcher le triobole. Ma femme, douce cajoleuse, m'apporte une galette bien levée, s'assoit près de moi, et, faisant des instances : « Mange ceci, goûte cela. » Je suis ravi, et je n'ai pas besoin de me tourner vers toi ou vers l'intendant pour savoir quand il apportera le dîner, en maugréant et en grommelant. D'ailleurs, s'il ne se hâte de me pétrir un gâteau, j'ai là un rempart contre les maux, un préservatif contre les traits. Si tu ne me verses pas à boire, j'ai apporté un vase à longues oreilles, plein de vin ; je me penche et je bois, et lui, ouvrant la bouche pour braire, oppose au bruit de ta coupe une grosse pétarade digne d'un bataillon. N'est-ce pas là exercer une grande souveraineté et qui ne le cède point à celle de Zeus, moi qui entends de moi ce que Zeus entend de lui ? Si nous sommes tumultueux, quelque passant s'écrie : « Quel tonnerre dans le tribunal, ô Zeus souverain ! » Si je lance l'éclair, les riches ahanent d'émoi, et ils lâchent tout sous eux ; et de même les gens tout à fait vénérables. Et toi-même, tu as grand'peur de moi ; oui, par Dèmètèr ! tu as peur ; et moi, que je me meure, si j'ai peur de toi.

LE CHOEUR.

Non, jamais nous n'avons entendu personne parler avec tant de correction et d'intelligence.

PHILOKLÉÔN.

Mais non, il se figurait qu'il vendangerait aisément une vigne abandonnée ; car il savait toute la supériorité de mon talent.

LE CHOEUR.

Comme il a tout passé en revue, sans rien omettre ! C'est au point que je grandissais en l'entendant et qu'il me semblait juger aux Iles Fortunées, ravi de son éloquence.

BDÉLYKLÉÔN.

Le voilà qui se pâme d'aise, qu'il est tout hors de lui ! Va, aujourd'hui, je te ferai regarder les étrivières !

LE CHOEUR.

Il faut que tu ourdisses toutes sortes de trames pour échapper : car il n'est pas facile d'adoucir ma colère, quand on ne parle pas dans mon sens. C'est donc le cas pour toi de chercher une bonne meule et toute neuve, lorsque tu vas parler, afin d'écraser ma mauvaise humeur.

BDÉLYKLÉÔN.

C'est une entreprise difficile, rude et d'une trop haute portée pour des poètes de vendanger, de guérir une maladie ancienne et invétérée dans la cité. Cependant, ô mon père, descendant de Kronos...

PHILOKLÉÔN.

Arrête, et ne me donne plus le nom de père. Si tu ne me prouves pas, tout de suite, que je suis esclave, rien ne m'empêchera de te faire mourir, dût-on me priver de ma part des festins sacrés.

BDÉLYKLÉÔN.

Écoute maintenant, petit papa, et détends un peu ton visage. Et d'abord calcule, simplement, non pas avec des cailloux, mais sur tes doigts, le revenu total des tributs payés par les villes; compte, en outre, les cotes personnelles, les nombreux centièmes, les prytanies, les mines, les droits des marchés et des ports, les taxes, les confiscations : la somme de ces revenus monte à près de deux mille talents. Compte maintenant les honoraires annuels des juges, au nombre de six mille; car il n'y en eut jamais davantage ici : cela nous fait cent cinquante talents.

PHILOKLÉON.

Ce n'est donc pas même le dixième des revenus de l'État que nous touchons pour salaire.

BDÉLYKLÉON.

Non, par Zeus! Et où va donc le reste?

PHILOKLÉON.

A ces gens qui disent : « Je ne trahirai jamais la populace d'Athènes, mais je combattrai toujours pour le peuple. »

BDÉLYKLÉON.

Et toi, mon père, tu te laisses mener par eux, charmé de leurs paroles. Ils extorquent aux villes des cinquantaines de talents, les effrayant de leurs menaces et de leurs cris : « Payez le tribut, ou je tonne et je foudroie votre ville! » Et toi tu te contentes de grignoter les résidus de ton pouvoir. Les alliés, remarquant que le reste de la foule vit maigrement de lécher les assiettes et de mâcher à vide, t'estiment à l'égal du suffrage de Konnos, et apportent aux autres, en présent, terrines salées, vin, tapis, fromage, miel, sésame, coussins, fioles, couvertures de laine, couronnes, colliers, coupes, richesse et santé. Et toi, leur maître, pour prix de tes nombreux labeurs sur la terre et sur l'onde, il n'y en a pas un qui te donne même une tête d'ail pour tes fritures.

PHILOKLÉON.

Oui, par Zeus! j'ai envoyé chercher moi-même trois gousses d'ail chez Eukharidès; mais cette servitude où je suis, tu ne me la montres pas et tu me chagrines.

BDÉLYKLÉÔN.

N'est-ce donc pas une grande servitude de voir tous ces gens-là investis des magistratures et leurs flatteurs richement rémunérés, tandis que toi, si on te donne trois oboles, te voilà content? Et c'est en combattant sur mer, sur terre à la prise des villes que tu les as gagnées, en te surmenant de fatigues. Il y a plus, et c'est ce qui m'exaspère au plus haut point, un ordre t'oblige à te rendre à l'assemblée, parce qu'un jeune débauché, le fils de Khæréas, aux jambes écartées, au corps balancé d'un mouvement lascif, est venu te prescrire de juger au tribunal, le matin et à l'heure dite, sous peine pour quiconque arrivera passé le signal, de ne pas toucher le triobole. Et cependant lui-même il reçoit la drakhme accordée à l'accusateur, bien qu'il soit arrivé en retard. Il partage avec quelque autre des juges, ses collègues, le présent qu'a pu lui donner un des accusés; puis ils s'entendent tous deux pour arranger l'affaire, à la façon des scieurs de long, dont l'un tire et l'autre pousse. En attendant, toi tu regardes, la bouche béante, le kolakrète, et tu ne sais rien de ce qui s'est fait.

PHILOKLÉÔN.

Eux me traiter ainsi! Hélas! que dis-tu? Mon cœur est comme une mer démontée : tu t'empares de toute mon intelligence, et je ne sais pas où tu me conduis.

BDÉLYKLÉÔN.

Vois pourtant comment il t'est permis d'être riche, ainsi que tous les tiens; mais grâce à ces flagorneurs du peuple, tu disparais dans je ne sais quelle machine. Maître

d'une foule de villes, depuis le Pontos jusqu'à la Sardô,
tu ne jouis de rien, sinon de ce misérable salaire : c'est
un flocon de laine où l'on verse avec une parcimonie
contenue, et pour que tu vives, comme qui dirait une
goutte d'huile. En effet, ils veulent que tu sois pauvre, et
je te dirai pourquoi : c'est afin que tu connaisses la main
qui te nourrit, et que, si l'un d'eux t'excite en sifflant, tu
te lances d'un bond féroce sur l'ennemi. Car s'ils vou-
laient assurer la subsistance du peuple, ce serait chose
facile. Il y a bien mille cités qui maintenant nous paient
tribut. Si l'on enjoignait à chacune d'elles de nourrir vingt
personnes, deux myriades de nos concitoyens ne vivraient
que de lièvres, la tête ceinte de toutes sortes de couronnes, et ne boiraient que du lait pur ou bouilli, délices
dignes de notre patrie et du trophée de Marathon. Aujourd'hui, comme des mercenaires récoltant des olives,
vous êtes à la merci de celui qui détient votre salaire.

PHILOKLÉÔN.

Hélas ! quel froid de glace engourdit ma main ! Je ne
puis tenir mon épée ; je sens que je faiblis.

BDÉLYKLÉÔN.

Mais lorsque ces hommes craignent pour eux-mêmes,
ils vous donnent l'Eubœa, et vous promettent la fourniture
de quelque cinquante médimnes de froment ; eux qui ne
t'ont jamais rien donné, sauf, tout récemment, cinq médimnes d'orge ; et encore tu ne les reçus qu'à grand'-
peine, khœnix par khœnix, et en te justifiant de l'accusation d'être étranger. Voilà pourquoi je t'ai toujours tenu
renfermé, afin de te nourrir moi-même et de ne pas les
voir rire des insolences dirigées contre toi. Et maintenant

je veux franchement te fournir tout ce que tu désires, hors le lait du kolakrète.

LE CHOEUR.

Il était sage celui qui a dit : « Avant d'avoir entendu le discours des deux parties, ne prononcez pas. » C'est toi, en effet, qui me parais maintenant avoir largement gagné la cause. Cela fait que ma colère se calme et que je jette ces bâtons. Et toi, notre contemporain et notre camarade, cède, cède à ses raisons, de peur de paraître un homme atteint de folie, d'entêtement exagéré, et intraitable. Qu'il m'eût été utile d'avoir moi-même un tuteur, un parent, pour me remettre ainsi dans le vrai sens ! Aujourd'hui, un dieu présent vient manifestement à ton aide dans cette occurrence; on voit qu'il t'accorde sa faveur : accepte-la sans attendre.

BDÉLYKLÉÔN.

Oui, je le nourrirai; je fournirai à ce vieillard tout ce qu'il lui faut, gruau à lécher, manteau doublé, couverture, fille qui lui frottera les reins et le reste. Mais qu'il se taise et ne souffle mot, cela ne peut me plaire.

LE CHOEUR.

Il s'est remis lui-même dans le bon sens sur les points où il extravaguait : il a reconnu tout à l'heure sa folie et il se reproche de n'avoir pas suivi tes conseils. Maintenant peut-être va-t-il se laisser convaincre par tes observations, et avoir la sagesse de changer de conduite en t'obéissant.

PHILOKLÉÔN.

Hélas ! malheur à moi !

BDÉLYKLÉÔN.

Eh bien, pourquoi cries-tu?

PHILOKLÉÔN.

Laisse-moi là toutes ces promesses! « Ce que j'aime est là-bas, c'est là-bas que je veux être, » où le héraut crie : « Qui donc n'a pas voté? Qu'il se lève! » Que ne puis-je être debout devant les urnes, le dernier des votants! Hâte-toi, mon âme! Où est mon âme? « Ténèbres, livrez-moi passage. » Par Hèraklès! puissé-je arriver à temps auprès des juges pour convaincre Kléôn de vol!

BDÉLYKLÉÔN.

Allons, mon père, au nom des dieux, obéis-moi!

PHILOKLÉÔN.

T'obéir? Dis ce que tu veux, sauf une chose.

BDÉLYKLÉÔN.

Laquelle? Parle.

PHILOKLÉÔN.

Ne pas juger. Hadès aura décidé de moi avant que je consente.

BDÉLYKLÉÔN.

Eh bien, si tu fais ton bonheur de rendre la justice, ne sors pas d'ici, reste chez toi et juge tes serviteurs.

PHILOKLÉÔN.

Et que juger? Tu plaisantes.

BDÉLYKLÉÔN.

Tu feras tout comme là-bas. Si une servante ouvre la

porte clandestinement, tu décréteras contre elle une simple amende, absolument comme tu le faisais au tribunal. Et tout cela se passe au mieux. Si le soleil luit dès le matin, tu jugeras au soleil. Si la neige tombe ou s'il pleut, tu t'assiéras auprès du feu, pour instruire l'affaire. Si tu te lèves à midi, aucun thesmothète ne t'exclura de l'enceinte.

PHILOKLÉÔN.

Cela me convient.

BDÉLYKLÉÔN.

Il y a plus : si un plaideur n'en finit pas, tu n'attendras pas à jeun, te rongeant toi-même ainsi que l'orateur.

PHILOKLÉÔN.

Mais comment pourrai-je bien connaître l'affaire, de même qu'auparavant, si j'ai encore la bouche pleine ?

BDÉLYKLÉÔN.

Beaucoup mieux. On dit que les juges, entourés de faux témoins, ne parviennent à connaître les affaires qu'en ruminant.

PHILOKLÉÔN.

Tu me décides. Mais tu ne me dis pas de qui je recevrai les honoraires.

BDÉLYKLÉÔN.

De moi.

PHILOKLÉÔN.

Bien : je serai payé à part, et non avec les autres. Car c'est un tour indigne que m'a joué Lysistratos, ce bouffon. Dernièrement, il avait reçu une drakhme pour nous deux. Il va faire de la monnaie au marché des poissons, et il me remet trois écailles de mulet. Moi, je les fourre dans ma bouche, les ayant prises pour des oboles : dégoûté par l'odeur, je les crache et je le traîne en justice.

BDÉLYKLÉÔN.

Et que répliqua-t-il ?

PHILOKLÉON.

Eh bien, il prétendit que j'avais un estomac de coq. « Tu as été vite à digérer l'argent, » dit-il.

BDÉLYKLÉÔN.

Tu vois quel avantage cela t'offre encore.

PHILOKLÉON.

Et qui n'est pas mince du tout. Mais exécute ce que tu veux faire.

BDÉLYKLÉÔN.

Attends un moment. Je vais tout apporter.

PHILOKLÉON.

Vois la chose et comment les oracles s'accomplissent. J'avais entendu dire qu'un jour viendrait où les Athéniens jugeraient les procès dans leurs maisons et où chaque individu se bâtirait, dans son vestibule, un tout petit tribunal, comme un hèkatéion, partout devant les portes.

BDÉLYKLÉÔN.

Tiens, qu'en dis-tu ? Je t'apporte tout ce que je t'ai dit, et beaucoup plus même. Voici un pot de chambre, si tu as envie d'uriner; on va le pendre, près de toi, à un clou.

PHILOKLÉÔN.

Bonne idée, pour un vieux! Tu as trouvé là, franchement, un utile remède à la rétention d'urine.

BDÉLYKLÉÔN.

Et puis du feu et des lentilles dessus, si tu as besoin de manger une bouchée.

PHILOKLÉÔN.

Pas maladroit du tout! Car même si j'ai la fièvre, je toucherai mon salaire. Sans bouger d'ici je mangerai mes lentilles. Mais à quoi bon m'avez-vous apporté cet oiseau?

BDÉLYKLÉÔN.

Afin que, si tu t'endors pendant une plaidoirie, il t'éveille de là-haut.

PHILOKLÉÔN.

Je voudrais encore une chose; car le reste me suffit.

BDÉLYKLÉÔN.

Laquelle?

PHILOKLÉÔN.

Qu'on m'apportât ici la statue de Lykos.

BDÉLYKLÉÔN.

La voici : on dirait le Dieu lui-même.

PHILOKLÉÔN.

Souverain héros, que tu n'es guère agréable à voir!

BDÉLYKLÉÔN.

C'est à nos yeux le portrait même de Kléonymos.

PHILOKLÉÔN.

Tout héros qu'il est, il n'a donc pas d'armes non plus.

BDÉLYKLÉÔN.

Si tu te hâtais de siéger, je me hâterais d'appeler une cause.

PHILOKLÉÔN.

Appelle tout de suite; il y a longtemps que je siège.

BDÉLYKLÉÔN.

Voyons, quelle cause introduirai-je tout d'abord? Quelle sottise a faite quelqu'un de la maison? Thratta ayant dernièrement laissé brûler la marmite...

PHILOKLÉÔN.

Holà, arrête! Peu s'en faut que tu ne me fasses mourir. Tu allais appeler une cause avant d'avoir posé la balustrade : c'est la première condition de nos mystères.

BDÉLYKLÉÔN.

Mais, par Zeus! il n'y en a pas.

PHILOKLÉÔN.

Eh bien, je cours, et j'en rapporte une tout de suite de la maison.

BDÉLYKLÉÔN.

Ce que c'est pourtant! Quelle force a l'habitude du local!

XANTHIAS.

Va-t'en aux corbeaux! Nourrir un pareil chien!

BDÉLYKLÉÔN.

Qu'y a-t-il donc?

XANTHIAS.

Ne voilà-t-il pas Labès, votre chien, qui vient d'entrer dans la cuisine et de manger un fromage de Sikélia!

BDÉLYKLÉÔN.

Voilà le premier délit à déférer à mon père. Toi, porte l'accusation.

XANTHIAS.

Pas moi, de par Zeus! mais un autre chien se porte comme accusateur, si l'affaire est appelée.

BDÉLYKLÉÔN.

Voyons, maintenant, amène-les tous deux ici.

XANTHIAS.

C'est ce qu'on va faire.

BDÉLYKLÉÔN.

Qu'apportes-tu là?

PHILOKLÉÔN.

La bauge aux porcs consacrés à Hestia.

BDÉLYKLÉÔN.

Tu oses y porter une main sacrilège?

PHILOKLÉÔN.

Non, mais c'est en sacrifiant d'abord à Hestia, que

j'écraserai quelque adversaire. Allons, hâte-toi de les amener. Je vois déjà la peine encourue.

BDÉKYKLÉÔN.

Voyons, maintenant, j'apporte les tablettes et les registres.

PHILOKLÉÔN.

Ah! tu m'assommes, tu me tues, avec tes délais. J'aurais pu tracer les mots par terre.

BDÉLYKLÉÔN.

Voici.

PHILOKLÉÔN.

Appelle donc.

BDÉLYKLÉÔN.

J'y suis.

PHILOKLÉÔN.

Qu'est-ce d'abord, celui-ci?

BDÉLYKLÉÔN.

Aux corbeaux! Quel ennui! J'ai oublié d'apporter les urnes aux suffrages.

PHILOKLÉÔN.

Eh bien, où cours-tu?

BDÉLYKLÉÔN.

Chercher les urnes.

PHILOKLÉÔN.

Inutile : j'avais là ces vases.

BDÉLYKLÉÔN.

On ne peut mieux. Nous avons tout ce qu'il nous faut, excepté pourtant la klepsydre.

PHILOKLÉÔN.

Et ceci? N'est-ce pas une klepsydre?

BDÉLYKLÉÔN.

Tu excelles à fournir les objets nécessaires et locaux. Mais qu'on se hâte d'apporter de la maison le feu, les myrtes et l'encens, afin de commencer par invoquer les dieux.

LE CHOEUR.

Et nous, pendant les libations et les prières, nous vous dirons de bonnes paroles, parce que de la lutte et de la dispute vous en êtes venus à une généreuse réconciliation.

BDÉLYKLÉÔN.

Débutez donc par les bonnes paroles.

LE CHOEUR.

O Phœbos Apollôn Pythios, bonne chance à l'affaire instruite par ce magistrat devant sa porte; accord entre nous tous tirés de nos erreurs! Io Pæan!

BDÉLYKLÉÔN.

O Souverain maître, mon voisin, dieu de ma rue, gardien de mon vestibule, accepte, seigneur, ce nouveau sacrifice, que nous innovons en l'honneur de mon père. Adoucis cette humeur trop rêche et dure comme l'yeuse, mêle à ce cœur quelques gouttes de miel. Qu'il soit désormais doux pour les hommes, plus clément à l'accusé qu'à l'accusateur, prêt à pleurer avec ceux qui l'implorent; qu'il se dépouille de son aigreur et qu'il arrache les orties de sa colère!

LE CHOEUR.

Nos prières s'unissent aux tiennes, et nos chants en faveur du nouveau magistrat s'accordent avec les paroles que tu as prononcées. Oui, tu as notre bienveillance, depuis que nous voyons que tu aimes le peuple bien plus que ne le fait aucun des jeunes.

BDÉLYKLÉÔN.

S'il se trouve devant les portes quelque hèliaste, qu'il entre. Dès qu'on aura commencé à parler, nous n'ouvrirons plus.

PHILOKLÉÔN.

Quel est l'accusé?

BDÉLYKLÉÔN.

Celui-ci.

PHILOKLÉÔN.

Quelle peine va le frapper?

BDÉLYKLÉÔN.

Écoutez l'acte d'accusation. Le soussigné chien de Kydathènè accuse Labès d'Æxonè d'avoir seul, contre toute justice, mangé un fromage Sikélien. Peine : un collier de figuier.

PHILOKLÉÔN.

C'est-à-dire une mort de chien, une fois convaincu.

BDÉLYKLÉÔN.

L'accusé Labès est ici présent.

PHILOKLÉON.

Oh! le vilain chien! Quels yeux de voleur! Comme, en serrant les dents, il se flatte de me tromper? Où est le plaignant, le chien de Kydathènè?

LE CHIEN.

Au! au!

BDÉLYKLÉÔN.

Le voici.

PHILOKLÉON.

C'est un second Labès, bon aboyeur et lécheur de marmites.

BDÉLYKLÉÔN.

Silence, assis! Toi, monte à la tribune et accuse.

PHILOKLÉON.

Voyons; en même temps je vais me verser et boire un coup.

XANTHIAS.

Vous avez entendu, citoyens juges, l'accusation que j'ai formulée contre celui-ci. Il a commis le plus affreux des attentats contre moi et contre la marine. Il s'est sauvé dans un coin, à la mode Sikélienne, avec un énorme fromage, dont il s'est repu dans les ténèbres.

PHILOKLÉON.

De par Zeus! il est pris sur le fait. Tout à l'heure il m'a lâché un gros rot au fromage, le coquin!

XANTHIAS.

Et il ne m'a rien donné, à ma requête. Or, qui voudra vous rendre service, si l'on ne me jette rien à moi, votre chien?

PHILOKLÉÔN.

Et il n'a rien donné?

XANTHIAS.

Rien à moi, son camarade.

PHILOKLÉÔN.

Voilà un gaillard aussi bouillant que ces lentilles!

BDÉLYKLÉÔN.

Au nom des dieux, mon père, ne prononce pas avant de les avoir entendus tous les deux.

PHILOKLÉÔN.

Mais, mon bon, la chose est claire; elle crie d'elle-même.

XANTHIAS.

N'allez pas l'absoudre. C'est de tous les chiens l'être le plus égoïste et le plus glouton, lui qui, louvoyant autour d'un mortier, a dévoré la croûte des villes!

PHILOKLÉÔN.

Aussi n'ai-je pas même de quoi boucher les fentes de ma cruche.

XANTHIAS.

Châtiez-le donc. Jamais une seule cuisine ne pourrait

nourrir deux voleurs. Je ne puis pourtant pas, moi, aboyer le ventre vide : aussi dorénavant je n'aboierai plus.

PHILOKLÉON.

Oh! oh! que de scélératesses il nous a dénoncées! C'est la friponnerie faite homme. N'est-ce pas ton avis, mon coq? Par Zeus! il dit que oui. Le thesmothète, où est-il? Ohé! Donne-moi le pot.

BDÉLYKLÉON.

Prends-le toi-même. Je suis en train d'appeler les témoins. Paraissez, témoins à la charge de Labès, plat, pilon, racloire à fromage, fourneau, marmite et autres ustensiles brûlés! Mais pisses-tu encore? Ne sièges-tu plus?

PHILOKLÉON.

C'est lui, je crois, qui va faire sous lui aujourd'hui.

BDÉLYKLÉON.

Ne cesseras-tu pas d'être dur et intraitable pour les accusés? Tu les déchires à belles dents! Monte à la tribune; défends-toi. D'où vient ton silence? Parle.

PHILOKLÉON.

Mais il semble qu'il n'ait rien à dire.

BDÉLYKLÉON.

Non pas, mais il me paraît être dans la même situation que jadis Thoukydidès accusé. Ses mâchoires furent tout à coup paralysées. Retire-toi; c'est moi qui présenterai ta défense. Il est difficile, citoyens, de faire l'apologie d'un chien calomnié; je parlerai cependant. C'est une bonne bête, et il chasse les loups.

PHILOKLÉÔN.

C'est un voleur et un conspirateur.

BDÉLYKLÉÔN.

Par Zeus! c'est le meilleur des chiens d'aujourd'hui, capable de garder de nombreux moutons.

PHILOKLÉÔN.

A quoi cela sert-il, s'il mange le fromage?

BDÉLYKLÉÔN.

Oui, mais il se bat pour toi, il garde la porte, et il excelle dans tout le reste. S'il a fait un larcin, pardonne-lui. Il est vrai qu'il ne sait pas jouer de la kithare.

PHILOKLÉÔN.

Moi, je voudrais qu'il ne sût pas lire, pour ne pas nous faire l'apologie de son crime.

BDÉLYKLÉÔN.

Écoute, juge équitable, mes témoins. Monte, racloire à fromage, et parle à haute voix. Tu exerçais alors la charge de payeur : réponds clairement. N'as-tu pas raclé les parts que tu avais reçues pour les soldats ? Elle répond qu'elle les a raclées.

PHILOKLÉÔN.

Mais, par Zeus! elle ment.

BDÉLYKLÉÔN.

Juge compatissant, prends pitié des malheureux. Notre Labès ne vit que de têtes et d'arêtes de poissons; jamais il ne demeure en place. L'autre n'est bon qu'à garder la maison : il reste là, attendant ce qu'on apporte et en demandant sa part; autrement, il mord.

PHILOKLÉÔN.

Ouf! quel mal me prend qui fait que je m'attendris? Le malaise dure, et je me sens convaincre.

BDÉLYKLÉÔN.

Ah! je t'en conjure, pitié pour lui, mon père! Ne le sacrifiez point. Où sont les enfants? Montez, malheureux! jappez, priez, suppliez et pleurez!

PHILOKLÉÔN.

Descends, descends, descends, descends!

BDÉLYKLÉÔN.

Je vais descendre. Et quoique ce « descends » en ait trompé bien d'autres, je vais pourtant descendre.

PHILOKLÉÔN.

Aux corbeaux! Ah! ce n'est pas bon d'avoir mangé. Je viens de pleurer, et je n'en vois pas d'autre raison que de m'être bourré de lentilles.

BDÉLYKLÉÔN.

Il ne sera donc pas acquitté?

PHILOKLÉÔN.

C'est difficile à savoir.

BDÉLYKLÉÔN.

Voyons, mon petit papa, tourne-toi vers de meilleurs sentiments. Prends ce suffrage; passe, de sens rassis, du côté de la seconde urne, et absous-le, mon père.

PHILOKLÉÔN.

Non, certes. Je ne sais pas jouer de la kithare.

BDÉLYKLÉÔN.

Viens à l'instant, je vais t'y conduire au plus vite.

PHILOKLÉÔN.

Est-ce la première urne ?

BDÉLYKLÉÔN.

Oui.

PHILOKLÉÔN.

J'y jette mon suffrage.

BDÉLYKLÉÔN.

Il est attrapé; il vient d'absoudre sans le vouloir.

PHILOKLÉÔN.

Attends, que je verse les suffrages. Voyons l'issue du débat.

BDÉLYKLÉÔN.

Le fait va le prouver. Tu es absous, Labès. Père, père, que t'arrive-t-il ?

PHILOKLÉÔN.

Ah! dieux! vite de l'eau.

BDÉLYKLÉÔN.

Reviens à toi.

PHILOKLÉÔN.

Dis-moi la chose comme elle est. Est-il réellement absous ?

BDÉLYKLÉÔN.

Oui, de par Zeus !

PHILOKLÉÔN.

Je suis réduit à rien.

BDÉLYKLÉÔN.

Pas de souci, cher père : relève-toi.

PHILOKLÉÔN.

Comment, en face de moi-même, supporterai-je l'idée d'avoir absous un accusé ? Qu'adviendra-t-il de moi ? O dieux vénérés, accordez-moi mon pardon : c'est malgré moi que je l'ai fait : ce n'est pas mon habitude.

BDÉLYKLÉÔN.

Ne te fâche pas. Moi je veux, mon père, te bien nourrir, te mener avec moi partout, aux dîners, aux banquets, aux spectacles, de manière à passer agréablement le reste de ta vie. Hyperbolos ne te rira plus au nez en te dupant. mais entrons.

PHILOKLÉÔN.

Oui, maintenant, si bon te semble.

———

LE CHOEUR.

Oui, allez gaiement où vous voulez.

Pour vous, myriades incalculables, les bonnes choses qu'on va vous dire maintenant, gardez-vous de les laisser négligemment tomber par terre. C'est affaire à des spectateurs inintelligents, et non pas à vous.

Et maintenant, peuple, prêtez-nous attention, si vous aimez un langage sincère.

Le poète désire, à présent, adresser des reproches aux spectateurs. Il prétend qu'on lui a fait une injustice, à lui qui s'est souvent bien conduit envers vous, pas ouvertement sans doute, mais en aidant secrètement d'autres poètes. Imitateur des prophéties et des procédés d'Euryklès, il fit passer dans d'autres ventres bon nombre de ses traits comiques. Bientôt, il affronta le risque de se montrer ouvertement et de lui-même, prenant en mains les rênes, non plus de la bouche d'autrui, mais de celle de ses propres muses. Porté au sommet de la grandeur, plus honoré que jamais personne d'entre vous, il dit n'avoir pas atteint le comble, ni être gonflé d'orgueil, ni parcourir les palestres en séducteur. Si quelque amant, mû par la haine, accourait sur lui pour s'être raillé comiquement de ses amours, il dit qu'il n'a jamais fléchi devant personne, gardant la ferme résolution de ne pas faire jouer aux muses dont il s'inspire, le rôle d'entremetteuses. La première fois qu'il joua, il n'eut pas, selon lui, à combattre des hommes, mais à s'armer du courage de Hèraklès, pour attaquer les plus grands monstres, assaillant tout d'abord avec vigueur la bête aux dents aiguës, dans les yeux de laquelles luisaient des rayons terribles comme les yeux de Kynna, et dont les cent têtes étaient léchées en cercle par des flatteurs, gémissant autour de son cou : elle avait la voix redoutable d'un torrent qui grossit, l'odeur d'un phoque, les testicules malpropres d'une Lamia, et le derrière d'un chameau. A la vue de ce monstre, notre poète dit que la peur ne lui fera pas offrir des présents, mais qu'aujourd'hui encore il va combattre pour vous. Il ajoute qu'après ce monstre, il lutta, l'an passé, contre des dæmons sinistres, des êtres fiévreux, qui, la nuit, étranglaient les pères, étouffaient les grands-pères, s'asseyaient à la couche de vos concitoyens inoffensifs, les inondaient de contre-serments, de citations, de témoignages, au point qu'un bon nombre bondissaient terrifiés chez le polémarkhe. Après avoir trouvé un tel défenseur, un tel sauveur de ce pays, vous l'avez abandonné, l'année dernière, lorsqu'il semait ses pensées les plus neuves, dont, faute de les bien comprendre, vous avez arrêté la pousse. Cependant, au milieu de nombreuses libations, il atteste Dionysos que jamais on n'entendit de meilleurs vers comiques. C'est une honte pour vous de ne pas les avoir appréciés sur-le-champ; mais le poëte n'est pas estimé à une moindre valeur par les hommes éclairés, quoique, devançant ses rivaux, il ait eu son espérance brisée.

Mais, à l'avenir, braves gens, si vous avez des poëtes qui cherchent des paroles et des idées neuves, aimez-les, favorisez-les davantage, et conservez leurs pensées : enfermez-les dans vos coffres avec les fruits. En agissant ainsi, vos vêtements exhaleront toute l'année une odeur de sagesse.

O nous, autrefois vaillants dans les chœurs, vaillants dans les combats, et hommes plus vaillants encore par ce côté seul, tout cela est passé, bien passé. Aujourd'hui la blancheur florissante de nos cheveux surpasse celle du cygne. Toutefois il faut que de ces restes surgisse la vigueur du jeune âge : pour moi, je suis convaincu que ma vieillesse vaut mieux que les boucles de beaucoup de jeunes gens, que leur parure et leur derrière élargi.

Si quelqu'un de vous, spectateurs, à l'aspect de mon costume, s'étonne de me voir avec un corsage de guêpe, et de ce que signifie notre aiguillon, je le lui expliquerai aisément, quelle que soit son ignorance première. Nous sommes, nous qui avons cet appendice au derrière, les Attiques, seuls vraiment nobles, autochthones, race la plus vaillante, qui rendit à la ville les plus nombreux services dans les combats, quand vint le Barbare, couvrant la ville de fumée, mettant tout en feu, et voulant nous enlever violemment nos ruches. Aussitôt, armés de la lance et du bouclier, nous accourons pour les combattre, le cœur enivré de colère, debout, homme contre homme, dévorant nos lèvres de fureur, la grêle des flèches dérobant la vue du ciel. Cependant, avec l'aide des dieux, nous les mettons en déroute vers le soir. Une chouette, avant la bataille, avait passé au-dessus de notre armée. Puis nous les poursuivons, les piquant comme des taons sous leurs longs vêtements, et ils s'enfuient, les joues et les sourcils criblés de dards; si bien que chez les Barbares, partout et maintenant encore, on ne désigne rien de plus redoutable que la guêpe attique.

Certes alors j'étais terrible, n'ayant peur de rien : je mis en fuite les ennemis, cinglant où il fallait sur nos trières. Car nous n'avions pas alors le souci d'arrondir une phrase, ni la pensée de dénoncer quelqu'un, mais le désir d'être le meilleur rameur. Aussi, après avoir enlevé aux Mèdes un grand nombre de villes, méritions-nous de recevoir ici les tributs, que volent les jeunes gens.

Examinez-nous du haut en bas et sous tous les aspects, vous nous trouverez, pour le caractère et pour la manière de vivre, absolument semblables aux guêpes. Et d'abord il n'y a pas d'animal plus irritable que nous, ni plus colère, ni plus impatient. Ensuite, toutes nos différentes occupations ressemblent à celles des guêpes. Groupés par essaims, comme ceux des ruches, les uns d'entre nous s'en vont chez l'arkhonte, les autres chez les Onze, d'autres à l'Odéon : quelques-uns serrés contre les murs, la tête baissée vers la terre, remuent à peine, comme les chenilles dans leurs alvéoles. Pour le reste de la vie nous abondons en ressources. En piquant un chacun, nous nous procurons de quoi vivre. Mais nous avons parmi nous des frelons inactifs, dépourvus d'aiguillon, et qui, séjournant à l'intérieur du logis, dévorent notre travail, sans se donner aucune peine. C'est pour nous une chose des plus douloureuses qu'un être qui se dispense du service, nous ravisse notre salaire, lui qui, pour la défense de ce pays, ne prend ni rame, ni lance, ni ampoule. Il me semble, en un mot, que ceux des citoyens qui n'auront pas d'aiguillon, ne doivent pas toucher le triobole.

PHILOKLÉÔN.

Jamais de la vie je ne quitterai plus ce manteau, qui seul me sauva dans la bataille où le puissant Boréas nous fit la guerre.

BDÉLYKLÉÔN.

Tu sembles n'avoir aucun souci de ton bien.

PHILOKLÉÔN.

De par Zeus! je me passe aisément des choses de luxe. Dernièrement je me régalais d'une friture, et je payai un triobole dû au dégraisseur.

BDÉLYKLÉÔN.

Fais du moins l'épreuve, puisque, une bonne fois, tu t'es livré à moi pour bien vivre.

PHILOKLÉÔN.

Que m'ordonnes-tu donc de faire ?

BDÉLYKLÉÔN.

Quitte ce manteau usé et endosse cette læna en guise de manteau.

PHILOKLÉÔN.

Faites donc des enfants et élevez-les : voilà le mien maintenant qui veut m'étouffer !

BDÉLYKLÉÔN.

Voyons, prends-la, mets-la, et ne dis rien.

PHILOKLÉÔN.

Qu'est-ce que c'est que cette mauvaise chose, au nom de tous les dieux ?

BDÉLYKLÉÔN.

Les uns l'appellent une persique, les autres une kaunakè.

PHILOKLÉÔN.

Moi, je la prenais pour une couverture de Thymœtè.

BDÉLYKLÉÔN.

Ce n'est pas étonnant; tu n'es jamais allé à Sardes; tu la connaîtrais alors, tandis que maintenant tu ne la connais pas.

PHILOKLÉÔN.

Moi ? Non, de par Zeus ! Mais cela me paraissait ressembler absolument à la casaque pluchée de Morykhos.

BDÉLYKLÉÔN.

Erreur; c'est à Ekbatana qu'on fait ces tissus.

PHILOKLÉÔN.

Est-ce qu'à Ekbatana on fait des intestins de laine?

BDÉLYKLÉÔN.

Pas du tout, mon bon; mais chez les Barbares cette étoffe se tisse à grands frais. Ainsi ce vêtement mange bien pour un talent de laine.

PHILOKLÉÔN.

Il serait donc plus juste de l'appeler mange-laine que kaunakè.

BDÉLYKLÉÔN.

Voyons, mon bon, tiens-toi et endosse-la.

PHILOKLÉÔN.

Malheureux que je suis! quelle chaleur la malpropre m'a rotée au nez!

BDÉLYKLÉÔN.

Ne l'endosses-tu pas?

PHILOKLÉÔN.

Non, de par Zeus! Mais, mon bon, si c'est indispensable, mettez-moi dans un four.

BDÉLYKLÉÔN.

Allons, c'est moi qui te la passerai; viens donc ici.

PHILOKLÉÔN.

Au moins place là un croc.

BDÉLYKLÉÔN.

Pour quoi faire ?

PHILOKLÉÔN.

Pour me retirer avant que je sois fondu.

BDÉLYKLÉÔN.

Voyons, maintenant, ôte ces maudites savates, et mets vite cette chaussure lakonienne.

PHILOKLÉÔN.

Moi ? Je n'aurai jamais le cœur de mettre d'odieuses chaussures fabriquées par des ennemis !

BDÉLYKLÉÔN.

Allons, mon cher, marche hardiment sur le sol lakonien : fais vite.

PHILOKLÉÔN.

C'est mal à toi de me faire le pied au pays ennemi.

BDÉLYKLÉÔN.

Allons, l'autre pied !...

PHILOKLÉÔN.

Impossible pour celui-là ; il a un de ses doigts qui déteste tout à fait les Lakoniens.

BDÉLYKLÉÔN.

Il ne peut pas en être autrement.

PHILOKLÉÔN.

Malheureux que je suis de n'avoir pas d'engelure dans ma vieillesse !

BDÉLYKLÉÔN.

Finis-en de te chausser; puis marche à la façon des riches, avec un balancement voluptueux et efféminé.

PHILOKLÉÔN.

Regarde : vois cette tournure, et juge de qui des riches ma démarche se rapproche le plus.

BDÉLYKLÉÔN.

De qui? D'un furoncle revêtu d'ail.

PHILOKLÉÔN.

Aussi ai-je envie de tortiller des fesses.

BDÉLYKLÉÔN.

Voyons, maintenant, sauras-tu tenir un langage grave devant des hommes instruits et habiles?

PHILOKLÉÔN.

Oui.

BDÉLYKLÉÔN.

Que diras-tu?

PHILOKLÉÔN.

Beaucoup de choses. D'abord comment Lamia, se voyant prise, s'est mise à péter; puis comment Kardopiôn frappa sa mère.

BDÉLYKLÉÔN.

Non, pas de fables, mais des choses de la vie humaine, tels que nos sujets ordinaires d'entretien à la maison.

PHILOKLÉÔN.

Ah! j'en sais du genre de ce qui se dit à la maison, par exemple : « Il y avait une fois une souris et un chat. »

BDÉLYKLÉÔN.

« Être sot et grossier », comme dit Théogénès au vidangeur, en lui faisant des reproches, vas-tu parler de souris et de chats à des hommes?

PHILOKLÉÔN.

De qui faut-il donc que je parle?

BDÉLYKLÉÔN.

De personnages éminents, de tes collègues en députation Androklès et Klisthénès.

PHILOKLÉÔN.

Moi! Jamais je ne suis allé en députation, excepté à Paros, et j'ai reçu pour cela deux oboles.

BDÉLYKLÉÔN.

Eh bien, dis-nous donc comment Éphoudiôn combattit glorieusement au pankration avec Askondas : tout vieux qu'il était et blanchi, il avait de larges reins, des poignets, des flancs et un thorax superbes.

PHILOKLÉÔN.

Assez, assez, tu ne sais ce que tu dis. A quoi bon le thorax pour se battre au pankration?

BDÉKYKLÉÔN.

Telle est la manière de converser des sages. Mais dis-moi autre chose. Si tu étais à boire avec des étrangers, quel est celui des actes de ta jeunesse que tu citerais comme le plus viril ?

PHILOKLÉÔN.

Le plus viril, oui, le plus viril de mes exploits, c'est d'avoir dérobé les échalas d'Ergasiôn.

BDÉLYKLÉÔN.

Tu m'assommes. Quels échalas ? Dis comment tu as poursuivi un sanglier, un lièvre, fait la course des torches ; trouve quelque chose de très juvénile.

PHILOKLÉÔN.

Ah oui ; voici quelque chose de très juvénile. C'est lorsque, encore jouvenceau, je poursuivis le coureur Phayllos, qui m'avait insulté, et le battis de deux voix.

BDÉLYKLÉÔN.

Assez. Mais place-toi sur ce lit et apprends à être un bon convive, un homme de bonne compagnie.

PHILOKLÉÔN.

Comment donc me placer ? Dis-moi vite.

BDÉLYKLÉÔN.

Décemment.

PHILOKLÉÔN.

Est-ce ainsi qu'il faut se placer ?

BDÉLYKLÉÔN.

Pas du tout.

PHILOKLÉÔN.

Comment donc ?

BDÉLYKLÉÔN.

Écarte les genoux, et, à la façon des gymnastes, étends-toi avec souplesse sur les tapisseries; puis fais l'éloge des bronzes, regarde le plafond, admire les tentures de la cour. Voici l'eau pour les mains; on apporte les tables : nous soupons; les ablutions sont faites : nous offrons les libations.

PHILOKLÉÔN.

Au nom des dieux, est-ce en rêve que nous soupons?

BDÉLYKLÉÔN.

La joueuse de flûte s'est fait entendre : les convives sont Théoros, Æskhinès, Phanos, Kléôn, et je ne sais quel autre invité dans le voisinage de la tête d'Akestor. Tu fais partie de la société : aie soin de bien suivre les skolies.

PHILOKLÉÔN.

Très bien.

BDÉLYKLÉÔN.

Dis-tu vrai?

PHILOKLÉÔN.

Comme pas un habitant de la Diakria ne les suivrait.

BDÉLYKLÉÔN.

Je m'en assure. Je suis Kléôn : j'entonne le premier le skolie de Harmodios; tu vas suivre, toi. « Il n'y eut jamais dans Athènes... »

PHILOKLÉÔN.

« Un être aussi méchant, un semblable voleur. »

BDÉLYKLÉÔN.

C'est là ce que tu répondras ? Tu es un homme perdu. Il va se mettre à crier qu'il veut te mettre à mal, te déchirer, te chasser du pays.

PHILOKLÉÔN.

Et moi, s'il menace, de par Zeus! je lui en chanterai un autre : « Ohé! l'homme! dans ton désir furieux du pouvoir suprême, tu détruis la cité qui déjà penche vers sa ruine. »

BDÉLYKLÉÔN.

Et lorsque Théoros, couché aux pieds de Kléon, lui prendra la main et chantera : « Ami, tu connais l'histoire d'Admètos, aime donc les braves, » par quel skolie lui répondras-tu ?

PHILOKLÉÔN.

Je lui dirai avec raison : « Il ne s'agit pas de faire le renard et d'être l'ami des deux partis. »

BDÉLYKLÉÔN.

Après lui Æskhinès, fils de Sellos, continuera : « C'est un homme sage, ami des Muses. » Il chantera : « Richesse et bien vivre à Klitagoras et à moi, avec les Thessaliens. »

PHILOKLÉÔN.

« Nous en avons beaucoup dépensé, toi et moi. »

BDÉLYKLÉÔN.

Sur ce point, tu en sais convenablement. Mais allons souper chez Philoktèmôn. Enfant, enfant, Khrysos, emporte les plats avec nous, afin de nous enivrer à notre aise.

PHILOKLÉÔN.

Pas du tout : c'est mauvais de boire. Du vin naît le bris des portes, les coups, les pierres ; puis il faut donner de l'argent, au sortir de l'ivresse.

BDÉLYKLÉÔN.

Mais non, si tu es avec des hommes bons et beaux : ils apaisent l'offensé ; ou bien tu dis quelque mot spirituel, un joli conte à la façon d'Æsopos ou de Sybaris, que tu as appris à table ; tu tournes la chose en plaisanterie, et il te laisse aller.

PHILOKLÉÔN.

Je vais donc apprendre beaucoup de contes, afin de n'encourir aucune peine, si je fais mal.

BDÉLYKLÉÔN.

Allons, partons : que rien ne nous retienne.

LE CHOEUR.

Souvent il m'a paru que de ma nature j'avais de la finesse, et de la sottise jamais. Mais combien est supérieur Amynias, fils de Sellos, de la race de Krobylos, que j'ai vu jadis, nanti d'une pomme et d'une grenade, manger à la table de Léogoras ; car il est aussi meurt-de-faim qu'Antiphôn. Il est allé en légation à Pharsalos ; mais là, seul, il communiquait seulement avec les pénestes (domestiques) des Thessaliens, non moins péneste que les autres.

Bienheureux Automénès, que nous te trouvons heureux d'avoir pour enfants de très habiles artistes! Le premier, ami de tout le monde, est un homme fort avisé, kitharistre accompli, et que la grâce accompagne; le second un acteur d'un incomparable talent. Vient ensuite Ariphradès, le plus intelligent des trois. Son père jurait qu'il n'avait rien appris de personne, et qu'une heureuse nature lui avait spontanément enseigné à jouer de la langue dans les lupanars qu'il hante chaque jour…

Il y en a qui ont prétendu que je m'étais réconcilié avec Kléon, pendant qu'il s'acharnait sur moi, me trépignait et me lardait d'outrages. Au moment où j'étais mis en pièces, ceux du dehors riaient, en me voyant jeter de hauts cris, n'ayant nul souci de moi, mais seulement pour savoir si, foulé aux pieds, je lancerais quelque brocard. Ce que voyant, je me suis adouci comme un singe. Et depuis lors: « l'échalas manque à la vigne. »

XANTHIAS.

Heureuses les tortues d'avoir une carapace! Trois fois heureuses de l'enveloppe qui recouvre leurs flancs! Avec quelle prudence et quelle ingéniosité vous avez garni votre dos d'une écaille pour vous garantir des coups! Moi je suis mort, sillonné par le bâton!

LE CHOEUR.

Qu'y a-t-il, enfant? Car on a le droit d'appeler enfant, fût-il un vieillard, quiconque reçoit des coups.

XANTHIAS.

Il y a que ce n'est plus un vieillard, mais le fléau le plus hideux : il s'est montré de beaucoup le plus pris de vin des convives, quoiqu'il y eût là Hippyllos, Antiphôn, Lykôn, Lysistratos, Théophrastos, Phrynikhos. Il les a tous surpassés en effronterie. Une fois gorgé de bons morceaux, il danse, il saute, il pète, il rit, comme un ânon régalé d'orge; puis il me rosse gaillardement, en criant : « Enfant ! Enfant ! » Le voyant dans cet état, Lysistratos l'apostrophe : « Tu me fais l'effet, vieillard, d'une canaille enrichie, ou d'un baudet courant à la paille. » Et l'autre s'écrie : « Et toi d'une sauterelle, dont le manteau est usé jusqu'à la corde, ou de Sthénélos, dépouillé de sa garderobe. » Chacun d'applaudir, à l'exception de Théophrastos tout seul, qui se mord les lèvres, en homme bien appris. Le vieillard, s'adressant à Théophrastos : « Dis-moi donc pourquoi tu fais le fier et le suffisant, toi qui ne cesses jamais d'être le bouffon et le parasite des riches ? » Ainsi les drape-t-il, chacun à son tour, de ses railleries grossières, débitant les propos les plus ineptes et les plus impertinents. Quand il est bien ivre, il rentre à la maison, et bat tous ceux qui lui tombent sous la main. Mais le voici qui s'avance en titubant. Moi, je me sauve pour ne pas recevoir de coups.

PHILOKLÉÔN.

Laissez-moi ; retirez-vous. Je vais faire gémir quelqu'un de ceux qui me suivent. Ah ! si vous ne décampez pas, gredins, je vous grille avec une torche.

BDÉLYKLÉÔN.

Demain tu nous paieras cela à nous tous, malgré tes

allures de jeune homme. Nous viendrons en foule t'assigner.

PHILOKLÉÔN.

Ah! ah! m'assigner! Vieux jeu! Sachez donc que je ne puis plus entendre le mot procès. Hé! hé! hé! Cela me suffit. Jetez les urnes. Tu n'es pas parti? Où est l'héliaste? Disparu. Monte ici, mon petit hanneton d'or; prends cette corde dans ta main : tiens ferme et prends garde, car la corde est usée! Cependant elle ne sera pas fâchée qu'on la frotte. Vois comme je t'ai adroitement soustraite aux procédés lesbiens des convives. Pour cela montre-toi reconnaissante envers ma brochette. Mais tu ne le feras point, tu ne l'essaieras même pas, je le sais : tu me tromperas, tu me riras au nez comme tu l'as déjà fait à tant d'autres. Et pourtant si tu voulais maintenant n'être pas une méchante, je te promets, quand mon fils sera mort, de te racheter et de t'avoir pour maîtresse, bijou mignon. Aujourd'hui je ne dispose pas de mon bien, parce que je suis jeune et qu'on me surveille de près. Mon cher fils m'observe, et il n'est pas commode : c'est un homme à scier en deux un grain de cumin et à gratter des brins de cresson : aussi a-t-il peur que je me perde; car il n'a pas d'autre père que moi. Mais le voici qui accourt vers toi et moi. Fais bonne contenance et prends-moi vite ces torches : je vais lui faire un de ces tours de jeune homme comme il m'en faisait, avant que je fusse initié à ces mystères.

BDÉLYKLÉÔN.

Oh! oh! vieux radoteur, manieur de derrières, tu désires et tu aimes, ce me semble, les jolis cercueils; mais, j'en jure par Apollôn, ce n'est pas impunément que tu agiras ainsi.

PHILOKLÉÔN.

Comme tu te régalerais agréablement d'un procès à la sauce piquante!

BDÉLYKLÉÔN.

N'est-ce pas nous jouer d'un vilain tour que d'enlever la joueuse de flûte aux convives?

PHILOKLÉÔN.

Quelle joueuse de flûte? Bats-tu la campagne comme si tu sortais de la tombe?

BDÉLYKLÉÔN.

Non pas, de par Zeus! C'est cette Dardanienne que tu as avec toi.

PHILOKLÉÔN.

Pas du tout : c'est une torche qui brûle en l'honneur des dieux sur l'Agora.

BDÉLYKLÉÔN.

Une torche, cette donzelle?

PHILOKLÉÔN.

Oui, une torche! Tu ne vois pas qu'elle est de toutes les couleurs?

BDÉLYKLÉÔN.

Mais qu'est-ce qu'il y a donc de noir au milieu?

PHILOKLÉÔN.

La résine, sans doute, qui sort de la flamme.

BDÉLYKLÉÔN.

Et du côté inverse n'est-ce pas un derrière ?

PHILOKLÉÔN.

Non, c'est sans doute une branche de la torche qui ressort par là.

BDÉLYKLÉÔN.

Que dis-tu ? Quelle branche ? Allons, viens ici.

PHILOKLÉÔN.

Ah ! ah ! Que vas-tu faire ?

BDÉLYKLÉÔN.

La prendre, l'emmener et te l'enlever, certain que tu es usé et impuissant à rien faire.

PHILOKLÉÔN.

Écoute-moi un instant. J'assistais aux Jeux Olympiques, lorsque Ēphoudiôn combattit glorieusement contre Askondas : il était vieux, et pourtant d'un coup de poing le vieux renversa le jeune. Ainsi prends garde de recevoir quelques pochons sur l'œil.

BDÉLYKLÉÔN.

De par Zeus ! tu connais bien Olympia.

UNE BOULANGÈRE.

A moi, à l'aide, je t'en conjure au nom des dieux ! Cet

homme m'a mise à mal en me frappant avec sa torche; il a jeté par terre dix pains d'une obole, et quatre autres par-dessus le marché.

BDÉLYKLÉON.

Vois-tu ce que tu as fait? Des affaires, des procès, voilà ce que nous attire ton ivrognerie.

PHILOKLÉON.

Pas du tout. Des contes spirituels arrangeront tout cela. Je saurai bien me raccommoder avec elle.

LA BOULANGÈRE.

Non, non, par les deux Déesses! tu ne te seras pas moqué impunément de Myrtia, fille d'Ankyliôn et de Sostrata, en venant gâter ma marchandise.

PHILOKLÉON.

Écoute, femme; je veux te raconter une jolie histoire.

LA BOULANGÈRE.

Non, de par Zeus! mon pauvre homme!

PHILOKLÉON.

Æsopos, un soir, revenant de souper, était poursuivi par les aboiements d'une chienne effrontée et prise de vin. « Chienne, chienne, lui dit-il, de par Zeus! si tu échangeais ta méchante langue contre un morceau de pain, à mon avis, tu me semblerais sage. »

LA BOULANGÈRE.

Tu te moques de moi. Qui que tu sois, je t'assignerai devant les agoranomes pour dommages faits à ma marchandise, et j'ai pour témoin Khæréphôn que voici.

PHILOKLÉÔN.

Par Zeus! écoute-moi donc, si je dis quelque chose qui t'agrée. Un jour Lasos et Simonidès se faisaient concurrence. Lasos dit : « Cela m'est bien égal. »

LA BOULANGÈRE.

Vraiment, mon cher homme?

PHILOKLÉÔN.

Et toi, Khæréphôn, tu vas donc servir de témoin à une femme au teint jaune, à une Ino, qui d'un rocher se jette aux pieds d'Euripidès?

BDÉLYKLÉÔN.

En voici un autre, qui a l'air de vouloir t'assigner : il a un témoin avec lui.

UN ACCUSATEUR.

Malheureux que je suis! Vieillard, je t'assigne pour outrage.

BDÉLYKLÉÔN.

Pour outrage? Non, non; ne l'assigne pas, au nom des dieux! Je te ferai en sa place telle réparation que tu fixeras, et je t'en saurai gré.

PHILOKLÉÔN.

Et moi j'entre volontiers en arrangement avec lui. Je conviens de l'avoir battu, lapidé; mais viens ici. T'en rapportes-tu à moi pour la somme d'argent qu'exige l'affaire et pour rester toujours amis, ou préfères-tu la fixer?

L'ACCUSATEUR.

Dis toi-même; car je n'ai besoin ni de procès, ni d'affaires.

PHILOKLÉÔN.

Un Sybarite tombe d'un char, et peu s'en faut qu'il ne se fende très grièvement la tête, vu qu'il n'était pas très fort en science hippique. Un de ses amis survient, qui lui dit : « Que chacun fasse son métier! » De même toi, tu n'as qu'à courir chez Pittalos.

BDÉLYKLÉÔN.

Rien de changé en toi, tu as toujours la même humeur.

L'ACCUSATEUR, *à son témoin*.

Souviens-toi bien, toi, de ce qu'il a répondu.

PHILOKLÉÔN.

Écoute, ne t'en va pas. Un jour, à Sybaris, une femme brise un coffret.

L'ACCUSATEUR.

Je te prends à témoin.

PHILOKLÉÔN.

Le coffret prend un témoin. Le Sybarite lui dit : « Par Kora, laisse donc là tous ces témoignagnes, et achète des ligatures, tu feras preuve de plus de bon sens. »

L'ACCUSATEUR.

Fais l'insolent jusqu'à ce que l'arkhonte appelle l'affaire.

BDÉLYKLÉÔN.

Par Dèmètèr! tu ne resteras pas ici davantage, mais je t'enlève et je t'emporte.

PHILOKLÉÔN.

Que fais-tu ?

BDÉLYKLÉÔN.

Ce que je fais ? Je veux te porter d'ici dans la maison : autrement, les témoins manqueront aux accusateurs.

PHILOKLÉÔN.

Un jour Æsopos étant à Delphœ...

BDÉLYKLÉÔN.

Cela m'est bien égal.

PHILOKLÉÔN.

Est accusé d'avoir volé un vase consacré au Dieu. Alors il leur raconte comment l'escarbot...

BDÉLYKLÉÔN.

La peste! tu m'assommes avec tes escarbots.

LE CHOEUR.

Je t'envie pour ton bonheur, vieillard. Quelle différence avec ses habitudes frugales et son existence! Instruit maintenant d'une manière tout autre, il va sans doute changer de sentiment au sujet des jouissances et de la mollesse. Peut-être cependant ne voudra-t-il pas; car il est difficile de renoncer au naturel que l'on a toujours eu. Bien des gens l'ont fait pourtant, et entrant dans les idées d'autrui ont changé leurs manières. Du moins j'accorderai, avec tous les hommes sages, beaucoup d'éloges, à cause de sa sagesse et de l'affection qu'il a pour son père, au fils de Philokléôn. Je n'ai jamais rencontré quelqu'un de plus aimable, jamais caractère ne m'a inspiré une si folle affection et ne m'a fait m'épanouir ainsi. Sur quel point de la discussion s'est-il laissé battre, quand il voulait ramener son père à des façons plus honorables ?

XANTHIAS.

Par Dionysos ! je ne sais quel mauvais génie a tout mis sens dessus dessous dans notre maison. A peine le vieux, après avoir bu pendant longtemps, a-t-il entendu les sons de la flûte, que, le cœur plein de joie, il s'est mis à danser, toute la nuit, et à reproduire la vieille chorégraphie de Thespis. Il prétend démontrer tout de suite, en dansant, que les tragiques de nos jours sont des radoteurs.

PHILOKLÉÔN.

Qui donc se tient à l'entrée du vestibule ?

XANTHIAS.

Voilà le fléau qui approche.

PHILOKLÉÔN.

Abaissez les barrières : voici le commencement de la figure.

XANTHIAS.

C'est bien plutôt le commencement de la folie.

PHILOKLÉÔN.

Elle courbe mes flancs avec violence. Comme mes narines mugissent! Comme mes vertèbres résonnent!

XANTHIAS.

Prends de l'ellébore!

PHILOKLÉÔN.

Phrynikhos est un coq qui jette l'épouvante.

XANTHIAS.

Gare les coups de pied!

PHILOKLÉÔN.

Sa jambe lance des ruades jusqu'au ciel : son derrière est béant.

XANTHIAS.

Fais donc attention!

PHILOKLÉÔN.

Maintenant les articulations de mes membres jouent avec souplesse.

XANTHIAS.

Ce n'est pas bon tout cela, de par Zeus! c'est de la folie.

PHILOKLÉÔN.

Voyez, maintenant; j'appelle et défie les antagonistes. Si quelque tragique prétend danser avec grâce, qu'il vienne ici jouter avec moi. Y a-t-il quelqu'un ou n'y a-t-il personne?

XANTHIAS.

Un seul que voici.

PHILOKLÉÔN.

Et quel est le malheureux ?

XANTHIAS.

Le second fils de Karkinos.

PHILOKLÉÔN.

Je n'en ferai qu'une bouchée. Je l'anéantirai sous une emmélie de coups. En fait de rhythme, il n'y entend rien.

XANTHIAS.

Mais, malheureux, il y a un second tragique de la dynastie des Karkinos, qui se présente : c'est le frère de l'autre.

PHILOKLÉÔN.

De par Zeus! j'en fais mon dîner.

XANTHIAS.

Mais, de par Zeus! tu n'auras que des cancres : voici encore un troisième Karkinos.

PHILOKLÉÔN.

Qui est-ce qui rampe donc ainsi ? une écrevisse ou un faucheux ?

BDÉLYKLÉÔN.

C'est un pinnotère, le plus petit de sa race, celui qui fait de la tragédie.

PHILOKLÉÔN.

O Karkinos, heureux père d'une belle lignée, quelle foule de roitelets vient s'abattre ici! Cependant il faut jouter avec eux, infortuné! Préparez pour eux de la saumure, si je suis vainqueur.

LE CHOEUR.

Allons! laissons-leur à tous un peu d'espace, afin qu'ils pirouettent devant nous, à leur aise. Voyons, enfants renommés d'un dieu marin, bondissez sur le sable et sur le rivage de la mer stérile, frères des squilles. Agitez en rond votre pied léger; faites des écarts à la façon de Phrynikhos, si bien que, voyant vos jambes en l'air, les spectateurs se récrient. Tourne, pirouette, frappe-toi le ventre, lance ta jambe vers le ciel : devenez des toupies. Voici venir ton illustre père, le souverain des mers, émerveillé de sa postérité, si virilement pourvue. Mais conduisez-nous vite, si bon vous semble, jusqu'à la porte, et dansez; car jamais personne jusqu'ici n'a vu un chœur dansant terminer une trygédie.

FIN DES GUÊPES

LA PAIX

(L'AN 419 AVANT J.-C.)

Le sujet de *la Paix* est le même que celui des *Acharniens :* seulement la paix, qui dans cette comédie n'est le vœu que d'un seul homme, est ici l'objet des désirs de tout le monde. Le vigneron Trygée, monté sur un escarbot, arrive à la porte de l'Olympe et découvre la Paix dans une caverne profonde où elle a été enfermée par la Guerre. Avec l'aide de tous les hommes de bonne volonté, il la délivre. La joie et les fêtes renaissent de toutes parts. Trygée épouse l'Abondance, compagne de la Paix, et le Chœur chante en vers charmants les loisirs de la vie rustique.

PERSONNAGES DU DRAME

Deux Esclaves de Trygæos.
Trygæos.
Petites Filles de Trygæos.
Hermès.
La Guerre.
Le Vacarme.
Chœur de Laboureurs.
Hiéroklès, devin.
Hellènes de différentes villes. ⎫
La Paix. ⎪
Opôra. ⎬ Personnages muets.
Théoria. ⎪
Lamakhos. ⎪
Un Prytane. ⎭
Un Fabricant de faux.
Un Fabricant d'aigrettes.
Un Marchand de cuirasses.
Un Fabricant de trompettes.
Un Fabricant de casques.
Un Polisseur de lances.
Un Fils de Lamakhos.
Un Fils de Kléonymos.

*La scène se passe d'abord devant la maison de Trygæos,
puis à la porte du Ciel, et de nouveau sur la Terre.*

LA PAIX

PREMIER ESCLAVE.

Apporte, apporte au plus vite de la pâtée pour l'escarbot.

SECOND ESCLAVE.

Voici. Donne à ce maudit insecte; jamais il n'aura mangé de meilleure pâtée.

PREMIER ESCLAVE.

Donne-lui-en une autre, pétrie de crottin d'âne.

SECOND ESCLAVE.

Voilà encore.

PREMIER ESCLAVE.

Où donc est celle que tu apportais à l'instant?

SECOND ESCLAVE.

Ne l'a-t-il pas mangée ?

PREMIER ESCLAVE.

Oui, de par Zeus! il l'a roulée dans ses pattes et l'a avalée en entier. Fais-en tout de suite beaucoup, et épaisse.

SECOND ESCLAVE.

Vidangeurs, au nom des dieux, venez à mon aide, si vous ne voulez pas me voir suffoquer.

PREMIER ESCLAVE.

Encore! Encore! Donne-m'en d'un enfant qui sert d'hétaïre; car l'escarbot dit qu'il l'aime bien broyée.

SECOND ESCLAVE.

Voici. Je me crois, citoyens, à l'abri d'un soupçon : on ne dira pas qu'en pétrissant la farine, je la mange.

PREMIER ESCLAVE.

Ah! Pouah! Apporte-m'en une autre, puis une autre, et pétris-en une autre encore.

SECOND ESCLAVE.

Par Apollôn! je ne puis : je suis incapable de supporter cette sentine.

PREMIER ESCLAVE.

Je vais donc rentrer la bête et la sentine avec elle.

SECOND ESCLAVE.

Et, de par Zeus! tout cela aux corbeaux, et toi par-dessus le marché! Que l'un de vous me dise, s'il le sait, où je pourrai acheter un nez sans trous. Car je ne connais pas de métier plus misérable que de pétrir de la pâtée pour la donner à un escarbot. Un porc, quand nous allons à la selle, un chien, en avalent sans façon. Mais celui-ci fait le fier et le dédaigneux, et il ne juge pas à propos de manger, si je ne lui présente, comme à une femme, après avoir passé toute la journée à la pétrir, une galette feuilletée. Mais je vais regarder s'il a fini son repas : entr'ouvrons seulement la porte, pour qu'il ne me voie point. Courage, ne t'arrête pas de manger, jusqu'à ce que tu en crèves sans t'en apercevoir. Comme il se courbe, l'animal, sur sa pâtée ! On dirait un lutteur : il avance les mâchoires ; il promène de-ci de-là sa tête et ses deux pattes, à la façon de ceux qui tournent de gros câbles pour les vaisseaux. Quelle bête hideuse, puante et vorace ! De quelle divinité est-elle l'emblème, je ne sais. Il ne me semble pas que ce soit d'Aphroditè, ni des Kharites, assurément.

PREMIER ESCLAVE.

De qui donc ?

SECOND ESCLAVE.

Il n'y a pas moyen que ce soit un présage de Zeus prêt à descendre.

PREMIER ESCLAVE.

Maintenant, parmi les spectateurs, quelque jeune homme, qui se pique de sagesse, se met sans doute à dire : « Qu'est-ce que cela ? A quoi bon l'escarbot ? » Et un Ionien, assis à ses côtés, lui répond : « Selon moi, cela fait allusion à Kléôn, qui, sans pudeur, se nourrissait de fiente. » Mais je rentre donner à boire à l'escarbot.

SECOND ESCLAVE.

Moi, je vais expliquer le sujet aux enfants, aux jeunes gens, aux hommes faits, aux vieillards et à tous ceux qui se croient quelque supériorité. Mon maître a une étrange folie, non pas la vôtre, mais une folie nouvelle tout à fait. Le jour entier, les yeux au ciel et la bouche béante, il invective contre Zeus : « O Zeus! dit-il, que veux-tu donc faire? Dépose ton balai; ne balaie pas la Hellas. »

TRYGÆOS, *hors de la scène.*

Ea! Ea!

SECOND ESCLAVE.

Silence! Je crois entendre sa voix.

TRYGÆOS.

O Zeus! que veux-tu donc faire de notre peuple? Tu ne t'aperçois pas que tu égraines nos villes!

SECOND ESCLAVE.

Voilà précisément la maladie dont je vous parlais : vous entendez un échantillon de ses manies. Mais les propos qu'il tenait au début de son accès de bile, vous allez les apprendre. Il se disait, ici, à lui-même : « Comment pourrais-je aller tout droit chez Zeus? » Puis, fabriquant de petites échelles, il y grimpait du côté du ciel, jusqu'au moment où il se cassa la tête en dégringolant. Mais hier, étant malheureusement sorti je ne sais où, il a ramené un escarbot, gros comme l'Ætna, et m'a forcé d'en être le palefrenier; puis, lui-même, le caressant comme un poulain : « Mon petit Pègasos, dit-il, généreux volatile, puisses-tu, dans ton essor, me conduire droit chez Zeus! »

Mais je vais me pencher pour voir ce qu'il fait là dedans. Ah! quel malheur! Accourez ici, accourez, voisins! Mon maître s'envole là-haut, à cheval, dans les airs, sur un escarbot!

TRYGÆOS.

Tout doux, tout doux, du calme, ma monture : ne t'enlève pas fièrement d'abord et d'une force trop confiante; attends que tu aies sué et assoupli les forces de tes membres par un vigoureux battement d'ailes. Ne va pas me lâcher une mauvaise odeur, je t'en conjure : si tu le faisais, mieux eût valu rester dans notre logis.

SECOND ESCLAVE.

Mon maître et seigneur, tu deviens fou!

TRYGÆOS.

Silence! silence!

SECOND ESCLAVE.

Pourquoi chevauches-tu ainsi à travers les nuages?

TRYGÆOS.

C'est pour le bien de tous les Hellènes que je vole, et que je tente une entreprise hardie et nouvelle.

SECOND ESCLAVE.

Pourquoi voles-tu? Pourquoi te mets-tu, sans cause, hors de bon sens?

TRYGÆOS.

Il nous faut des paroles de bon augure; pas un mot défavorable, mais des cris d'allégresse. Recommande aux hommes de se taire, de boucher les latrines et les égouts avec des briques neuves, et de mettre une clef à leurs derrières.

SECOND ESCLAVE.

Pas moyen de me taire, si tu ne dis pas où tu as l'intention de voler.

TRYGÆOS.

Où veux-tu, si ce n'est chez Zeus, vers le ciel?

SECOND ESCLAVE.

Dans quelle intention?

TRYGÆOS.

Pour lui demander ce qu'il a décidé de faire de tous les Hellènes.

SECOND ESCLAVE.

Et s'il ne te dit rien de catégorique?

TRYGÆOS.

Je l'accuserai de livrer la Hellas aux Mèdes.

SECOND ESCLAVE.

Par Dionysos! jamais de mon vivant!

TRYGÆOS.

Il n'en peut pas être autrement.

SECOND ESCLAVE.

Iou! Iou! Iou! pauvres fillettes, votre père vous abandonne; il vous laisse seules; il monte au ciel en cachette. Conjurez votre père, ô malheureuses enfants!

UNE FILLE DE TRYGÆOS.

Mon père, mon père, est-il vrai le bruit qui court dans notre maison ? On dit que, nous quittant pour le pays des oiseaux, tu vas chez les corbeaux et disparaître. Y a-t-il là quelque chose de réel ? Dis-le-moi, mon père, pour peu que tu m'aimes.

TRYGÆOS.

C'est à croire, mes enfants. Ce qu'il y a de certain, c'est que vous me fendez le cœur, quand vous me demandez du pain, en m'appelant papa, et que je n'ai pas chez moi une parcelle d'argent, ni rien du tout. Mais si je réussis, à mon retour, vous aurez un gros gâteau et une gifle pour assaisonnement.

LA JEUNE FILLE.

Mais par quel moyen feras-tu ce trajet ? Car ce n'est pas un navire qui te conduira sur cette route.

TRYGÆOS.

J'irai sur une monture ailée et non sur un vaisseau.

LA JEUNE FILLE.

Et quelle idée as-tu de harnacher un escarbot pour monter chez les dieux, mon petit papa ?

TRYGÆOS.

On voit dans les fables d'Æsopos qu'il s'est trouvé le seul des animaux parvenu chez les dieux en volant.

LA JEUNE FILLE.

Tu nous racontes une fable incroyable, petit père, comme quoi un animal si puant est allé chez les dieux.

TRYGÆOS.

Il y est allé, au temps jadis, par haine de l'aigle, et pour en faire rouler les œufs, afin de se venger.

LA JEUNE FILLE.

Tu aurais dû plutôt monter le cheval ailé Pègasos; tu aurais eu pour les dieux un air plus tragique.

TRYGÆOS.

Mais, petite sotte, il m'eût fallu double ration, tandis que tout ce que j'aurai mangé servira de fourrage à ma monture.

LA JEUNE FILLE.

Et s'il vient à tomber dans les profondeurs de la plaine liquide, comment en pourra-t-il sortir, étant ailé?

TRYGÆOS.

J'ai un gouvernail fait pour cela, et j'en userai : mon vaisseau sera un escarbot construit à Naxos.

LA JEUNE FILLE.

Et quel port te recevra dans ton naufrage?

TRYGÆOS.

Au Piræeus, n'y a-t-il pas le port de l'Escarbot?

LA JEUNE FILLE.

Prends bien garde de chopper et de choir de là-haut! Devenu boiteux, tu fournirais un sujet à Euripidès, et tu deviendrais une tragédie.

TRYGÆOS.

Je veillerai à tout cela. Adieu! *(Les jeunes filles s'en vont.)*

Et vous, pour qui je me donne la peine de ces peines, ne pétez ni ne chiez de trois jours. Car si, en planant au-dessus des nuages, l'escarbot flairait quelque odeur, il me jetterait la tête en bas, et adieu mes espérances. Mais voyons, Pègasos, vas-y gaiement; fais résonner ton frein d'or; mets en mouvement tes oreilles luisantes. Que fais-tu? que fais-tu? Pourquoi baisses-tu ton nez du côté des latrines? Élance-toi hardiment de terre, déploie tes ailes rapides; monte tout droit au palais de Zeus; détourne tes narines du caca, de ta pâture quotidienne. Ohé! l'homme! que fais-tu, toi, qui chies dans le Piræeus, près de la maison des prostituées? Tu vas me faire tuer, tu vas me faire tuer! Enfouis-moi cela! Apportes-y un gros tas de terre, plante par-dessus du serpolet et répands-y des parfums! S'il m'arrivait malheur, en tombant de là-haut, ma mort coûterait cinq talents à la ville de Khios, en raison de ton derrière. Mais, au fait, j'ai grand'peur, et je n'ai plus le mot pour rire. Ohé! machiniste, fais attention à moi! Je sens déjà quelque vent rouler autour de mon nombril. Si tu n'y prends garde, je vais faire de la pâture pour l'escarbot. Mais il me semble que je suis près des dieux, et je vois la demeure de Zeus. Où donc est le portier de Zeus? N'ouvrez-vous pas? *(La scène change et représente le Ciel.)*

HERMÈS.

D'où me vient cette odeur de mortel? O divin Hèraklès, qu'est-ce que cette bête?

TRYGÆOS.

Un hippokantharos.

HERMÈS.

O coquin, impudent, effronté, scélérat, très scélérat,

plus que très scélérat, comment es-tu monté ici, ô scélératissime parmi les scélérats ? Quel est ton nom ? Ne le diras-tu pas ?

TRYGÆOS.

Scélératissime.

HERMÈS.

Quel est ton pays ? Dis-le-moi.

TRYGÆOS.

Scélératissime.

HERMÈS.

Quel est ton père ?

TRYGÆOS.

A moi ? Scélératissime.

HERMÈS.

Par la Terre ! tu es un homme mort, si tu ne me dis pas quel est ton nom ?

TRYGÆOS.

Trygæos d'Athmonia, honnête vigneron, pas sykophante, ni ami des affaires.

HERMÈS.

Pour quoi viens-tu ?

TRYGÆOS.

Pour t'apporter des viandes.

HERMÈS.

O pauvre homme, comment es-tu venu ?

TRYGÆOS.

O gourmand, tu vois que je n'ai plus l'air à tes yeux d'un scélératissime. Voyons, maintenant, appelle-moi Zeus.

HERMÈS.

Ié, ié, ié! Tu n'es pas encore près de te trouver à côté des dieux. Ils sont partis hier : ils ont déménagé.

TRYGÆOS.

Pour quel endroit de la Terre?

HERMÈS.

De la Terre, dis-tu?

TRYGÆOS.

Oui, et où cela?

HERMÈS.

Tout à fait loin; absolument au fond de la calotte du Ciel.

TRYGÆOS.

Comment alors as-tu été laissé seul ici?

HERMÈS.

Pour avoir l'œil sur le reste du mobilier des dieux, les petits pots, les tablettes, les petites amphores.

TRYGÆOS.

Et pourquoi les dieux ont-ils déménagé?

HERMÈS.

Par colère contre les Hellènes. A l'endroit où ils étaient

eux-mêmes, ceux-ci ont logé la Guerre, en vous livrant absolument à sa discrétion. Eux alors sont allés demeurer le plus haut possible, afin de ne plus voir vos combats et de ne plus entendre vos supplications.

TRYGÆOS.

Et pourquoi nous traitent-ils ainsi ? Dis-le-moi.

HERMÈS.

Parce que vous avez préféré la guerre, lorsque souvent ils vous ont ménagé la paix. Si les Lakoniens remportaient le plus mince avantage, ils disaient : « Par les deux Dieux, aujourd'hui les Attiques nous la paieront. » Et s'il arrivait quelque succès à vous, Attiques, vainqueurs à votre tour, quand les Lakoniens venaient traiter de la paix, vous disiez tout de suite : « On nous trompe par Athèna, par Zeus, il ne faut pas s'y fier. Ils reviendront tant que nous aurons Pylos. »

TRYGÆOS.

C'est bien là le sens local de nos paroles.

HERMÈS.

Aussi je ne sais si jamais vous reverrez la Paix.

TRYGÆOS.

Où donc est-elle allée ?

HERMÈS.

La Guerre l'a plongée dans une caverne profonde.

TRYGÆOS.

Laquelle ?

HERMÈS.

Là, en bas. Tu vois que de pierres elle a entassées, afin que vous ne la repreniez jamais.

TRYGÆOS.

Dis-moi, que machine-t-elle de faire contre nous ?

HERMÈS.

Je ne sais, sauf une chose, c'est qu'elle a apporté hier soir un mortier d'une grandeur énorme.

TRYGÆOS.

Et que veut-elle faire de ce mortier ?

HERMÈS.

Elle veut y piler les villes. Mais je m'en vais, car, si je ne m'abuse, elle est sur le point de sortir : elle fait un vacarme là dedans !

TRYGÆOS.

Malheur à moi ! Je me sauve ; car il me semble entendre moi-même le fracas du mortier belliqueux.

LA GUERRE. *Elle arrive tenant un mortier.*

Ah ! mortels, mortels, mortels, infortunés, comme vous allez craquer des mâchoires !

TRYGÆOS.

Seigneur Apollôn, quelle largeur de mortier ! Que de mal dans le seul regard de la Guerre ! Est-ce donc là ce monstre que nous fuyons, cruel, redoutable, solide sur ses jambes ?

LA GUERRE.

Ah! Prasiæ, trois fois, cinq fois, mille fois malheureuse, la voilà perdue !

TRYGÆOS.

Cela, citoyens, n'est pas encore notre affaire : le coup porte sur la Lakonie.

LA GUERRE.

O Mégara, Mégara, comme tu vas être absolument broyée et mise en hachis. Babæ! Babæax!

TRYGÆOS.

Quel torrent de larmes amères chez les Mégariens!

LA GUERRE.

Io! Sikélia, toi aussi tu vas périr.

TRYGÆOS.

Quelle malheureuse cité sera réduite en poudre ?

LA GUERRE.

Voyons, versons aussi là dedans de ce miel attique.

TRYGÆOS.

Holà! je te conseille d'un autre miel. Celui-ci coûte quatre oboles : ménage le miel attique.

LA GUERRE.

Esclave, esclave, Vacarme!

LE VACARME.

Pourquoi m'appelles-tu ?

LA GUERRE.

Je te ferai pleurer à chaudes larmes. Tu es donc resté sans rien faire ? A toi ce coup de poing !

LE VACARME.

Il est dur ! Hélas ! hélas ! malheureux que je suis, ô mon maître ! Est-ce qu'il a de l'ail dans le poing ?

LA GUERRE.

Cours me chercher un pilon.

LE VACARME.

Mais nous n'en avons point, mon maître ; nous ne sommes emménagés que d'hier.

LA GUERRE.

Eh bien, cours en chercher un chez les Athéniens, et vivement.

LE VACARME.

J'y vais, de par Zeus ! et si je n'en ai pas, j'aurai à pleurer.

TRYGÆOS.

Ah ! que ferons-nous, chétifs mortels ? Voyez combien est grand le péril qui nous menace. S'il revient apportant le pilon, l'autre va piler les villes à son aise. Par Dionysos ! qu'il périsse avant de revenir avec l'instrument !

LA GUERRE.

Eh bien ?

LE VACARME.

Quoi ?

LA GUERRE.

Tu n'apportes rien ?

LE VACARME.

Malechance ! Les Athéniens ont perdu leur pilon, ce corroyeur qui bouleversait la Hellas.

TRYGÆOS.

O Athèna, vénérable souveraine, comme cet homme a bien fait de disparaître dans l'intérêt de la cité, avant de nous avoir servi son hachis !

LA GUERRE.

Va donc en chercher un autre à Lakédæmôn, et finis vite.

LE VACARME.

C'est cela, maîtresse...

LA GUERRE.

Reviens au plus tôt.

TRYGÆOS.

Citoyens, qu'allons-nous devenir ? Voici le grand combat ! Si quelqu'un de vous se trouve initié aux mystères de Samothrakè, c'est le moment de souhaiter une entorse à l'envoyé.

LE VACARME.

Hélas! hélas! malheureux que je suis, malheureux et trois fois malheureux!

LA GUERRE.

Qu'est-ce donc? Tu n'apportes rien encore?

LE VACARME.

Les Lakédæmoniens ont aussi perdu leur pilon.

LA GUERRE.

Comment, scélérat?

LE VACARME.

Du côté de la Thrakè, ils l'avaient prêté à d'autres, et ils l'ont perdu.

TRYGÆOS.

Quelle chance! quelle chance! Peut-être que tout ira bien. Rassurez-vous, mortels!

LA GUERRE.

Prends tout cet attirail, et remporte-le. Je rentre et je vais faire moi-même un pilon.

TRYGÆOS.

Voici l'instant de répéter ce que chantait Datis, en se caressant au milieu du jour : « Quel plaisir, quel délice, quelle jouissance! » C'est le bon moment pour vous, hommes de la Hellas, où, délivrés des affaires et des combats, vous allez tirer de prison la Paix, chère à tous, avant qu'un autre pilon y mette obstacle. Allons, laboureurs, marchands, artisans, ouvriers, métèques, étrangers, insulaires, venez ici; peuple de partout, prenez au plus vite pioches, leviers et câbles. Nous pouvons aujourd'hui saisir la coupe du Bon Génie.

LE CHOEUR.

Que chacun coure de tout cœur et promptement à la délivrance! O Panhellènes, secourons-nous plus que jamais après avoir mis fin aux batailles et aux luttes sanglantes. Car le jour a brillé ennemi de Lamakhos. Toi, s'il y a quelque chose à faire, donne-nous des ordres; sers-nous d'architecte : car il n'y a pas moyen, selon moi, aujourd'hui, de reculer, avant que les leviers et les machines aient ramené à la lumière la plus grande de toutes les déesses et la plus amie des vignes.

TRYGÆOS.

Vous tairez-vous? Que votre joie de la tournure des affaires ne réveille pas la Guerre qui est là dedans : plus de cris!

LE CHOEUR.

Nous nous réjouissons d'entendre cet édit : ce n'est plus comme de venir avec des vivres pour trois jours.

TRYGÆOS.

Prenez garde que ce Kerbéros de là-dessous ne s'emporte et ne crie, comme lorsqu'il était ici, et ne nous empêche de ramener la Déesse.

LE CHOEUR.

Non, désormais on ne nous la ravira plus, une fois qu'elle sera venue entre nos bras. Ah! ah! ah!

TRYGÆOS.

Vous voulez donc me tuer, vilaines gens, en ne cessant pas vos cris? Le monstre va s'élancer et fouler tout aux pieds.

LE CHOEUR.

Qu'il bouleverse, qu'il écrase, qu'il trouble tout; notre joie aujourd'hui ne saurait cesser.

TRYGÆOS.

O malheur! Qu'avez-vous donc, bonnes gens? N'allez pas, au nom des dieux, gâter par vos danses une si belle affaire!

LE CHOEUR.

Ce n'est pas que je veuille danser, mais de plaisir, et sans que je les meuve, mes deux jambes sautillent.

TRYGÆOS.

N'allons pas plus loin; cessez, cessez de sautiller.

LE CHOEUR.

Voilà, je cesse.

TRYGÆOS.

Tu le dis, mais tu ne cesses pas.

LE CHOEUR.

Laisse-moi donc encore esquisser un pas, et point davantage.

TRYGÆOS.

Celui-là seulement, et ne dansez plus, mais pas du tout.

LE CHOEUR.

Nous ne danserons plus, si nous te sommes utiles à quelque chose.

TRYGÆOS.

Mais vous le voyez, vous n'avez pas encore cessé.

LE CHOEUR.

De par Zeus! nous lançons encore la jambe droite, et c'est fini.

TRYGÆOS.

Je vous le permets pour que vous ne me chagriniez plus.

LE CHOEUR.

Oui, mais la gauche veut nécessairement être de la partie. Je suis joyeux, je pète, je ris, plus même que si j'avais dépouillé la vieillesse; j'échappe au bouclier.

TRYGÆOS.

Ne vous réjouissez pas encore; car vous ne savez ce qu'il en est précisément. Mais quand nous la tiendrons, alors réjouissez-vous, criez, riez! Il vous sera permis, en effet, de naviguer, de demeurer, de faire l'amour, de dormir, de prendre part aux panégyries et aux théories, de banqueter, de jouer au kottabe, de mener une vie de Sybarite et de crier : Iou! Iou!

LE CHOEUR.

Puissé-je voir un si beau jour! J'ai enduré bien des peines et des lits de jonchée échus à Phormiôn. Tu ne trouveras plus en moi un juge sévère, dur, intraitable, ni d'une humeur inflexible, comme jadis; mais tu me verras rempli de douceur, rajeuni de plusieurs années, quand j'aurai été débarrassé des ennuis. Depuis un temps suffisant nous nous tuons, nous nous éreintons, courant vers le Lykéion ou hors du Lykéion, avec la lance, avec le bouclier; mais comment te serons-nous le plus agréables ? Voyons, parle, puisqu'une heureuse fortune t'a choisi pour notre chef.

TRYGÆOS.

Voyons un peu par quel moyen nous enlèverons ces pierres.

HERMÈS.

Scélérat, impudent, que prétends-tu faire ?

TRYGÆOS.

Rien de mal, à la façon de Killikôn.

HERMÈS.

C'est fait de toi, misérable!

TRYGÆOS.

Sans doute, si le sort décide de moi; car Hermès, je le sais, dirigera le hasard.

HERMÈS.

Tu es mort, anéanti.

TRYGÆOS.

Et quel jour?

HERMÈS.

Tout de suite.

TRYGÆOS.

Mais je n'ai encore acheté ni orge, ni fromage, en homme qui doit mourir.

HERMÈS.

Cependant tu as été gentiment frotté.

TRYGÆOS.

Comment se fait-il que je n'en aie ressenti aucune jouissance?

HERMÈS.

Ignores-tu que Zeus a décrété la peine de mort contre quiconque déterrera la prisonnière?

TRYGÆOS.

Alors il est de toute nécessité que je meure?

HERMÈS.

Sois-en certain.

TRYGÆOS.

Prête-moi alors trois drakhmes pour acheter un petit cochon; car il faut que je me fasse initier avant de mourir.

HERMÈS.

O Zeus, qui fais gronder la foudre!

TRYGÆOS.

Au nom des dieux, maître, ne nous dénonce pas, je t'en conjure.

HERMÈS.

Je ne puis me taire.

TRYGÆOS.

Je t'en prie, par les viandes que je me suis empressé de t'offrir en arrivant.

HERMÈS.

Mais, animal, Zeus va m'anéantir, si je ne crie pas bien haut et si je ne révèle tout cela.

TRYGÆOS.

Ne révèle rien, je t'en supplie, mon petit Hermès... Eh bien! vous autres, qu'est-ce que vous faites là? Vous restez immobiles. Malheureux! parlez donc; autrement, il va tout révéler.

LE CHOEUR.

Ne le fais pas, seigneur Hermès, pas du tout! Si c'est avec plaisir que tu sais avoir mangé le petit cochon que je t'ai offert, ne considère pas cette offre comme de peu de valeur, dans la circonstance actuelle.

TRYGÆOS.

N'entends-tu pas comme ils te flattent, souverain maître?

LE CHOEUR.

Que ta colère ne reprenne pas le dessus, devant nos supplications; laisse-nous délivrer la Déesse. Sois-nous favorable, ô le plus philanthrope, le plus généreux des dieux, s'il est vrai que tu as en horreur les aigrettes et les sourcils de Pisandros. Les victimes sacrées, les offrandes magnifiques, ô mon maître, te seront prodiguées par nos mains, et toujours.

TRYGÆOS.

Voyons, je t'en conjure, prends pitié de leurs prières : ils t'honorent mieux que jamais.

HERMÈS.

En effet, ils sont aujourd'hui plus voleurs que jamais.

TRYGÆOS.

Je te dirai la chose terrible, énorme, machinée contre tous les dieux.

HERMÈS.

Allons, parle : peut-être me convaincras-tu.

TRYGÆOS.

La Lune et ce vaurien de Soleil conspirent depuis longtemps contre vous et veulent livrer la Hellas aux Barbares.

HERMÈS.

Et pourquoi agissent-ils ainsi ?

TRYGÆOS.

Parce que, de par Zeus! c'est à vous que nous offrons

des sacrifices, tandis que c'est à eux que sacrifient les Barbares. Aussi est-il naturel qu'ils veuillent vous voir tous exterminés, afin de recevoir les offrandes faites aux dieux.

HERMÈS.

Voilà pourquoi, depuis longtemps, ils trichent tous deux sur la durée des jours et rognent frauduleusement de leur disque.

TRYGÆOS.

Oui, de par Zeus! Ainsi, cher Hermès, viens-nous résolument en aide et délivre avec nous la captive. Et désormais c'est à toi, Hermès, que seront consacrées les grandes Panathènæa et les autres fêtes en l'honneur des dieux, Mystères, Dipolia, Adonia. Partout les villes, débarrassées de leurs maux, offriront des sacrifices à Hermès Préservateur. Et tu auras encore bien d'autres avantages : moi, d'abord, je te fais présent de cette coupe pour les libations.

HERMÈS.

Ah! je suis toujours sensible aux coupes d'or. A votre œuvre donc, braves gens! Pioches en main, entrez dans la caverne, et écartez au plus vite les pierres.

LE CHOEUR.

Nous y sommes; mais toi, le plus habile des dieux, dis-nous en bon ouvrier ce qu'il faut faire; pour le reste, tu ne nous trouveras pas insouciants à la besogne.

TRYGÆOS.

Voyons, alors; toi, tends vite la coupe, et préludons

par les libations à notre travail, en invoquant les dieux! Libation! Libation! Silence! Par ces libations, demandons que ce jour soit pour tous les Hellènes la source de mille biens, et que quiconque aura bravement mis la main à ces câbles, ce même homme ne la mette pas au bouclier.

LE CHOEUR.

Oui, au nom de Zeus, et que je passe ma vie au sein de la paix, aux bras d'une hétaïre, et tisonnant les charbons.

TRYGÆOS.

Fais que celui qui aime mieux voir régner la Guerre, ne cesse jamais, ô souverain Dionysos, de retirer de ses coudes les pointes des dards.

LE CHOEUR.

Et si quelque aspirant au grade de taxiarkhe te jalouse la lumière, ô Déesse vénérable, qu'il éprouve dans les combats le sort de Kléonymos.

TRYGÆOS.

Et si un fabricant de lances ou un brocanteur de boucliers, afin de vendre davantage, souhaite les batailles, qu'il soit pris par des voleurs et n'ait que de l'orge à manger.

LE CHOEUR.

Et si quelque aspirant au grade de stratège refuse son concours, ou qu'un esclave se prépare à passer à l'ennemi, qu'il soit attaché à la roue et fustigé.

TRYGÆOS.

A nous la bonne chance! Iè, Pæan, iè!

LE CHOEUR.

Pas de « Pæan »! Dis seulement : « Iè! »

TRYGÆOS.

A Hermès, aux Kharites, aux Heures, à Aphroditè, au Désir!

LE CHOEUR.

Et point à Arès!

TRYGÆOS.

Point!

LE CHOEUR.

Point à Enyalios!

TRYGÆOS.

Point! Tous, faites jouer les leviers et appliquez les câbles aux pierres.

HERMÈS.

Ho! Eia!

LE CHOEUR.

Eia! Plus fort!

HERMÈS.

Ho! Eia!

LE CHOEUR.

Encore plus fort!

HERMÈS.

Ho! Eia! Ho! Eia!

TRYGÆOS.

Mais ces hommes ne tirent pas également! Vous n'agissez pas de concert! Gare à vous! Vous gémirez, tas de Bœotiens.

HERMÈS.

Eia! encore!

TRYGÆOS.

Eia! Ho!

LE CHOEUR.

Eh! voyons! Tirez aussi, vous deux.

TRYGÆOS.

Mais je tire, je me pends à la corde; je me couche dessus; j'y vais de bon cœur.

LE CHOEUR.

Comment se fait-il donc que la besogne n'avance pas?

TRYGÆOS.

O Lamakhos! tu as tort de rester en dehors, assis. Nous n'avons pas besoin, brave homme, de ta Mormô.

HERMÈS.

Ces Argiens ne tirent pas non plus; et il y a longtemps de ça; mais ils se rient de nos misères, et ils font leurs orges des deux côtés à la fois.

TRYGÆOS.

Oui, mais les Lakoniens, mon bon, tirent en vrais hommes.

LE CHOEUR.

Tu vois que ce sont exclusivement tous ceux d'entre eux qui ont en main le bois aratoire, seuls ils ont du cœur. Mais l'armurier s'y oppose.

HERMÈS.

Les Mégariens ne font pas grand'chose non plus : ils tirent toutefois, ouvrant gloutonnement leur bouche humide, à la manière des chiens, et, de par Zeus ! mourant d'inanition.

TRYGÆOS.

Nous ne faisons rien, bonnes gens; allons-y tous du même cœur : sachons nous y reprendre.

HERMÈS.

Ho ! Eia !

TRYGÆOS.

Eia, plus fort !

HERMÈS.

Ho ! Eia !

TRYGÆOS.

Eia, de par Zeus !

LE CHOEUR.

Nous n'avançons guère.

TRYGÆOS.

N'est-ce pas affreux que les uns tirent dans un sens et les autres dans un autre ? Vous recevrez des coups, les Argiens !

HERMÈS.

Eia, encore!

TRYGÆOS.

Eia! Ho!

LE CHOEUR.

Il y a des malintentionnés parmi nous.

TRYGÆOS.

Vous au moins, qui avez envie de la paix, tirez vigoureusement.

LE CHOEUR.

Mais il y en a qui empêchent.

HERMÈS.

Citoyens de Mégara, n'irez-vous pas aux corbeaux? Vous êtes en haine à la Déesse, qui a bonne mémoire; car c'est vous les premiers qui l'avez frottée d'ail. Quant à vous, Athéniens, je vous dis de cesser de tirer maintenant de ce côté, car vous ne faites que vous occuper de procès. Si donc vous désirez délivrer la captive, descendez un peu vers la mer.

LE CHOEUR.

Voyons, mes amis, que les laboureurs seuls saisissent les câbles.

HERMÈS.

La chose est en bien meilleur train, mes amis, pour notre avantage.

LE CHOEUR.

Il dit que la chose est en bon train : que chacun s'y mette donc de tout cœur.

TRYGÆOS.

Ce sont les laboureurs, et pas un autre, qui avancent l'ouvrage.

LE CHOEUR.

Allons, maintenant; allons, tout le monde! Il y a décidément de l'ensemble. Ne nous relâchons pas pour le moment, mais tendons les muscles avec plus de vigueur. Voilà qui est fait. Ho! Eia! maintenant. Ho! Eia! tout le monde. Ho! Eia! Ho! Eia! Ho! Eia! Ho! Eia! Ho! Eia! Ho! Eia! Ho! Eia! Eia! Eia! Eia! tout le monde. *(La Paix sort de la caverne.)*

TRYGÆOS.

Vénérable Déesse qui donnes les raisins, quelles paroles t'adresserai-je ? Où prendrai-je des mots de la contenance de dix mille amphores pour te les adresser ? Je n'en ai plus à la maison. Salut, Opôra! Salut, Théoria! Que tu as donc un charmant visage, ô Théoria! Quelle haleine, quelle odeur suave s'exhale de ton sein! C'est la senteur très douce du congé militaire et des parfums.

HERMÈS.

Est-ce donc une odeur comparable à celle du sac militaire ?

TRYGÆOS.

J'ai le cœur sur les lèvres devant l'affreux sac d'osier d'un très affreux ennemi : c'est l'odeur du rot d'un mangeur d'oignon ; mais avec Opôra réceptions, Dionysia, flûtes, tragédies, chants de Sophoklès, grives, petits vers d'Euripidès...

HERMÈS.

Pleure de la calomnier : elle ne se plaît pas avec un faiseur de plaidoiries.

TRYGÆOS.

Lierre, passoire pour le vin, brebis bêlantes, gorges de femmes courant aux champs, servante prise d'ivresse, kongion renversé et mille autres bonnes choses.

HERMÈS.

Tiens, maintenant, regarde comme ces villes réconciliées jasent entre elles et rient de bonne humeur ; et cela, bien qu'affreusement meurtries, et toutes couvertes de ventouses.

TRYGÆOS.

Regarde aussi les figures des spectateurs, afin de savoir quels sont leurs métiers.

HERMÈS.

Ah ! malheur ! ne vois-tu pas ce fabricant d'aigrettes qui s'arrache lui-même les cheveux, tandis que le faiseur de hoyaux pète au nez de ce fabricant d'épées ?

TRYGÆOS.

Et le fabricant de faux, ne vois-tu pas comme il se réjouit et fait la nique à ce faiseur de lances ?

HERMÈS.

Va, maintenant, ordonne aux laboureurs de se retirer.

TRYGÆOS.

Ecoutez, peuples. Que les laboureurs retournent au plus vite dans leurs champs, avec leurs instruments aratoires, sans lances, sans épées, sans javelots; car déjà tout se remplit ici de la vieille Paix. Que chacun se rende à ses travaux champêtres, après avoir chanté un Pæan!

LE CHOEUR.

O jour désiré des gens de bien et des cultivateurs, avec quelle joie, en te revoyant, je veux saluer mes vignes et les figuiers que je plantai dans ma jeunesse! Le cœur nous dit de les embrasser après un si long temps.

TRYGÆOS.

Et maintenant, bonnes gens, commençons par adorer la Déesse qui nous a débarrassés des aigrettes et des Gorgones; ensuite nous retournerons à notre logis, chez nous, dans nos champs, après avoir fait l'emplette de quelque bonne salaison.

HERMÈS.

O Poséidôn, le beau coup d'œil que présente leur troupe, serrée comme une galette, animée comme un banquet!

TRYGÆOS.

Par Zeus! c'est une belle chose qu'un hoyau bien emmanché; et les fourches à trois pointes brillent vivement au soleil. Elles nous servent à aligner comme il faut les rangées d'arbres. Comme je souhaite depuis longtemps rentrer moi-même dans mon champ et retourner avec ma pioche mon petit terrain! Ah! souvenez-vous, mes amis, de la vie d'autrefois, que nous procurait la Déesse, cabas, figues, myrtes, vin doux, diaprures de violettes près du puits, oliviers que nous regrettons! En mémoire de tous ces biens, adorez aujourd'hui la Déesse!

LE CHOEUR.

Salut! Salut! Combien nous attendrit ta venue, ô Déesse bien-aimée! Je suis consumé du regret de ton absence et je veux ardemment retourner aux champs. En effet, tu étais pour nous un grand bien, ô Déesse regrettée, pour nous tous qui menons la vie champêtre : seule, tu nous venais en aide. Nous goûtions, grâce à toi et depuis longtemps, mille douceurs gratuites et délicieuses. Tu étais, pour les agriculteurs, les grillades de froment et la santé. Aussi les vignes, les jeunes figuiers, toutes les plantes souriaient de joie à ton approche. *(A Hermès.)* Mais où donc était-elle durant tout le temps qu'elle a passé loin de nous? Dis-le-nous, ô le plus bienveillant des dieux.

HERMÈS.

Très sages laboureurs, écoutez bien mes paroles si vous voulez entendre comment elle a été perdue. La première cause remonte à la disgrâce de Phidias. Ensuite Périklès, craignant de partager le même sort, en raison de votre nature et de votre humeur acariâtre, avant de rien éprouver de fâcheux lui-même, mit la ville en feu. Il lance, faible étincelle, le décret de Mégara, qui allume la triste guerre, dont la fumée fait pleurer tous les Hellènes, ceux d'ici et ceux de là-bas. Aussitôt que s'en répand la nouvelle, la vigne craque; le tonneau, violemment heurté, se rue sur le tonneau : il n'y a plus personne pour arrêter le mal; la Paix a disparu.

TRYGÆOS.

Par Apollôn! je ne savais pas un mot de tout cela, et je n'avais pas ouï dire que Phidias eût des attaches avec elle.

LE CHOEUR.

Ni moi, jusqu'à ce moment : elle ne tenait sans doute une figure si belle que de sa parenté avec lui. Bien des choses nous échappent.

HERMÈS.

Alors, quand les villes, à vous soumises, connurent vos férocités mutuelles et vos grincements de dents, elles mirent tout en œuvre contre vous, différant les tributs, et elles gagnèrent à prix d'argent les principaux citoyens de la Lakonie. Ceux-ci, honteusement avares et haïsseurs des étrangers, repoussent honteusement la Paix et embrassent la Guerre. Cependant leurs profits sont la ruine des laboureurs. Car bientôt des trières, parties d'ici en représailles, mangent les figues de gens qui n'en peuvent mais.

TRYGÆOS.

C'était juste pourtant; car ils m'ont brisé un figuier noir, que j'avais planté et élevé de mes mains.

LE CHOEUR.

Oui, de par Zeus! mon cher, c'était bien fait; car à moi, d'un coup de pierre, ils ont cassé un coffre qui contenait dix médimnes de froment.

HERMÈS.

Alors le peuple travailleur, revenu des champs à la ville, ne s'aperçut pas qu'il était vendu de la même manière qu'auparavant, mais n'ayant plus un pépin de raisin et aimant les figues, il regarda du côté des orateurs. Ceux-ci, connaissant la gêne des pauvres et leur manque d'orge, chassèrent la Déesse à coups de fourches à deux pointes et de cris, toutes les fois qu'elle reparaissait animée de tendresse pour ce pays. En même temps ils portaient le désordre chez les plus riches et les plus opulents de nos alliés, accusant l'un ou l'autre d'être partisan de Brasidas. Vous vous jetiez sur le malheureux, comme des chiens, pour le mettre en pièces. La ville pâle, épuisée de crainte, saisissant ce que lui jetait la calomnie, en faisait avec plaisir sa pâture. Voyant les coups que frappaient ces gens-là, les étrangers, témoins de leurs actes, leur fermaient la bouche avec de l'or. C'est ainsi qu'ils s'enrichirent, tandis que la Hellas se mourait à votre insu. Et la cause de cela était un corroyeur.

TRYGÆOS.

Assez, assez, seigneur Hermès, n'en parle plus; laisse ce personnage là où il est, sous terre : il n'est plus à nous, cet homme, il est à toi. Tout ce que tu dirais de lui, quoique de son vivant ce fût un fourbe, un bavard, un sykophante, un brouillon, un perturbateur, tout cela serait aujourd'hui une insulte à l'un des tiens. Mais pourquoi gardes-tu le silence, vénérable Déesse ? Dis-le-moi.

HERMÈS.

Elle ne saurait parler devant les spectateurs : elle a

contre eux un trop grand ressentiment des maux qu'elle a soufferts.

TRYGÆOS.

Qu'elle te dise au moins quelques mots.

HERMÈS.

Dis-moi, chère amie, quelles sont tes intentions à leur égard. Voyons, toi, qui de toutes les femmes détestes le plus les anneaux de bouclier... Bien, j'entends. C'est là ce que tu leur reproches? Je comprends. Écoutez, vous autres, ce dont elle se plaint. Elle dit qu'elle s'est présentée d'elle-même après l'affaire de Pylos, apportant à la ville une corbeille pleine de traités, et que trois fois elle a été repoussée par les votes de l'assemblée.

TRYGÆOS.

Nous avons commis cette faute; mais pardonne, notre esprit était alors dans les cuirs.

HERMÈS.

Voyons, maintenant, écoute la question qu'elle vient de me faire. Quel était ici le plus malintentionné pour elle, et quel était l'ami, qui souhaitait vivement la fin des batailles?

TRYGÆOS.

Le mieux intentionné était sans contredit Kléonymos.

HERMÈS.

Quel semble donc être Kléonymos en ce qui touche à la guerre?

TRYGÆOS.

Un brave cœur ; seulement il n'est pas né du père dont il se dit le fils ; et quand il marche en soldat, il le prouve aussitôt en jetant ses armes.

HERMÈS.

Écoute encore ce qu'elle vient de me demander. Qui est-ce qui domine aujourd'hui à la tribune de pierre de la Pnyx ?

TRYGÆOS.

Hyperbolos y occupe le premier rang. Eh bien, Déesse, que fais-tu ? Où tournes-tu la tête ?

HERMÈS.

Elle se détourne du peuple, indignée qu'il se soit donné un si mauvais chef.

TRYGÆOS.

Eh bien ! nous n'en userons plus du tout ; mais le peuple, dénué de guide, et réduit à la nudité, s'était servi de cet homme comme d'un manteau.

HERMÈS.

Elle demande quel avantage en tirera la république.

TRYGÆOS.

Nous deviendrons plus éclairés.

HERMÈS.

Comment ?

TRYGÆOS.

Parce qu'il se trouve être fabricant de lanternes. Auparavant nous tâtonnions les affaires dans l'obscurité; aujourd'hui nous voterons tout à la lanterne.

HERMÈS.

Oh! oh! quelles questions elle m'ordonne de te faire!

TRYGÆOS.

Lesquelles?

HERMÈS.

Une foule de vieilleries qu'elle a jadis laissées là. Elle demande d'abord ce que fait Sophoklès.

TRYGÆOS.

Il va bien, mais il lui est arrivé quelque chose d'étrange.

HERMÈS.

Quoi donc?

TRYGÆOS.

De Sophoklès il est devenu Simonidès.

HERMÈS.

Simonidès? Comment?

TRYGÆOS.

Vieux et avare, pour gagner, il naviguerait sur une claie.

HERMÈS.

Et le sage Kratinos, vit-il toujours?

TRYGÆOS.

Il est mort lors de l'invasion des Lakoniens.

HERMÈS.

De quel mal ?

TRYGÆOS.

De quel mal ? D'une syncope. Il n'a pu supporter le chagrin de voir briser un tonneau rempli de vin. Combien d'autres malheurs, penses-tu, ont encore affligé la ville? Aussi jamais, ô Déesse! nous ne nous séparerons de toi.

HERMÈS.

Eh bien ! maintenant, dans ces conditions, prends pour femme Opôra que voici. Va vivre aux champs avec elle, et faites ensemble du raisin.

TRYGÆOS.

Douce amie, viens ici et donne-moi un baiser. Crois-tu, seigneur Hermès, qu'il m'arrive malheur si, après une longue privation, je prends mes ébats avec Opôra ?

HERMÈS.

Non, à la condition que tu boives par-dessus une infusion de menthe. Mais hâte-toi de conduire Théoria, que voici, au Conseil, dont elle était jadis.

TRYGÆOS.

Bienheureux Conseil de ravoir Théoria! Que de sauce tu vas avaler pendant trois jours ! Combien tu vas manger de tripes cuites et de viandes! A toi, cher Hermès, un bon adieu !

HERMÈS.

Et toi aussi, brave homme, pars joyeux et souviens-toi de moi.

TRYGÆOS.

Ohé! escarbot, à la maison, à la maison! Revolons-y.

HERMÈS.

Il n'est plus ici, mon cher.

TRYGÆOS.

Où donc est-il allé?

HERMÈS.

Il s'est attelé au char de Zeus, et il porte la foudre.

TRYGÆOS.

D'où le malheureux aura-t-il donc sa pâture?

HERMÈS.

Il savourera l'ambroisie de Ganymèdès.

TRYGÆOS.

Et comment descendrai-je?

HERMÈS.

Sois tranquille; très bien, du côté de la Déesse.

TRYGÆOS.

Par ici, jeunes filles, suivez-moi vite; car bon nombre de gens vous désirent et vous attendent tête levée.

PARABASE *ou* CHOEUR.

Va donc avec joie. Pour nous, mettant ces objets entre les mains des gens de notre suite, donnons-les-leur à garder, vu que c'est autour de la scène particulièrement que la foule des voleurs a coutume de rôder et de faire de mauvais coups. Veillez-y donc avec courage.

Et nous, exposons aux spectateurs la voie que suivent nos ouvrages, et quelle en est l'intention. Il faudrait voir fustiger par les arbitres tout poète comique qui se louerait lui-même sur la scène dans les anapestes de sa parabase. Or, s'il est juste, fille de Zeus, d'honorer celui qui s'est fait le meilleur et le plus habile de tous les comiques, notre auteur croit avoir droit à de grands éloges. D'abord, il est le seul qui ait forcé ses rivaux à cesser de rire sans cesse des haillons, et de faire la guerre aux poux. Ces Hèraklès qui pétrissent, ces meurt-de-faim, il les a bannis et flétris le premier; il a mis à l'écart les esclaves fuyards, trompeurs, battus et introduits par eux tout en larmes, à seule fin et exclusivement pour qu'un camarade se moque de leurs coups, et leur dise : « Malheureux, qu'est-il arrivé à ta peau? Est-ce qu'une nombreuse armée de hérissons est tombée sur tes reins et a mis ton dos en coupe? » Supprimant ces turpitudes, ces lourdeurs, ces bouffonneries ignobles, il nous a créé un grand art, bâti un palais aux tours élevées, à l'aide de belles paroles, de pensées et de plaisanteries, qui ne sentent pas l'Agora. Jamais il n'a mis en scène de simples particuliers, ni des femmes; mais, avec le courage de Hèraklès, il s'est attaqué aux plus grands monstres passant à travers les odeurs fétides des cuirs et les menaces boueuses. Oui, le premier entre tous, je lutte contre la bête aux dents aiguës, dans les yeux de laquelle luisent des rayons terribles comme les yeux de Kynna, et dont les cent têtes sont léchées en cercle par des flatteurs, gémissant autour de son cou, ayant la voix redoutable d'un torrent qui grossit, l'odeur d'un phoque, les testicules malpropres d'une Lamia et le derrière d'un chameau. A la vue de ce monstre je n'ai pas eu peur, mais je lui fis face, combattant sans relâche pour vous et pour les autres îles. A vous aujourd'hui de m'en savoir gré et de vous en souvenir. Jadis, en effet, dans la joie du succès, je n'ai point parcouru les palestres, pour corrompre les jeunes gens, mais, emportant mon bagage, je me suis retiré tout de suite, après avoir causé peu de chagrin, beaucoup de gaieté et fait en tout mon devoir.

Aussi dois-je avoir pour moi les hommes et les enfants : les esclaves mêmes, nous les invitons à contribuer à notre victoire. Car, si je suis vainqueur, chacun dira à sa table et dans les banquets : « Offre au chauve, donne au chauve quelque friandise; ne refuse rien au plus noble des poètes, homme au large front. »

Muse, toi qui as repoussé la guerre, viens te mêler aux danses avec moi, ton ami, célébrant les noces des dieux, les festins des hommes et les banquets des Heureux : c'est de cela que, depuis longtemps, tu as souci. Si Karkinos se présente avec son fils pour danser, ne l'admets pas, fausse-leur compagnie; mais songe que ce sont tous des cailles domestiques, des danseurs au cou long et étroit, des nains, des raclures de crottes de chèvres, des poètes à machines. Le père disait, après un succès inespéré, que son drame fut, le soir, étranglé par un chat.

Il faut ainsi que le poète habile chante les hymnes populaires des Kharites à la belle chevelure, lorsque l'hirondelle printanière gazouille sur la branche, tandis que ni Morsimos, ni Mélanthios ne trouve de chœur; ce dernier m'a fait entendre sa voix aigre lorsque son père et lui eurent un chœur tragique, tous deux Gorgones voraces, gourmands de raies, harpyies, coureurs de vieilles, impurs, puant le bouc, destructeurs de poissons. Lance sur eux un grand et large crachat, Muse divine, et viens célébrer avec moi cette fête.

TRYGÆOS.

Que ce n'est guère commode d'aller tout droit chez les dieux! Moi, j'en ai réellement les jambes presque rompues. Je vous voyais bien petits de là-haut, et votre méchanceté, vue du ciel, me semblait grande; mais ici vous êtes plus méchants encore.

UN ESCLAVE.

Hé! maître, tu reviens?

TRYGÆOS.

Oui, à ce que j'ai entendu dire.

L'ESCLAVE.

Que t'est-il arrivé?

TRYGÆOS.

D'avoir mal aux jambes après avoir fait un long chemin.

L'ESCLAVE.

Voyons, maintenant, dis-moi...

TRYGÆOS.

Quoi?

L'ESCLAVE.

As-tu vu planant en l'air un homme autre que toi?

TRYGÆOS.

Non, si ce n'est peut-être deux ou trois âmes de poètes dithyrambiques.

L'ESCLAVE.

Que faisaient-elles ?

TRYGÆOS.

Dans leur vol, elles rassemblaient je ne sais quels préludes lyriques, noyés dans le vague des cieux.

L'ESCLAVE.

Ce n'est donc pas vrai ce qu'on dit à propos de l'air, que nous devenons des astres sitôt qu'on meurt ?

TRYGÆOS.

Mais oui, absolument.

L'ESCLAVE.

Et quel est donc l'astre qui brille maintenant ?

TRYGÆOS.

Iôn de Khios ; c'est lui qui a composé, jadis, une ode, « l'Orientale ». Aussi, dès qu'il parut, tout le monde l'appela « l'Astre oriental ».

L'ESCLAVE.

Quels sont donc ces astres qui courent en laissant un sillon lumineux ?

TRYGÆOS.

Ce sont des astres riches qui reviennent de souper : ils portent des falots et, dans ces falots, du feu. Mais conduis vite cette jeune femme à la maison, nettoie la baignoire, chauffe l'eau et prépare pour elle et pour moi le lit nuptial; puis, cela fait, reviens ici. Moi je vais la présenter au Conseil, en attendant.

L'ESCLAVE.

Mais où as-tu pris ces femmes?

TRYGÆOS.

Où? Dans le ciel.

L'ESCLAVE.

Je ne donnerais pas des dieux un triobole, s'ils entretiennent des maîtresses, comme nous autres mortels.

TRYGÆOS.

Non pas tous, mais quelques-uns aussi là-haut, vivent de cela.

L'ESCLAVE.

Eh bien! allons, maintenant. Dis-moi, lui donnerai-je quelque chose à manger?

TRYGÆOS.

Rien : car elle ne voudra manger ni pain, ni galette. Elle est trop habituée chez les dieux, là-haut, à lécher constamment l'ambroisie.

L'ESCLAVE.

A lécher? On va donc lui préparer cela ici!

LE CHOEUR.

Le bonheur, pour ce vieillard, autant du moins que j'en puis juger, est devenu son affaire.

TRYGÆOS.

Que sera-ce quand vous m'aurez vu radieux comme un nouvel époux ?

LE CHOEUR.

Tu seras digne d'envie, vieillard, rajeuni et frotté d'essences.

TRYGÆOS.

Je le crois. Et que sera-ce, quand, couché avec elle, je lui palperai la gorge ?

LE CHOEUR.

Ton bonheur semblera au-dessus des totons de Karkinos.

TRYGÆOS.

N'est-ce pas juste, moi qui, à cheval sur un escarbot, ai sauvé les Hellènes, si bien que dans les champs tout le monde peut, à son aise, se rigoler et dormir ?

L'ESCLAVE.

La fille est lavée et les alentours des fesses sont en bon état. Le gâteau est cuit, la galette de sésame pétrie, et tout le reste à l'avenant : il ne manque plus que toi et ton ustensile.

TRYGÆOS.

Allons, hâtons-nous de conduire Théoria devant le Conseil.

L'ESCLAVE.

Elle ? Que dis-tu ?

TRYGÆOS.

Oui, c'est Théoria que, jadis, à Braurôn, nous caressions quand nous avions un peu bu. Sache que, pour la prendre, cela n'a pas été sans peine.

L'ESCLAVE.

O mon maître, quelle régalade de serre-croupières tous les cinq ans !

TRYGÆOS.

Voyons, qui de vous est honnête homme ? Qui donc ? Qui prendra sous sa garde cette jeune fille pour la conduire au Conseil ? Holà ! toi, qu'est-ce que tu dessines là ?

L'ESCLAVE.

Moi ? Je trace le plan d'une tente pour loger, aux jeux Isthmiques, ce que la pudeur me défend de nommer.

TRYGÆOS.

Eh bien ! Personne de vous ne dit qui sera le gardien ? Viens ici, Théoria ; je te conduis et je te place au milieu d'eux.

L'ESCLAVE.

En voilà un qui fait signe !

TRYGÆOS.

Qui donc?

L'ESCLAVE.

Qui? Ariphradès : il demande instamment que tu la lui conduises.

TRYGÆOS.

Non, mon cher, il fondra sur elle et en pompera le suc. Allons, toi, dépose tout cet attirail par terre. — Conseil, Prytanes, vous voyez Théoria. Considérez quels biens je vous apporte et je vous livre. Vous pouvez tout de suite lui lever les deux jambes en l'air et consommer le sacrifice. Voyez comme cette cuisine est belle, et c'est pour cela qu'elle est toute noircie : avant la guerre, le Conseil avait là ses casseroles. En la possédant, nous pourrons, dès demain, entrer brillamment en lice, lutter par terre, marcher à quatre pattes, la jeter sur le côté, nous tenir à genoux, tête baissée, puis, frottés d'huile, comme au pankration, frapper en jeune homme, fouiller et agir tout ensemble du poing et du pénis. Le troisième jour, après cela, vous ferez l'hippodromie, cavalier serrant de près un cavalier, attelages renversés les uns sur les autres, essoufflés, haletants, se donnant de mutuelles secousses; d'autres, épuisés par les courbes, tombant de leurs chars. Mais, ô Prytanes, recevez Théoria. Tu vois avec quel empressement ce Prytane l'a reçue. Tu ne ferais pas ainsi s'il s'agissait d'une introduction gratuite; mais je te verrais alléguer une transaction rétribuée.

LE CHOEUR.

Certes, on est un homme utile à tous ses concitoyens, quand on est tel que toi.

TRYGÆOS.

Quand vous vendangerez, vous saurez beaucoup mieux ce que je vaux.

LE CHOEUR.

Mais, dès à présent, on voit bien ce que tu es : tu es un sauveur pour tous les hommes.

TRYGÆOS.

Tu le diras assurément, quand tu auras bu un pot de vin nouveau.

LE CHOEUR.

Après les dieux, nous te placerons toujours au premier rang.

TRYGÆOS.

Oui, vous devez beaucoup à moi, Trygæos d'Athmonia, qui ai délivré des plus grandes peines le peuple de la ville et celui de la campagne, et réprimé Hyperbolos.

LE CHOEUR.

Eh bien, que devons-nous faire à présent?

TRYGÆOS.

Quoi de mieux que de lui offrir des marmites de légumes?

LE CHOEUR.

Des marmites, comme à un chétif Hermès?

TRYGÆOS.

Eh bien, que vous en semble? Voulez-vous un bœuf gras?

LE CHOEUR.

Un bœuf? Pas du tout, à moins qu'il ne faille beugler au secours!

TRYGÆOS.

Que diriez-vous d'un gros cochon gras?

LE CHOEUR.

Non, non!

TRYGÆOS.

Pourquoi?

LE CHOEUR.

De peur des cochonneries de Théagénès.

TRYGÆOS.

Que voulez-vous alors des autres offrandes?

LE CHOEUR.

Une brebis.

TRYGÆOS.

Une brebis?

LE CHOEUR.

Oui, de par Zeus!

TRYGÆOS.

Mais tu prononces ce mot à l'ionienne.

LE CHOEUR.

C'est à dessein; car si, dans l'assemblée, quelqu'un dit qu'il faut faire la guerre, tous les assistants, pris de peur, bêleront à l'ionienne : « Oï! »

TRYGÆOS.

Fort bien dit.

LE CHOEUR.

C'est le moyen d'être doux. Oui, nous serons des agneaux les uns pour les autres, et, à l'égard des alliés, beaucoup plus aimables.

TRYGÆOS.

Voyons, maintenant, qu'on aille prendre vite une brebis. Moi, je préparerai l'autel pour le sacrifice.

LE CHOEUR.

Comme tout, quand la divinité le veut et que la Fortune est favorable, comme tout marche à souhait! Chaque chose vient à propos s'ajouter à une autre.

TRYGÆOS.

C'est évident. Voici l'autel prêt à la porte.

LE CHOEUR.

Hâtez-vous, maintenant que la volonté des dieux contient le souffle violent et inconstant de la guerre; maintenant qu'un bon génie nous ramène évidemment vers la prospérité.

TRYGÆOS.

Voici la corbeille, avec les grains d'orge, et la couronne et le couteau, ainsi que le feu. Rien ne nous retient plus que la brebis.

LE CHOEUR.

Dépêchez-vous; car si Khæris aperçoit l'orge, il va venir, sans être appelé, pour jouer de la flûte, et je suis sûr que, le voyant soufflant, hors d'haleine, vous lui ferez quelque présent.

TRYGÆOS.

Allons! prends la corbeille et le bassin, et fais vite le tour de l'autel par la droite.

L'ESCLAVE.

Voilà. As-tu à me dire quelque autre chose? J'ai fait le tour.

TRYGÆOS.

Voyons. Je vais tremper ce tison dans l'eau. Toi, secoue vite. Présente maintenant de l'orge salée; purifie-toi; donne-moi ce bassin et jette des grains aux spectateurs.

L'ESCLAVE.

C'est fait.

TRYGÆOS.

As-tu donné?

L'ESCLAVE.

Par Hermès! si bien que parmi tout ce qu'il y a de spectateurs, il n'en est pas un qui n'ait eu de l'orge.

TRYGÆOS.

Les femmes n'en ont pas eu.

L'ESCLAVE.

Mais, ce soir, les maris la leur donneront.

TRYGÆOS.

Maintenant, prions. Qui est ici? Où est la foule des gens de bien?

L'ESCLAVE.

Permets que je leur donne : car nombreuse est la foule des gens de bien.

TRYGÆOS.

Tu crois donc que ce soient des gens de bien ?

L'ESCLAVE.

Comment ne le seraient-ils pas, eux qui, aspergés par nous à si grande eau, sont demeurés immobiles à la même place ?

TRYGÆOS.

Mais hâtons-nous de prier.

LE CHOEUR.

Prions, en effet.

TRYGÆOS.

O très vénérable Reine et Déesse, respectable Paix, souveraine des Chœurs, souveraine des mariages, reçois notre sacrifice.

LE CHOEUR.

Reçois-le au nom de Zeus, ô la plus chère des déesses, et ne fais point ce que font les femmes qui trompent leurs maris. Celles-ci, en effet, entre-bâillent la porte et se baissent pour regarder. Si quelqu'un fait attention à elles, elles se retirent; et, si l'on passe, elles reviennent. N'agis pas ainsi avec nous.

TRYGÆOS.

De par Zeus! montre-toi tout entière, en honnête femme,

à nous tes adorateurs, qui, depuis treize ans, desséchons de ton absence. Fais trêve aux combats, aux désordres, afin que nous te donnions le nom de Lysimakè. Mets fin à notre humeur soupçonneuse, parée d'agréables dehors, qui se déchaîne en mutuels commérages. Fais-nous goûter de nouveau, à nous autres Hellènes, le suc de la vieille amitié, et glisser dans notre âme je ne sais quelle douceur de pardon. Fais affluer sur notre Agora une foule de bonnes denrées, ail, concombres précoces, pommes, grenades, mantelets pour esclaves; qu'on voie apporter de chez les Bœotiens oies, canards, pigeons, mauviettes; que les anguilles du Kopaïs y viennent par panerées, et que, serrés en rangs d'acheteurs, nous les disputions à Morykhos, à Téléas, à Glaukétès et autres gourmands; qu'ensuite Mélanthios, arrivant le dernier à l'Agora pour en acheter, se lamente et s'écrie, avec sa *Mèdéia :* « Je suis perdu, je suis perdu, elles m'ont échappé, cachées sous des bettes. » Et le monde de se réjouir. Accorde, Déesse vénérable, ces bienfaits à nos prières.

L'ESCLAVE.

Prends le couteau et, en bon cuisinier, égorge la brebis.

TRYGÆOS.

Ce n'est pas permis.

L'ESCLAVE.

Pourquoi donc?

TRYGÆOS.

La Paix ne se plaît point aux égorgements : on n'ensanglante pas son autel. Porte la victime à l'intérieur, immole-la, et apportes-en ici les cuisses : par ce moyen la brebis est réservée au khorège. *(L'Esclave sort.)*

LE CHOEUR.

Pour toi, qui restes ici, devant la porte, rassemble vite les branches et tous les accessoires utiles.

TRYGÆOS.

Est-ce que je ne te parais pas disposer les broussailles en vrai devin?

LE CHOEUR.

Comment ne serait-ce pas? T'échappe-t-il rien de ce que doit savoir un habile homme? Ne songes-tu pas à tout ce qui est nécessaire à quelqu'un de distingué par son esprit et par son audace féconde?

TRYGÆOS.

Le fagot allumé incommode Stilbidès. J'apporterai aussi la table, et il n'y a pas besoin d'esclave.

LE CHOEUR.

Qui donc ne louerait pas un pareil homme, qui, supportant mille maux, a sauvé notre ville sacrée? Jamais il ne cessera d'être un objet d'admiration pour tous.

L'ESCLAVE, *revenant.*

C'est fait. Dépose les deux cuisses que voici. Moi, je vais chercher des entrailles et des offrandes.

TRYGÆOS.

J'aurai soin de cela ; mais il fallait que tu fusses revenu.

L'ESCLAVE.

Eh bien ! me voici. Est-ce qu'il te semble que j'ai tardé ?

TRYGÆOS.

Maintenant, fais cuire cela bien à point. Mais un homme s'avance, couronné de lauriers. Qui est-il ?

L'ESCLAVE.

Quel air important ! C'est quelque devin.

TRYGÆOS.

Eh ! non, par Zeus ! C'est Hiéroklès, un diseur de prédictions ; il est d'Oréos. Que va-t-il dire ?

L'ESCLAVE.

Il est certain qu'il va faire opposition aux traités.

TRYGÆOS.

Non, mais il est venu attiré par le fumet du rôti.

L'ESCLAVE.

Faisons semblant de ne pas le voir.

TRYGÆOS.

Tu as raison.

———

HIÉROKLÈS.

Quel est donc ce sacrifice, et pour quel dieu ?

TRYGÆOS, *bas à l'Esclave.*

Fais rôtir en silence ; tiens-le loin du râble.

HIÉROKLÈS.

Pour qui ce sacrifice ? Ne le direz-vous pas ?

TRYGÆOS, *à l'Esclave.*

La queue est-elle en bon état ?

L'ESCLAVE.

Très bien, ô vénérable Paix chérie.

HIÉROKLÈS.

Voyons maintenant les prémices, et donne-m'en un morceau.

TRYGÆOS.

Il faut d'abord que ce soit mieux rôti.

HIÉROKLÈS.

Mais si, vraiment, c'est rôti à point.

TRYGÆOS.

Tu te mêles de bien des choses, qui que tu sois. *(A l'Esclave.)* Où est la table ? Apporte les libations.

HIÉROKLÈS.

La langue se coupe à part.

TRYGÆOS.

Nous nous le rappelons. Mais sais-tu ce que tu devrais faire ?

HIÉROKLÈS.

Si tu me le dis.

TRYGÆOS.

Ne nous adresse pas un mot. Nous sacrifions à la sainte Paix.

HIÉROKLÈS.

Mortels misérables et stupides!

TRYGÆOS.

Tout cela sur ta tête!

HIÉROKLÈS.

Vous qui, dans votre sottise, n'entendant rien à la volonté des dieux, faites des traités, vous, hommes, avec des singes malfaisants.

TRYGÆOS.

Hé! heu! heu!

HIÉROKLÈS.

Pourquoi ris-tu?

TRYGÆOS.

Cela m'amuse, tes singes malfaisants!

HIÉROKLÈS.

Faibles colombes, vous vous fiez à des renards dont les âmes sont rusées, rusés les cœurs.

TRYGÆOS.

Puissent tes poumons, ô charlatan, devenir brûlants comme ces chairs!

HIÉROKLÈS.

Si les nymphes divines ne trompèrent point Bakis, ni Bakis les mortels, ni les nymphes encore Bakis lui-même...

TRYGÆOS.

Que la peste t'étouffe, si tu ne cesses de bakiser!

HIÉROKLÈS.

Les destins ne permettaient pas encore de délivrer la Paix de ses liens ; mais d'abord...

TRYGÆOS, *à l'Esclave.*

Saupoudre cela de sel.

HIÉROKLÈS.

Jamais il ne plaira aux dieux bienheureux de cesser les batailles, avant que le loup ne s'accouple avec la brebis.

TRYGÆOS.

Eh! comment, maudit homme, le loup s'accouplerait-il avec la brebis?

HIÉROKLÈS.

Tant que la punaise, en fuyant, répandra l'odeur la plus infecte, tant que la chienne aboyante, pressée de mettre bas, fera des petits aveugles, alors il ne faudra point songer à la paix.

TRYGÆOS.

Que fallait-il donc faire ? Ne mettre aucun terme à la guerre, tirer au sort à qui pleurerait le plus, tandis qu'un traité nous permettait de régner ensemble sur la Hellas?

HIÉROKLÈS.

Tu ne feras jamais que l'écrevisse marche droit.

TRYGÆOS.

Tu ne souperas plus jamais au Prytanéion, et tu ne rendras plus d'oracles sur le fait accompli.

HIÉROKLÈS.

Tu ne rendras jamais lisse la peau rude du hérisson.

TRYGÆOS.

Cesseras-tu enfin d'en imposer aux Athéniens ?

HIÉROKLÈS.

En vertu de quel oracle avez-vous rôti des cuisses pour les dieux ?

TRYGÆOS.

En vertu de celui que Homèros a exprimé dans ses beaux vers : « Quand ils eurent chassé le nuage ennemi de la Guerre, ils embrassèrent la Paix et lui offrirent un sacrifice. Quand les cuisses furent brûlées et qu'ils se furent repus des entrailles, ils firent des libations avec leurs kratères. Et moi, je leur montrais le chemin ; mais personne n'offrit au devin la coupe éclatante. »

HIÉROKLÈS.

Je ne me préoccupe pas de tout cela : ce ne sont point paroles de la Sibylle.

TRYGÆOS.

Mais, de par Zeus! le sage Homèros a dit encore ces mots ingénieux : « Il est sans phratrie, sans lois, sans foyers celui qui se plaît à la guerre intestine en répandant l'effroi. »

HIÉROKLÈS.

Prends garde que dupant ton esprit par quelque ruse, le milan ne ravisse...

TRYGÆOS, *à l'Esclave.*

Toi, cependant, fais bien attention que cet oracle est redoutable pour les entrailles. Verse la libation, et apporte de ces entrailles ici.

HIÉROKLÈS.

Mais, s'il te semble bon, je me servirai moi-même.

TRYGÆOS.

Libation! Libation!

HIÉROKLÈS.

Verse-m'en aussi, et donne-moi une part des entrailles.

TRYGÆOS.

Non, cela n'agrée point encore aux dieux bienheureux; mais d'abord buvons, nous; et toi, va-t'en! O vénérable Paix, reste toute ta vie au milieu de nous.

HIÉROKLÈS.

Apporte la langue!

TRYGÆOS.

Remporte la tienne.

HIÉROKLÈS.

La libation!

TRYGÆOS, *à l'Esclave.*

Avec la libation, prends ceci au plus vite.

HIÉROKLÈS.

Personne ne me donnera d'entrailles?

TRYGÆOS.

Il nous est impossible de t'en donner « avant que le loup ne s'accouple avec la brebis ».

HIÉROKLÈS.

Je t'en prie à genoux.

TRYGÆOS.

C'est en vain, mon cher, que tu supplies. « Tu ne rendrais jamais lisse la peau rude du hérisson. » Voyons, spectateurs, régalez-vous de ces entrailles avec nous.

HIÉROKLÈS.

Et moi?

TRYGÆOS.

Mange la Sibylle.

HIÉROKLÈS.

Non, par la Terre! vous ne mangerez pas cela à vous seuls; j'en prendrai ma part : c'est du bien commun.

TRYGÆOS, *à l'Esclave.*

Frappe, frappe ce Bakis.

HIÉROKLÈS.

Je prends à témoin...

TRYGÆOS.

Et moi aussi, que tu es un gourmand et un hâbleur. *(A l'Esclave.)* Frappe-le et tiens sous le bâton cet imposteur.

L'ESCLAVE.

Tiens-le donc, toi! Moi, les peaux qu'il nous a dérobées par ruse, je vais l'en dépouiller. Ne lâcheras-tu pas ces peaux, faiseur de sacrifices? Entends-tu? Quel corbeau nous est venu d'Oréos! Est-ce qu'il ne va pas s'envoler vite vers Elymnion?

LE CHOEUR.

Quel bonheur, quel bonheur de laisser là le casque, le fromage et les oignons! Car je ne me plais pas aux combats, mais à boire, près du feu, avec de bons et intimes amis, à la flamme d'un bois très sec, scié pendant l'été; grillant des pois sur les charbons, rôtissant des glands, et en même temps caressant Thratta, pendant que ma femme prend son bain.

Il n'y a point de plus agréable passe-temps, lorsque les semailles sont déjà faites, et que le Dieu les arrose, que de dire à un voisin : « Dis-moi, que faisons-nous maintenant, ô Komarkhidès? » Il me plaît de boire, quand le Dieu nous fait du bien. Allons, femme, fais cuire trois khœnix de fèves, mêles-y du froment, et sers-nous des figues. Que Syra rappelle Manès des champs! Il n'y a pas du tout moyen d'ébourgeonner la vigne aujourd'hui, ni de briser les mottes; la terre est trop humide. Qu'on apporte de chez moi la grive et les deux pinsons : il doit y avoir aussi dans la maison de la présure et quatre morceaux de lièvre, à moins que le chat n'en ait volé le soir; car il faisait je ne sais quel bruit et quel tapage dans la maison. Enfant, apportes-en trois pour nous, et donnes-en un à ton père. Demande à Æskhinadès des myrtes avec leurs baies : en même temps, car c'est sur le chemin, qu'on invite Kharinadès à venir boire avec nous, tandis que le Dieu propice favorise nos guérets.

Pendant que la cigale chante sa douce chanson, il m'est doux de regarder si les vignes de Lemnos commencent à mûrir; car leur fruit est d'une nature précoce : j'aime à voir également grossir la figue; quand elle est mûre, je la mange lentement, et je m'écrie : « Heures aimées ! » puis j'absorbe du thym broyé, et j'engraisse dans cette saison de l'été plus que quand je vois un taxiarkhe haï des dieux, ayant trois aigrettes et une robe de pourpre des plus voyantes, qu'il dit être une teinture de Sardes. Mais s'il lui faut combattre, vêtu de cette robe, alors il se teint lui-même en teinture de Kyzikos : il est le premier à fuir comme un hippalektryôn jaune, en agitant ses aigrettes; et moi, je reste à veiller aux filets. Lorsque ces gens sont ici, ils font des choses intolérables, inscrivant les uns, effaçant les autres à tort et à travers, jusqu'à deux ou trois fois. « C'est demain le jour du départ; » et tel ou tel n'a pas acheté de vivres; car il ne savait rien en sortant, et, en passant près de la statue de Pandiôn, il se voit inscrit, et, pris au dépourvu, il court versant des larmes sur sa malechance. Voilà comment ils nous traitent, nous, hommes de la campagne, tandis que ceux de la ville sont moins malmenés par ces déserteurs de bouclier, méprisés des dieux et des hommes. Mais ils me la paieront si le Dieu le permet : car ils m'ont fait bien du mal, ces lions à la maison, renards au combat.

TRYGÆOS.

Iou! Iou! Quelle foule s'est empressée au banquet nuptial! Tiens, essuie les tables avec cette aigrette : elle ne peut désormais servir absolument à rien. Puis apporte les gâteaux, les grives, les nombreux plats de lièvres et les pains d'orge.

UN FABRICANT DE FAUX.

Où donc est Trygæos? Où est-il?

TRYGÆOS.

Je fais cuire des grives.

LE FABRICANT DE FAUX.

O mon cher, ô Trygæos, que de bonheurs tu nous as procurés, en ramenant la Paix! En effet, personne auparavant n'aurait acheté une faux, même un kollybe; aujourd'hui je les vends cinquante drakhmes. Un autre vend trois drakhmes des tonneaux pour la campagne. Mais, voyons, Trygæos, prends gratis parmi ces faux et ces objets ce que tu veux : accepte-les : c'est le résultat de nos ventes et de nos bénéfices, nous te l'apportons en présent pour tes noces.

TRYGÆOS.

Eh bien! maintenant, déposez tout cela ici, et entrez

au plus vite chez moi, pour le festin; car voici un trafiquant d'armes, qui arrive tout chagrin.

UN FABRICANT D'AIGRETTES.

Hélas! ô Trygæos, tu m'as radicalement détruit!

TRYGÆOS.

Qu'est-ce donc, pauvre malheureux? Tu ne fabriques plus d'aigrettes?

LE FABRICANT D'AIGRETTES.

Tu as ruiné mon métier et ma vie, ainsi qu'à cet infortuné polisseur de lances.

TRYGÆOS.

Voyons, que faut-il que je te paie pour ces deux aigrettes?

LE FABRICANT D'AIGRETTES.

Toi-même, qu'en donnes-tu?

TRYGÆOS.

Ce que j'en donne? J'en ai honte. Cependant, comme la fermeture a coûté beaucoup de travail, je donnerais bien des deux, trois khœnix de figues sèches : je m'en servirai pour nettoyer la table.

LE FABRICANT D'AIGRETTES.

Allons, entre, et fais-moi apporter les figues : cela vaut encore mieux, cher ami, que de ne recevoir rien.

TRYGÆOS.

Emporte, emporte, et va-t'en aux corbeaux loin de la maison! Elles ont perdu leur crin, tes aigrettes, et elles ne valent rien. Je ne les achèterais pas une figue.

UN MARCHAND DE CUIRASSES.

Voici une cuirasse de peau estimée deux mines, d'un excellent travail : qu'en ferai-je, malheureux ?

TRYGÆOS.

Cela ne te fera pas une grosse perte.

LE MARCHAND DE CUIRASSES.

Prends-la-moi au prix coûtant.

TRYGÆOS.

Il est vrai qu'elle est tout à fait commode pour s'y soulager le ventre.

LE MARCHAND DE CUIRASSES.

Cesse de te moquer de moi et de ma marchandise.

TRYGÆOS.

Comme ceci, au moyen de trois pierres. N'est-ce pas bien imaginé ?

LE MARCHAND DE CUIRASSES.

Et comment te torcherais-tu, imbécile ?

TRYGÆOS.

Comme ceci : en passant une main par l'ouverture des bras, et l'autre...

LE MARCHAND DE CUIRASSES.

Quoi! les deux mains?

TRYGÆOS.

Sans doute, de par Zeus! pour n'être pas pris à voler en supprimant le trou du navire.

LE MARCHAND DE CUIRASSES.

Et tu chierais, assis sur un vase de dix mines?

TRYGÆOS.

Mais oui, de par Zeus! vieux roué! Crois-tu que je donnerais mon derrière pour mille drakhmes?

LE MARCHAND DE CUIRASSES.

Allons, voyons, apporte l'argent.

TRYGÆOS.

Mais, mon bon, elle me meurtrit le croupion. Remporte-la, je ne l'achèterai pas.

UN FABRICANT DE TROMPETTES.

Que faire de cette trompette que j'ai payée dernièrement soixante drakhmes de ma poche?

TRYGÆOS.

Verse du plomb dans le creux, puis fixe en haut une baguette un peu longue, et tu auras des kottabes en équilibre.

LE FABRICANT DE TROMPETTES.

Ah! tu veux rire!

TRYGÆOS.

Alors, un autre conseil. Verse du plomb, comme je te le disais; attaches-y des cordes et suspends-y une balance, et tu pèseras dans le champ les figues destinées aux esclaves.

UN FABRICANT DE CASQUES.

Maudit sort! Tu me ruines, moi qui jadis ai échangé ces objets pour une mine! Et maintenant, que faire? Qui me les achètera?

TRYGÆOS.

Va les vendre aux Ægyptiens : ils sont commodes pour mesurer de la syrmæa.

UN POLISSEUR DE LANCES.

Hélas! faiseur de casques, quelle est notre misère!

TRYGÆOS.

Mais il n'est pas malheureux du tout.

LE POLISSEUR DE LANCES.

Comment?

TRYGÆOS.

Ces casques peuvent encore trouver qui s'en serve. Si tu as l'esprit d'y mettre des anses, tu les vendras beaucoup plus cher que maintenant.

LE FABRICANT DE CASQUES.

Allons-nous-en, polisseur de lances !

TRYGÆOS.

Nullement ; je lui achèterai ses lances.

LE POLISSEUR DE LANCES.

Combien en donnes-tu ?

TRYGÆOS.

Si elles étaient fendues en deux, j'en prendrais, afin d'en faire des échalas, cent pour une drakhme.

LE POLISSEUR DE LANCES.

On nous insulte : allons-nous-en, mon cher, en route !

TRYGÆOS.

Ah ! de par Zeus ! voici les enfants qui sortent ! Ce sont les enfants des invités : ils viennent ici pour pisser, et peut-être aussi, ce me semble, pour préluder à leurs chants. Ce que tu as l'intention de chanter, mon enfant, commence donc par l'essayer ici auprès de moi.

LE FILS DE LAMAKHOS.

« Maintenant commençons par les jeunes. »

TRYGÆOS.

Cesse de chanter les jeunes guerriers ; et cela, ô trois fois malheureux enfant, quand règne la Paix : tu es un malappris et un vaurien.

LE FILS DE LAMAKHOS.

« Lorsqu'ils furent presque à la portée les uns des autres, ils mirent en avant les écus et les boucliers. »

TRYGÆOS.

Les boucliers! Ne vas-tu pas finir de nous rappeler le bouclier?

LE FILS DE LAMAKHOS.

« Alors ce fut à la fois un gémissement et la prière des guerriers. »

TRYGÆOS.

Le gémissement des guerriers! Tu gémiras toi-même, par Dionysos! si tu chantes des gémissements, fussent-ils bombés!

LE FILS DE LAMAKHOS.

Alors, que chanterai-je? Dis-moi ce qui te fait plaisir.

TRYGÆOS.

« C'est ainsi qu'ils se repaissaient de la chair des bœufs, » et autres choses analogues. « Ils servirent un festin et tout ce qu'il y a de plus agréable à manger. »

LE FILS DE LAMAKHOS.

« Alors ils dévoraient la chair des bœufs et dételaient leurs coursiers en sueur; car ils étaient rassasiés de guerre. »

TRYGÆOS.

A la bonne heure! Ils étaient rassasiés de guerre, puis ils mangeaient. Chante, chante-nous cela, comment ils mangeaient, rassasiés.

LE FILS DE LAMAKHOS.

« Ils mirent leurs cuirasses après qu'ils eurent fini. »

TRYGÆOS.

De bon cœur, je pense.

LE FILS DE LAMAKHOS.

« Puis ils se précipitèrent des tours, et un grand cri s'éleva. »

TRYGÆOS.

A toi la pire des morts, fripon d'enfant, au milieu des batailles ! Tu ne chantes que des guerres. De qui es-tu fils ?

LE FILS DE LAMAKHOS.

Moi ?

TRYGÆOS.

Oui, toi, de par Zeus !

LE FILS DE LAMAKHOS.

Fils de Lamakhos.

TRYGÆOS.

Oh ! oh ! J'aurais été surpris, en t'écoutant, que tu ne fusses pas le fils de quelque Boulomakhos. Loin d'ici ! Va chanter pour les porte-lances ! Où est le fils de Kléonymos ? Chante quelque chose avant d'entrer. Toi, je le sais bien, tu ne chanteras pas de batailles : tu es le fils d'un homme prudent.

LE FILS DE KLÉONYMOS.

« Un guerrier de Saïs fait le fier avec le bouclier, armure irréprochable, que j'ai jeté près d'un buisson, malgré moi. »

TRYGÆOS.

Dis-moi, mon garçon, chantes-tu cela pour ton père ?

LE FILS DE KLÉONYMOS.

« J'ai sauvé ma vie ! »

TRYGÆOS.

Et tu as couvert de honte tes parents. Mais entrons. Car je sais bien que ce que tu viens de chanter sur le bouclier, tu ne l'oublieras jamais, étant le fils d'un tel père. Vous qui restez au festin, vous n'avez rien à faire qu'à avaler tout cela, à dévorer, à ne pas mâcher à creux. Allez-y vaillamment et jouez des deux mâchoires. Il ne sert de rien, mauvaises gens, d'avoir des dents blanches, si elles ne fonctionnent pas.

LE CHOEUR.

Nous y veillerons ; tu fais bien de nous parler ainsi. Mais vous, affamés de vieille date, jetez-vous sur ce civet. Il n'arrive pas tous les jours de tomber sur des gâteaux errants dans l'abandon. Grugez donc, ou je vous dis que bientôt vous vous en repentirez.

Il faut prononcer des paroles de bon augure, amener ici la mariée, apporter des torches, et engager tout le peuple à se réjouir. Il faut maintenant que chacun remporte aux champs tous ces ustensiles, organise des danses, fasse des libations, chasse Hyperbolos, et prie les dieux de donner la richesse aux Hellènes, de nous accorder à tous d'amples récoltes d'orge, puis beaucoup de vin, des desserts de figues ; de rendre nos femmes fécondes, de nous faire recouvrer intégralement tous les biens que nous avons perdus et de proscrire le fer étincelant.

TRYGÆOS.

Viens, femme, dans notre champ, et sois pour moi une belle et bonne coucheuse. Hymen, hyménée, ô!

LE CHOEUR.

O trois fois heureux! tu mérites les biens que tu as. Hymen, hyménée, ô! Hymen, hyménée, ô! Que lui ferons-nous? Que lui ferons-nous? Nous la vendangerons. Nous la vendangerons. Mais, comme c'est notre devoir, allons, conduisons-lui le marié, mes amis. Hymen, hyménée, ô! Hymen, hyménée, ô! Vous habiterez ensemble sans chagrin, sans affaires, cueillant vos figues. Hymen, hyménée, ô! Hymen, hyménée, ô! Celui-ci en a de grandes et grosses; celle-là les a douces. Hymen, hyménée, ô! Tu chanteras, après avoir mangé et bu beaucoup de vin : Hymen, hyménée, ô! Hymen, hyménée, ô!

TRYGÆOS.

Vive la joie! vive la joie! mes amis. Et s'il en est un qui me suive, vous mangerez des gâteaux.

FIN DU TOME PREMIER

TABLE

TABLE

Les Akharniens.	1
Les Chevaliers.	69
Les Nuées.	151
Les Guêpes.	245
La Paix.	327

Achevé d'imprimer

le neuf janvier mil huit cent quatre-vingt-dix-sept

PAR

ALPHONSE LEMERRE

6, RUE DES BERGERS, 6

A PARIS

www.ingramcontent.com/pod-product-compliance
Lightning Source LLC
Chambersburg PA
CBHW052118230426
43671CB00009B/1029